ज्ञान चतुर्वेदी

डॉ. ज्ञान चतुर्वेदी का जन्म मऊरानीपुर (झाँसी) उत्तर प्रदेश में 2 अगस्त, 1952 को हुआ। उन्होंने चिकित्सा शिक्षा के दौरान सभी विषयों में स्वर्ण पदक प्राप्त करनेवाले छात्र का गौरव हासिल किया। भारत सरकार के एक संस्थान (बी.एच.ई.एल.) के चिकित्सालय में कोई तीन दशक से ऊपर सेवाएँ देने के पश्चात शीर्षपद से सेवानिवृत्त हुए। मध्य प्रदेश में हृदयरोग विशेषज्ञ के रूप में विशिष्ट पहचान है।

लेखन की शुरुआत सत्तर के दशक में 'धर्मयुग' से। भारतीय चिकित्सा-शिक्षा और व्यवस्था पर आधारित उनका प्रथम उपन्यास 'नरक-यात्रा' अत्यन्त चर्चित रहा। इसके पश्चात 'बारामासी', 'मरीचिका', 'हम न मरब' तथा 'स्वाँग' जैसे उपन्यास आए। 'प्रेत कथा', 'दंगे में मुर्गा', 'मेरी इक्यावन व्यंग्य रचनाएँ', 'बिसात बिछी है', 'खामोश! नंगे हमाम में हैं', 'प्रत्यंचा' और 'बाराखड़ी' व्यंग्य-संग्रह प्रकाशित हुए। अभी तक तक़रीबन हज़ार व्यंग्य रचनाओं का प्रकाशन।

दस वर्षों तक 'इंडिया टुडे' तथा 'नया ज्ञानोदय' में नियमित स्तम्भ। इसके अतिरिक्त 'राजस्थान पत्रिका' और 'लोकमत समाचार' दैनिकों में भी काफ़ी समय तक व्यंग्य स्तम्भ-लेखन। शरद जोशी के 'प्रतिदिन' के प्रथम खंड का अंजनी चौहान के साथ सम्पादन किया।

भारत सरकार द्वारा 2015 में 'पद्मश्री' से सम्मानित। 'राष्ट्रीय शरद जोशी सम्मान', (म.प्र. सरकार); दिल्ली अकादमी का व्यंग्य-लेखन के लिए दिया जानेवाला प्रतिष्ठित 'अकादमी सम्मान'; 'अन्तरराष्ट्रीय इन्दु शर्मा कथा-सम्मान' (लन्दन) तथा 'चकल्लस पुरस्कार' के अलावा कई विशिष्ट सम्मानों से सम्मानित।

सम्पर्क : ए-40, अलकापुरी, भोपाल-402024 (म.प्र.)

ई-मेल : gyanchaturvedibpl@gmail.com

ज्ञान चतुर्वेदी

ज्ञान है तो जहान है

राजकमल पेपरबैक्स

राजकमल पेपरबैक्स में
पहला संस्करण : 2023

राजकमल पेपरबैक्स : उत्कृष्ट साहित्य के जनसुलभ संस्करण

राजकमल प्रकाशन प्रा. लि.
1-बी, नेताजी सुभाष मार्ग, दरियागंज
नई दिल्ली-110 002
द्वारा प्रकाशित

शाखाएँ : अशोक राजपथ, साइंस कॉलेज के सामने, पटना-800 006
पहली मंजिल, दरबारी बिल्डिंग, महात्मा गांधी मार्ग, प्रयागराज-211 001
1, अनगोल सोराबजी संतुक लेन, धोबी तलाव, मरीन लाइंस, मुम्बई-400 002
वेबसाइट : www.rajkamalprakashan.com
ई-मेल : info@rajkamalprakashan.com

यश प्रिंटोग्राफिक्स
नोएडा-201 301 (उत्तर प्रदेश)
द्वारा मुद्रित

मूल्य : ₹299

GYAN HAI TO JAHAN HAI
by Gyan Chaturvedi

ISBN : 978-81-19028-44-3

मेरे गुरुजनों

भांडेर के गणित वाले बाबूजी मास्साब और हिन्दी के शंकरलाल शुक्ल, छतरपुर के जूलाजी वाले शुक्ला जी, रीवा मेडिकल कॉलेज के एनाटॉमी के डॉ. व्यास, मेडिसिन के डॉ. एस.के. खनूजो, डॉ. वसावडा, डॉ. एच.एल. तिवारी और डॉ. महेंद्र जैन को—

जिन्होंने मुझे वह बनाया जो आज मैं हूँ।

ये लोग मुझे न मिले होते तो मैं जीवन और डॉक्टरी की उन अन्धी गलियों में भटकता ही रह जाता जो आदमी को तात्कालिक लाभ, तिकड़मों और चोर रास्तों पर डाल देती हैं। मैं इन गुरुजनों के सामने आज भी नतमस्तक हूँ।

रोचक, सरल तथा सटीक ज्ञान की गारंटी

आजकल मेडिकल तथा स्वास्थ्य सम्बन्धी लेखों की भरमार हर अखबार तथा पत्रिका में डटकर है। परन्तु ये लेख प्राय: बेहद जटिल, नीरस तथा तकनीकी शब्दावली से भरे होते हैं। पढ़ते नहीं बनते। इनको बरदाश्त करने के लिए बड़ा कलेजा चाहिए। लोग तो प्राय: इन पन्नों को आधा-अधूरा पढ़कर पलट देते हैं। ऐसे 'ज्ञानवर्धक लेख' ज्ञान से ज्यादा भ्रम फैलाते हैं।

मैं डॉक्टर भी हूँ और साहित्यकार भी।

मैंने कभी नहीं सोचा कि मैं अपनी लेखन प्रतिभा का सदुपयोग करके, सामान्य-जन के लिए कुछ ऐसा रोचक, सरल तथा ज्ञानवर्धक लिखूँ जो स्वास्थ्य तथा बीमारियों के विषय में बेहतर समझ पैदा करे। वो तो भला हो 'तहलका' के सम्पादक संजय दुबे का, जिन्होंने मेरे पीछे लगकर मुझे यह विश्वास दिलाया कि ऐसा लेखन भी मेरे रचनात्मक लेखन जैसा ही सार्थक होगा। वे इसके लिए भोपाल तक आए। बाद में अपने साथी पत्रकार पवन वर्मा के जरिये नियमित कॉलम भेजने के लिए मुझे मजबूर करते रहे। नतीजा? 'ज्ञान है तो जहान है' नाम का पाक्षिक हेल्थ कॉलम 'तहलका' पत्रिका में लगातार पाँच वर्षों तक चलता रहा। संजय दुबे द्वारा 'तहलका' छोड़ देने के बाद यह सिलसिला वहाँ बन्द हुआ तो बाद में वेब पत्रिका 'सत्याग्रह' में एक साल तक इसको लिखता रहा। संजय दुबे इस 'सत्याग्रह' में आगे भी साथ देंगे यदि मैं लिख सका। उन्हीं लेखों को अब इस किताब के जरिये आपको सौंपते हुए यहाँ मैं कुछ दावे करने की हिमाकत कर रहा हूँ।

मेरा दावा है कि ये लेख आपको उस तिलिस्म की मास्टर-की सौंपेंगे जिसे मेडिकल विज्ञान कहते हैं। इन लेखों में, सरल भाषा तथा रोचक शैली में बीपी, ऑस्टियोपोरोसिस, हार्ट अटैक, स्त्री रोग से

लेकर हिस्टीरिया तथा बहुत सारी अन्य कॉमन बीमारियों के बारे में बेहद महत्त्वपूर्ण बातें बताई गई हैं। सामान्य जन के लिए तो ये लेख लाभदायक हैं ही, जनरल डॉक्टरों, विशेषज्ञों तथा सुपर स्पेशलिस्टों के लिए भी बेहद रुचिकर सिद्ध होंगे। बीमारी तथा स्वास्थ्य के विषय में अपने मरीजों को इस रोचक तरीके से भी समझाया जा सकता है—यह बात डॉक्टर मित्रों को भी भाएगी।

इन लेखों में मेरा व्यंग्यकार रूप यदि कहीं-कहीं हावी होता पाएँ, तो मुझे क्षमा कर देंगे। मैंने पूरी कोशिश की है कि किसी भी बीमारी के विषय में जो भी जानकारी यहाँ दी जाए, वह टेक्स्ट बुक्स में दिये नवीनतम ज्ञान के अनुरूप हो, परन्तु मेडिकल साइंस निरन्तर बढ़ती और बदलती विद्या है। इसमें रोज नई खोजें हो रही हैं। यदि इन लेखों को पढ़ते हुए आपको कुछ ऐसा लगे जिससे आप असहमत हैं तो आप अपने डॉक्टर से मिलकर उस विषय में पड़ताल करके ही सहमत हों।

—ज्ञान चतुर्वेदी

क्रम

डॉक्टर के पास जाने से पहले

कभी न कभी आपने डॉक्टर को गाली जरूर दी होगी, या कोसा तो होगा ही कि हमारी बीमारी को ठीक से समझ ही नहीं पाए डॉक्टर साहब। गलत डायग्नोसिस कर दी और हमारा केस खराब कर दिया। ऐसी बातें हम प्रायः सुनते ही रहते हैं। डॉक्टर द्वारा बीमारी की सही डायग्नोसिस न कर पाना एक अलग विषय है जिसकी चर्चा हम यहाँ नहीं करेंगे। यहाँ तो हम आपको यह बताएँगे कि कई बार बीमारी के गलत डायग्नोसिस या इलाज जैसे अपराध में आप भी जाने-अनजाने कैसे शामिल होते हैं।

डॉक्टर कोई जादूगर नहीं है। उसका काम जासूस जैसा है, या फिर कम्प्यूटर जैसा। घटनास्थल की जाँच करना उसका काम है परन्तु चश्मदीद या अन्य गवाहों द्वारा दी गई जानकारी भी उतनी ही अहम है वरना तो शरलक होम्स जैसा निष्णात जासूस भी फेल हो सकता है। कम्प्यूटर में आप यदि गलत आँकड़े डालेंगे तो यह उम्मीद न करें कि वह आपको सही विश्लेषण देगा। डॉक्टरी के केस में यह गवाही देना या सही आँकड़े देना आपका (मरीज का) काम है। जब तक आप अपना यह दायित्व ठीक से नहीं निभाते तब तक डॉक्टर से भी बहुत उम्मीद न करें। एक अच्छा डॉक्टर मरीज की व्यथा-कथा (हिस्टरी) सुनकर ही अस्सी-नब्बे प्रतिशत तक डायग्नॉस कर लेता है। खून की जाँच, एक्स-रे इत्यादि जाँचें तो उसी डायग्नोसिस की पुष्टि के तरीके होते हैं।

मेरा मानना है कि यदि मरीज डॉक्टर के पास जाते हुए कुछ बातों का ध्यान रखे तो डॉक्टर का काम बहुत आसान हो जाए। जब भी आप डॉक्टर के पास जाएँ तो निम्नलिखित बातें जरूर याद रखें—

- डॉक्टर के पास बहुत टाइम नहीं है, और भी मरीज देखने हैं उसे। हो सकता है कि उसे अभी भर्ती मरीजों का राउंड लेना हो, ऑपरेशन करने जाना हो या पहले ही बहुत-से मरीज देखकर वह हलकान हुआ बैठा हो। कई मरीज

> एक अच्छा डॉक्टर मरीज की व्यथा-कथा (हिस्टरी) सुनकर ही अस्सी-नब्बे प्रतिशत तक डायग्नॉस कर लेता है। खून की जाँच, एक्स-रे इत्यादि जाँचें तो उसी डायग्नोसिस की पुष्टि के तरीके होते हैं।

यह मानकर जाते हैं कि डॉक्टर तो एकदम फुर्सत में बैठा है। लेकिन ऐसा नहीं होता। देश में डॉक्टर तथा मरीजों की संख्या के बीच इतना ज्यादा असन्तुलन है कि आप उसे फुर्सत में पाने की उम्मीद कभी न करें।

- अपनी तकलीफ को ठीक से बताएँ। ठीक-ठीक बताने का मतलब? मतलब यह कि न तो अनावश्यक विस्तार में जाएँ, न तकलीफ बयान करते हुए मुख्य परेशानी से भटकें और न ही आपकी बात इतनी संक्षिप्त हो कि डॉक्टर कुछ समझ ही न पाए। मेरे पास सब तरह के मरीज आते हैं। यह पूछने पर कि आपको क्या हो गया सर? कुछ तो यही कहते हैं कि हम क्या बताएँ, आप डॉक्टर हैं, खुद समझ लीजिए! अपने बारे में बताना तो आपको ही पड़ेगा। डॉक्टर कोई जादूगर नहीं है। उसे आपकी बीमारी को जानने-समझने के लिए आपकी सहायता चाहिए। फिर कुछ लोग तो बजाय यह बताने के कि चार दिन से उनका गला खराब है, अपने गले की कहानी को बचपन से बताना शुरू करते हैं। बीच में मौसम पर चर्चा भी कर डालते हैं और इस तरह असली तकलीफ तक पहुँचते-पहुँचते डॉक्टर को इतना थका तथा चिढ़ा डालते हैं कि वह उनकी सुनना ही बन्द कर देता है। तकलीफ बयान करते समय इन बातों का खयाल करें : (i) पहले बताएँ कि कितने दिन पहले आप एकदम ठीक थे? (ii) फिर बताएँ कि सबसे पहले क्या हुआ, कैसे बढ़ा और अब वह क्या तथा कैसा है? (iii) यह भी बताएँ कि आपका पहले से किसी अन्य बीमारी का कोई इलाज तो नहीं चल रहा? डॉक्टर पूछे, न पूछे, आप यह बात जरूर बता दें। एक के बाद एक तकलीफ को इस क्रम में बताएँगे तो डॉक्टर के सामने आपकी बीमारी की मुकम्मल-सी तसवीर बनने लगेगी। डायबिटीज, हार्ट, बीपी, थॉयरायड, आर्थराइटिस आदि की दवाइयाँ भी आपकी वर्तमान तकलीफ का कारण हो सकती हैं। फिर हर बीमारी दूसरी बीमारी पर असर डाल सकती है या डॉक्टर द्वारा दी जा रही दवाई से पहले वाली दवाइयाँ क्रास-रिएक्ट कर सकती हैं। स्टेरॉयड से डायबिटीज बिगड़ जाएगी, बीटा ब्लॉकर से दमे का अटैक हो सकता

है और आर्थराइटिस की दवाएँ पेट के अल्सर को बिगाड़ सकती हैं।

- अपनी बीमारी और इलाज के पुराने पर्चे साथ लेकर जरूर जाएँ। डॉक्टर के पास जाते समय पुराने मेडिकल रिकाड्‌र्स अपने साथ रखें ताकि डॉक्टर माँगे तो दिखा सकें। इससे कई बार डॉक्टर को बड़ी मदद मिलती है। डॉक्टर की भाषा और पर्चा केवल डॉक्टर ही समझ पाता है। उसे अपनी याददाश्त से बताने की न सोचें। पुराने कागजात साथ रखें। हाँ, यह उम्मीद तथा जिद भी न करें कि डॉक्टर इतनी-सी देर में आपकी मोटी मेडिकल फाइल या थैली के एक-एक पन्ने को देखे ही। कई मरीज अपने ब्लड शुगर तथा कॉलस्ट्रॉल वगैरह के बीस वर्षों के रिपोर्ट, रिकॉर्ड ले जाते हैं और चाहते हैं कि डॉक्टर आज का अपना दिन उनको देखने के काम में ही गुजारे। यह जरूरी नहीं। डॉक्टर को जितने रिपोर्ट्स देखने की जरूरत होगी वह देख लेगा।
- कभी भी, कहीं भी डॉक्टर से अपनी बीमारी पर चर्चा शुरू न कर दें। डॉक्टरी सलाह के लिए उसके चेम्बर में जाएँ और बाकायदा समय लेकर जाएँ। डॉक्टर आपका पुराना परिचित हो, तब भी यही करें। यह न करें कि वह किसी शादी के रिसेप्शन में आपको मिल जाए या स्विमिंग पूल में आपके बगल में तैर रहा हो या रेलवे स्टेशन पर किसी को छोड़ने आया हुआ हो—और आप उसे फुर्सत में देखकर अपनी बीमारी की चर्चा छेड़ दें। बेचारा डॉक्टर भी एक सामान्य मनुष्य है। उसे उसकी निजी जिन्दगी जीने दें।
- मेडिकल की किसी अन्य शाखा या किसी दूसरे तरीके से इलाज करा रहे हों तो वह भी जरूर बता दें। कई बार आयुर्वेदिक, यूनानी तथा इसी किस्म की अन्य देसी दवाएँ भी आपकी वर्तमान बीमारी का कारण हो सकती हैं। इस छलावे में कतई न आएँ कि अंग्रेजी दवाएँ तो गर्मी करती हैं और ये देसी दवाएँ एकदम सुरक्षित हैं।

इन कुछ बातों का खयाल रखकर आप अपने डॉक्टर की बड़ी मदद कर सकते हैं। और अच्छे डॉक्टरों को आपकी इस मदद की बड़ी आवश्यकता रहती है।

कभी किसी को देखने अस्पताल जाएँ, तो...

मान लीजिए कि अस्पताल में आपका कोई सगा, मित्र या पड़ोसी भर्ती है। निश्चित ही, एक दिन समय निकालकर आप उसे देखने जरूर जाएँगे। बीमारी में भी मिलने न पहुँचे तो फिर वह दोस्ती या रिश्तेदारी ही क्या? अब यह मान लें कि आपका वह मरीज मेरी देखरेख में भर्ती है। तब मैं आपसे एक डॉक्टर के तौर पर क्या चाहूँगा? आप अस्पताल पहुँचें तो वहाँ क्या करें, क्या न करें? मैं आपके मरीज के डॉक्टर की हैसियत से आपको कुछ जरूरी सलाहें देना चाहूँगा। आप इन सलाहों को मानकर यदि अस्पताल 'विजिट' करने जाएँगे तो न केवल आपको सुविधा होगी बल्कि अस्पताल के कर्मचारियों के काम में भी व्यवधान नहीं पड़ेगा जो अमूमन ऐसे में अनजाने ही आपके व्यवहार के कारण पड़ा करता है।

- जब तक बिलकुल जरूरी न हो गया हो, अस्पताल के 'विजिटिंग' समय में ही अपने मरीज को देखने जाएँ। अस्पताल का सारा काम 'विजिटिंग आवर्स' के हिसाब से ही आयोजित किया जाता है। आप कभी भी मुँह उठाकर वहाँ पहुँच जाएँगे तो सम्भव है कि तब वहाँ डॉक्टरों के राउंड, घावों की ड्रेसिंग, मरीजों की साफ-सफाई, ड्रिप लगाने, दवाइयों का बाँटना आदि चल रहा हो। ऐसे में आप वहाँ पहुँचकर अपने मरीज के इलाज में अड़ंगा ही डालेंगे और दूसरे मरीजों की देखभाल में भी बाधा पहुँचाएँगे। ऐसा न करें। फोन करके पता कर लें और 'विजिटिंग समय' में ही अस्पताल जाएँ।
- अपने मित्रों, रिश्तेदारों की पूरी टीम लेकर अस्पताल न पहुँच जाएँ। पत्नी तक तो ठीक है परन्तु रास्ते में जो भी मिला, उसी को बताया कि 'बॉस, नरेंद्र बीमार है—चल रहे हो क्या देखने?' और साथ लेकर चल दिए, यह ठीक नहीं। स्मरण रहे कि आप अस्पताल जा रहे हैं पिकनिक मनाने नहीं।
- बच्चों को अपने साथ कतई न ले जाएँ। लोग बहुत छोटे बच्चों, यहाँ तक कि गोद के बच्चों और घुटनों के बल चलनेवाले बच्चों को अस्पताल लेकर

पहुँच जाते हैं। याद रहे कि अस्पताल बीमारियों के बड़े समन्दर हैं। बच्चे मौके तथा स्थान की नजाकत भी नहीं समझते। वे अस्पताल का बड़ा-सा बरामदा देखकर दौड़ जाते हैं, वार्ड में लुका-छिपी खेलने लगते हैं और वहाँ रखी किसी भी मशीन या दवाइयों को उलट-पुलट सकते हैं। बाद में आप उन्हें किसी ऐसी हरकत के लिए पीटें या डाँटें-फटकारें इससे बेहतर क्या यह नहीं है कि बच्चों को साथ लेकर ही न जाएँ? अस्पताल में विजिट पिकनिक नहीं है कि पूरा पैसा वसूल करके ही लौटेंगे।

आप इन सलाहों को मानकर यदि अस्पताल 'विज़िट' करने जाएँगे तो न केवल आपको सुविधा होगी बल्कि अस्पताल के कर्मचारियों के काम में भी व्यवधान नहीं पड़ेगा जो अमूमन ऐसे में अनजाने ही आपके व्यवहार के कारण पड़ा करता है।

- बच्चों को तो फिर भी एक बार माफ किया जा सकता है। वे नासमझ बच्चे हैं, पर आप भी जब वार्ड में जाकर बच्चों की तरह, जिज्ञासावश वहाँ रखे बीपी यंत्र, स्टेथेस्कोप, मॉनीटर, ऑक्सीजन सिलेंडर, बेडपैन इत्यादि से खेलने लगते हैं, उसका क्या किया जाए? अस्पताल की चीजों को बिना बात के यूँ छूने पर आपको 'क्रॉस इन्फेक्शन' होने का डर रहता है।
- मरीज के पलंग के करीब रखी फाइल में रखे कागजों (अस्पताल की 'केस-शीट' इत्यादि) को न उलटें-पलटें। इन कागजों में सब कुछ यूँ भी डॉक्टरी भाषा में तकनीकी तौर पर दर्ज किया जाता है जिसे समझने में कई बार दूसरे डॉक्टर तक को नानी याद आ जाती है। आप इनको पढ़कर या देखकर कुछ भी समझ नहीं पाएँगे। बल्कि लिखे हुए का गलत अर्थ समझकर आपको कई कन्फ्यूजन भी होंगे। याद रहे कि मरीज की रिकॉर्ड-फाइल एक महत्त्वपूर्ण क्लीनिकल (तथा कानूनी) दस्तावेज है। आपकी छेड़छाड़ से इधर के पेज उधर हो गए, अथवा महत्त्वपूर्ण टेस्ट रिपोर्ट खो जाए या अदल-बदल जाए तो मरीज के इलाज में आगे जाकर गम्भीर गड़बड़ियाँ पैदा हो सकती हैं।

इसी तरह एक्स-रे, ईसीजी आदि की फिल्मों को भी देखने न लग जाएँ क्योंकि एक तो ये कि आपके पल्ले कुछ भी नहीं पड़ेगा दूसरे ये कि अगर आपने गीले

या गन्दे हाथ लगा दिये तो एक्स-रे फिल्म खराब हो जाएगी और फिर मरीज और डॉक्टर, दोनों रोते फिरेंगे।

- मरीज के पास बस थोड़ी-सी देर बैठकर ही वहाँ से वापस चले जाएँ। वहाँ गप्पें मारने न बैठ जाएँ। वह बेचारा बीमार है। उसे तनिक आराम करने दें। वहाँ कोई महफिल न लगा लें।
- मरीज की बीमारी, इलाज तथा खान-पान इत्यादि के बारे में डॉक्टर ने उसको तथा चौबीसों घंटे उसके साथ रहनेवाले उसके परिवारजनों को पहले ही बताया होता है। आप अपने दुर्दमनीय अतिरिक्त उत्साह में तथा अपनी 'तथाकथित चिन्ता' जताने के लिए कहीं यह न कहने लगें कि मैं अभी जाकर डॉक्टर से पूछता हूँ या पूछती हूँ कि इनका बुखार कल से उतरा क्यों नहीं है? अगर आपको वास्तव में चिन्ता हो रही है तो साथ वालों से दरियाफ्त कर लें कि डॉक्टर क्या बता रहे हैं? आखिर डॉक्टर कितने लोगों को एक ही बात बार-बार बताएगा? उसके पास और भी ढेरों मरीज हैं।
- मरीज को अपनी 'डॉक्टरी' सलाह देने न बैठ जाइए। उन्हें अपने उन चाचाजी का किस्सा न सुनाने लगें जिनको 'एकदम तेरी ही तरह' बुखार आया था और बाद में 'मेनिन्जाइटिस' निकला तो मरते-मरते बचे थे। मरीज को डराएँ मत। हमारे देश में पुराना मरीज डॉक्टर से भी ज्यादा समझदार होता है। कम-से-कम वह तो खुद को यही मानता है। अपने बीपी या हार्ट की दवाइयाँ मरीज पर न थोपें। एक बीमारी हर मरीज में अलग-सी होती है और इलाज का अलग तरीका माँगती है। डॉक्टर का काम डॉक्टर को करने दें। अपने गैरजिम्मेदाराना 'लूज कमेंट्स' से मरीज का विश्वास न डिगाएँ।
- यदि इनमें से कोई भी सलाह अस्पताल का कोई भी स्टाफ आपको देता है तो कृपया उसकी बात का बुरा न मानें, वह आपके तथा आपके मरीज के भले के लिए ही ऐसा कह रहा है। आप ये सारी सलाहें मानेंगे तो अस्पताल, डॉक्टर और मरीज सबकी बड़ी मदद करेंगे।

इनसे बचें

डॉक्टरी सलाह केवल डॉक्टर ही नहीं देते हैं। इधर आप भी ऐसे कलाकार हैं जो डॉक्टरी सलाह मात्र डॉक्टर से लेकर ही नहीं बैठनेवाले। आपका भी मन मचलता रहता है कि डॉक्टर के अलावा किसी और से भी अपनी बीमारी की बात की जाए। मान लें कि आप यह न भी करते हों परन्तु कई ऐसे जबरिया, उत्साही स्वयंसेवकों की दुर्दमनीय भावना से लबरेज लोग भी आपके परिचितों में होते हैं जो आपकी बीमारी का पता चलते ही आपके पते पर स्वयं चलकर पहुँच जाते हैं। उनके पास आपकी बीमारी को लेकर जमाने भर के प्रामाणिक अनुभव होते हैं। उनके पास होम्योपैथी से लेकर इलेक्ट्रो मैग्नेटिक थेरेपी जैसी कई चमत्कारिक विधियों के विषय में कमाल की सूचनाएँ होती हैं। फिर अखबारों में तो चमत्कारिक इलाज के विज्ञापन आपका आह्वान करते ही रहते हैं। बुद्धिमान पड़ोसी भी होते ही हैं और दूर के कई रिश्तेदार भी होते हैं, जो डॉक्टरी सलाह देने के लिए कभी भी आपके पास आ सकते हैं।

डॉक्टरी एक ऐसा क्षेत्र है जहाँ किसी भी समस्या का अन्तिम उत्तर अभी तक विज्ञान नहीं खोज पाया है। तभी तो इस क्षेत्र में निरन्तर रिसर्च, खोज तथा प्रयोग चलते रहते हैं। इस कारण कभी-कभी आपको लगता है कि यार, डॉक्टरी तथा डॉक्टर, दोनों में बड़ा ही कन्फ्यूजन चल रहा है। ये लोग किसी बीमारी के बारे में आज कुछ कहते हैं, कल कुछ और। इसी कारण अपने डॉक्टर की तुलना में आपको वह आदमी कई बार बड़ा विश्वसनीय प्रतीत होता है जो आपकी बीमारी के बारे में ऐसी 'पत्थर की लकीर' पेश करता है जो सौ साल भी जमीन में गड़ी रहे तब भी वैसी की वैसी बनी रहती है।

मेरी सलाह है कि इन सलाहों और सलाहकारों से बचकर ही रहिए। मेडिकल साइंस समुद्र की तरह अथाह है, जहाँ अच्छे से अच्छे होशियार डॉक्टर तक, पूरे समर्पण से इलाज करते हुए भी यह जानते तथा मानते हैं कि अभी तो उन्हें बहुत

कुछ सीखना है। वहीं आप ऐसे लोगों की उथली बातों में आ जाते हैं जिन्होंने कभी इस समुद्र का एक चित्र भी ठीक से नहीं देखा है, उसकी रेत और लहरों में पाँव धरना तो दूर की बात! मैंने कितने ही रोगियों को देखा है जो कभी एक दिन लाइलाज स्थिति में आते हैं और पूछो तो बताते हैं, 'सर, बस उनने कहा था कि तुम तो यह ट्राई करो। तो मैं सारी दवाइयाँ बन्द करके बस 'यह' ले रहा था। बताइए, क्या कहें? बहरहाल मैं आपको बताऊँगा कि किन सलाहकारों से आपको दूर रहना चाहिए। बीमारी के बारे में डॉक्टर के अलावा दूसरे से सलाह लेना खतरनाक हो सकता है।

> मेरी सलाह है कि इन सलाहों और सलाहकारों से बचकर ही रहिए। मेडिकल साइंस समुद्र की तरह अथाह है, जहाँ अच्छे से अच्छे होशियार डॉक्टर तक, पूरे समर्पण से इलाज करते हुए भी यह जानते तथा मानते हैं कि अभी तो उन्हें बहुत कुछ सीखना है।

पुराने मरीज से बचें

पुराना मरीज स्वयं को आधा डॉक्टर मानने लगता है। उसकी सलाह से बचिए।

घर के डॉक्टर से भी बचकर रहें

घर के डॉक्टरों की श्रेणी में दो तरह के डॉक्टर आते हैं—'साहब, मेरा बेटा डॉक्टरी की तीसरी साल में है, वो बता रहा था कि...' ऐसा कहकर मरीज कोई भी ऊटपटाँग बात गर्वपूर्वक प्रस्तुत कर सकता है। घर वालों को उन पर बड़ा भरोसा भी होता है—'बड़ा हुशियार है साहब। तभी तो डॉक्टरी में चला गया।' ऐसी बातें। यह समझें कि वह कितना भी होशियार हो पर अभी उसे डॉक्टर बनने में समय लगनेवाला है। उसकी सलाह पर आँखें मूँदकर न चलें...। दूसरी तरह के डॉक्टर वे हैं जो आपके कोई रिश्तेदार हैं, दूर बैठे हैं। कदाचित् उस बीमारी के एक्सपर्ट न भी हों परन्तु मात्र इस घर के दामाद, ताऊ, समधी या साला होने के कारण इस घर के लिए वे सर्वज्ञाता की पोस्ट पर काम कर रहे हैं। इनको उस बीमारी के बारे में ठीक-ठीक कुछ भी न पता हो, लगभग अफवाह जैसी ही कोई जानकारी हो तब भी अपनी 'सर्वज्ञाता' की छवि की रक्षा हेतु वहीं दूर से बैठे-बैठे वे कुछ भी सलाह, इतने आत्मविश्वास से दे सकते हैं कि क्या कहिए! इनका आप कुछ कर नहीं सकते। बस, इनसे बचकर रहिए।

अस्पताल के कर्मचारी डॉक्टर नहीं हैं

अस्पताल के कर्मचारियों की सलाह से भी बचें। 'सर, आप तो बता रहे हैं कि यह ईसीजी ठीक है पर हमने ईसीजी करनेवाले टेक्नीशियन से तभी करवाते टाइम पूछा था तो वो बता रहे थे कि कुछ खराबी दिख तो रही है।' कई मरीज ऐसी बातें कहते हैं तब मैं उनसे यही पूछता हूँ कि यार, तुमने उससे पूछा ही क्यों? अपनी बीमारी के बारे में आप कई बार अस्पताल की नर्स, फार्मेसिस्ट, ड्रेसर से लेकर वार्ड ब्वॉय तक से पूछते रहते हैं कि बीमारी क्या है? कब तक ठीक होगी? आगे हमें क्या करना होगा? लेकिन ऐसे प्रश्न सिर्फ डॉक्टर से ही पूछें। दूसरों से पूछकर मन में किसी तरह का भ्रम पैदा न करें।

'मेडिकल शॉपिंग' से बचें

कई लोग मानो डॉक्टरों की परीक्षा लेने की मुहिम पर निकले रहते हैं। वे अपनी बीमारी से जुड़े कागज पचासों डॉक्टरों को दिखाते रहते हैं। अपने शहर के डॉक्टरों को निपटाने के साथ-साथ वे दूसरे शहर के डॉक्टरों को भी नहीं छोड़ते। 'शादी में हम थोड़ा इन्दौर गए थे तो वहाँ फलाँ डॉक्टर को भी दिखा दिया' कहकर वे मेरे समक्ष उस डॉक्टर के कागजात चुनौती की भाँति पेश करते हैं। वे घूमने के लिए कभी आगरा जाएँ, तो ताजमहल को एक बार न भी देखें पर वहाँ के किसी डॉक्टर से जरूर मिलकर आएँगे। 'हर दुकान' पर घूम-घूमकर 'मेडिकल शॉपिंग' करने का आपका यह शौक, जिसे आप 'जज्बा' भी कह सकते हैं, अन्ततः आपको कहीं का भी नहीं छोड़ता।

एक भरोसेमन्द डॉक्टर को चुनने के बाद फिर उसी पर भरोसा करें। इधर-उधर की अयाचित तथा गलत सलाहें आपकी बीमारी को बढ़ाएँगी ही, यह तय जान लें।

कहीं यह सब किसी दवा का नतीजा तो नहीं?

दवाइयाँ बीमारी पर तो असर करती ही हैं पर ऐसी कोई भी दवा आज तक नहीं बनी है जो बीमारी पर तो पूरा असर करे, पर उसका कोई और दूसरा असर या साइड इफेक्ट न हो। दवाओं के कुछ-न-कुछ साइड-इफेक्ट्स होते ही हैं। किसी में कम, किसी में ज्यादा। किसी में मामूली तो किसी में जानलेवा तक। आज हमारी चिन्ता उन दवाइयों की है जो आप ब्लड प्रेशर, डायबिटीज, अस्थमा, मिर्गी या ऐसी ही अन्य किसी बीमारी के लिए महीनों या सालों से लेते रहे हैं और इनका कोई साइड इफेक्ट (दुष्प्रभाव) धीरे-धीरे आपके शरीर पर असर दिखाए और आप या आपके परिवार वाले इसे एक नई बीमारी मान बैठें। कई बार तो डॉक्टर भी इसे नई बीमारी का लक्षण मानकर अन्य फालतू की दवाइयाँ भी शुरू कर सकते हैं जबकि इसका सही इलाज तो यह है कि पहले वाली दवा बन्द कर दी जाए जिससे यह तथाकथित नई बीमारी पैदा हुई। आपको इससे जुड़े कुछ किस्से सुनाता हूँ जिससे बात और स्पष्ट होगी।

पहली कथा

मेरे मामाजी, उम्र 70 वर्ष, आठ साल पहले उन्हें हार्ट अटैक आया था जिसके बाद उनकी बाइपास सर्जरी हुई। तब से लगातार इलाज जारी। हमेशा गाँव से आकर मुझे दिखाते रहते थे। एकदम अच्छे चल रहे थे। पर इस बार आए तो बताने लगे कि आज सुबह-सुबह घूमने गया तो दिल की धड़कन बहुत तेज हो गई और आधे घंटे तक दिल तेज-तेज धक-धक ही करता रहा। जाँच में कुछ भी नया नहीं मिला। दवाएँ भी वही सालों पुरानी जिनका ऐसा कोई साइड इफेक्ट भी नहीं। मुझे कहीं कोई क्लू नहीं मिल रहा था। इधर मामाजी की धड़कन रोज चाहे जब

तेज हो जाती। दिल 180-200 तक की स्पीड पकड़ लेता। मुझे लगा कि हृदयगति के इस दोष के लिए कहीं बड़े सेंटर में भेजकर इनकी आगे जाँच कराऊँ क्या? ...पर मुझे ऐसा नहीं करना पड़ा। पड़ताल की तो समस्या की जड़ निकली आँखों में डालनेवाली एक दवा। वे ग्लॉकोमा के लिए इस दवा की चन्द बूँदें रोज डाला करते थे। उसी दवा के साइड इफेक्ट की लिस्ट में दिल में 'एरिद मिया' यानी धड़कन का बढ़ना भी होता है। वह दवा डालनी बन्द की तो सब कुछ ठीक हो गया।

कई बार तो डॉक्टर भी इसे नई बीमारी का लक्षण मानकर अन्य फालतू की दवाइयाँ भी शुरू कर सकते हैं जबकि इसका सही इलाज तो यह है कि पहले वाली दवा बन्द कर दी जाए जिससे यह तथाकथित नई बीमारी पैदा हुई।

तो क्या शिक्षा मिली हमें इस कथा से? यही कि आँखों में डालनेवाली, चमड़ी पर लगानेवाली, सादे पानी में मिलाकर भाप के तौर पर लेनेवाली दवाइयाँ भी शरीर में इतनी मात्रा में तो प्रवेश करती ही हैं कि साइड इफेक्ट पैदा कर सकें। अपने डॉक्टर को इन दवाइयों के बारे में भी जरूर बताएँ। लेकिन हम यह सोचने लगते हैं कि आँखों में मात्र दो बूँद डालनेवाली दवा या जरा-से मलहम के बारे में डॉक्टर को क्या बताना!

आपकी तकलीफ किसी भी दवा के अल्पज्ञात साइड इफेक्ट से भी हो सकती है।

दूसरी कथा

भोपाल के सफल वकील, उम्र साठ साल। लगभग दस वर्ष पहले उनका कोई परिचित उन्हें मेरे पास ले आया। बड़े निराश थे। गहरे अवसाद में। बताने लगे कि आजकल तो अपने डॉक्टर की सलाह पर वकालत छोड़कर घर पर आराम कर रहा हूँ। बड़ी कमजोरी, पाँवों में सूजन, चक्कर, एकाध बार तो अँधेरा-सा लगा और गिर भी पड़ा। शहर के एक मशहूर डॉक्टर ने उन्हें बता दिया था कि आपको एडवांस कार्डियक फेल्योर हो चुका है, दिल का पंप ठीक से काम नहीं कर रहा सो आप जितना आराम करें, उतना बेहतर। सोचा कि आपका बड़ा नाम है सो

एक बार आपको भी दिखा दें कि अभी मैं कितने दिन और जीनेवाला हूँ? मैंने उनके पुराने रिकॉर्ड देखे। उनसे लम्बी हिस्ट्री पूछी। फिर मैंने उनको यह कहा कि आपको तो कोई दिल की बीमारी है ही नहीं, और आप खूब लम्बा और स्वस्थ जीनेवाले हैं। मैंने बताया कि आपकी मुसीबत तो आपकी इस ब्लड प्रेशर की गोली केल्सीगार्ड रिटार्ड द्वारा पैदा हुई है। कभी इसको लेने पर ज्यादा सूजन हो तो यह दवा बन्द करनी पड़ती है। मुझे पता नहीं कि मरीज ने इस दवाई के पर्चे डॉक्टर को दिखाए कि नहीं दिखाए या डॉक्टर ने ही सरसरी तौर पर देखे भी पर यह अहम चीज देखी ही नहीं। हुआ यह कि उन्होंने सूजन, उम्र, ब्लड प्रेशर, कुछ ईसीजी देखकर हार्ट फेल्योर की दवाइयाँ शुरू कर दीं। अच्छा-भला आदमी था। लेकिन हार्ट फेल्योर की दवाइयों के भी साइड इफेक्ट शुरू हो गए थे। कोढ़ में खाज कह लें। चक्कर, कमजोरी और भूख खत्म। मैंने उनकी सारी दवाइयाँ बन्द कीं। केल्सीगार्ड रिटार्ड भी। वे एकदम ठीक हो गए।

तीसरी कथा

मात्र बीस वर्ष का वह लड़का जब कई वर्षों से मिर्गी का इलाज कराते-कराते थक गया तो उसने हरिद्वार-ऋषिकेश के तथाकथित सबसे मशहूर डॉक्टर की आयुर्वेदिक पुड़िया खानी शुरू कर दी। चमत्कार यह हुआ कि उसके मिर्गी के दौरे कम हो गए, लेकिन वह मेरे पास क्यों आया? वह यूँ कि 'अब मिर्गी तो कंट्रोल में है साहब, पर चलने-फिरने में एकदम बैलेंस ही नहीं बनता।' यहाँ का पाँव वहाँ पड़ता है। गिर जाता है। हजारों रुपये के सीटी, एमआरआई और न जाने क्या-क्या करा चुका।

रिकॉर्ड, हिस्ट्री, मरीज की जाँच के बाद मैंने उसे दो ही बातें कहीं। एक यह कि डायलेंटिन सोडियम नामक मिर्गी की दवाई का साइड इफेक्ट है। 'पर हम तो सारी ऐलोपैथिक दवाएँ बन्द करे बैठे हैं। हम बस ये आयुर्वेदिक दवाएँ ले रहे हैं।' मैंने अपना सन्देह प्रकट किया कि 'आपके वैदजी ने आयुर्वेदिक दवा के नाम पर डायलेंटिन को ही पीसकर ओवरडोज में दे रखा है।' और वही निकला भी। पुड़िया बन्द करने के एक माह बाद वह लड़का एकदम ठीक चलने लगा। याद रखें कि नीम-हकीम आयुर्वेद विशेषज्ञ ज्यादातर ऐलोपैथिक दवाई की

मनमानी खुराक को ही पीसकर उसकी पुड़िया पकड़ाते रहते हैं। अगर आप ऐसी कोई पुड़िया ले रहे हैं तो अपने डॉक्टर को जरूर बता दें। कुछ भी छुपाएँ मत।

उपर्युक्त कथाओं से क्या शिक्षा मिलती है?

किस्से तो तमाम हैं, पर इन सबसे मात्र एक शिक्षा मिलती है कि जब भी किसी नई तकलीफ के लिए डॉक्टर के पास जाएँ तो उसे उन सारी दवाओं के बारे में अवश्य बता दें जो आप किसी और कारण से ले रहे हों (भले ही वे आयुर्वेदिक, यूनानी, देसी या होम्योपैथिक ही क्यों न हो), डॉक्टर द्वारा यह सब पूछने की प्रतीक्षा न करें। स्वयं ही बता दें।

हड्डियाँ कमजोर क्यों हो जाती हैं?

बुढ़ापे में तो हड्डियाँ कमजोर हो ही जाती हैं, पर इस कमजोरी के विशेष तात्पर्य क्या हैं? इसका कारण तथा इलाज क्या है? क्या ठेठ जवानी या अधेड़ उम्र में भी हमारी हड्डियाँ कमजोर हो सकती हैं? 'आजकल तो साहब, हर डॉक्टर कह देता है कि 'बोन डेन्सिटी' की जाँच करा लें जिससे पता चल सके कि आपकी हड्डियाँ कमजोर तो नहीं हो रहीं? वे तो आजकल हर मरीज को खून में विटामिन-डी का लेवल जाँच करने को भी बोल देते हैं साहब, ये विटामिन-डी का चक्कर क्या है?' पचासों प्रश्न हैं, जो आप अपनी तरह से पूछना चाहते हैं। इनके उत्तर साफ-साफ मिलते नहीं। इसी कारण लोगों के मन में बहुत-सी बातें हैं और बहुत-सी गलतफहमियाँ हैं।

मैं आपको हड्डी कमजोर होने का फंडा समझाने की कोशिश करूँगा। एक बार समझ लेंगे तो आपको सब कुछ बड़ा सरल लगेगा। यह सब जानना बेहद जरूरी भी है, तो समझिए।

इसे चिकित्सा शास्त्र में ऑस्टियोपोरोसिस कहते हैं। मतलब यह कि हमारी हड्डियों की शक्ति इतनी कम हो जाए कि हड्डी टूटने का खतरा कई गुना बढ़ जाए। फिर जरा-सी चोट से या कभी-कभी किसी चोट का पता चले बिना ही हड्डी टूट जाए। ऐसा भी हो सकता है कि खास दर्द न हो और आपका मेरुदंड या रीढ़ की कोई हड्डी टूट जाए। आपने शायद कभी ध्यान दिया हो कि मेनोपॉज (रजोनिवृत्ति) के बाद, बुढ़ापे में कई औरतों का कद छोटा हो जाता है। यह बौनापन कैसे? क्योंकि उनकी हड्डियाँ कमजोर हो जाती हैं। उनकी रीढ़ की कई हड्डियाँ धीरे-धीरे टूटकर पिचक जाती हैं, तो रीढ़ छोटी हो जाती है। इससे उनका कद कई इंच तक छोटा हो सकता है। प्राय: ऑस्टियोपोरोसिस में सबसे ज्यादा फ्रैक्चर रीढ़ की हड्डियों के होते हैं या कूल्हे की हड्डी के। रीढ़ की हड्डी का टूटना थोड़ा अनोखा है क्योंकि इस हड्डी के टूटने से वैसा दर्द कभी भी नहीं होता है, जैसे आमतौर पर हम सोचते हैं।

जन्म से लेकर किशोरा-वस्था तक हमारी हड्डियाँ बनती, बढ़ती और विकसित होती हैं। विभिन्न गतिविधियों से हड्डियों की मजबूती भी तय होती है।

इसे चिकित्सा शास्त्र में ऑस्टियो-पोरोसिस कहते हैं। मतलब यह कि हमारी हड्डियों की शक्ति इतनी कम हो जाए कि हड्डी टूटने का खतरा कई गुना बढ़ जाए।

हाँ, टूटी रीढ़ की हड्डी से कभी कोई नस दब जाए तब तो बहुत दर्द होगा अन्यथा बस हल्का या तेज कमर-दर्द ही हो सकता है। हो सकता है कि विशेष दर्द हो ही न, लेकिन रीढ़ के टूटने पर दर्द को छोड़कर अन्य बहुत-सी और तकलीफें हो सकती हैं। उदाहरणार्थ मानो कि छाती रीढ़ की हड्डी यदि टूट जाए तो फिर साँस फूलने की तकलीफ हो सकती है, पेट तथा कमर के किसी हिस्से की रीढ़ की हड्डी टूट जाए तो फिर पेट की तकलीफें हो सकती हैं।

यदि गैस से पेट फूला लगे, भूख लगे पर एक रोटी खाकर ही महसूस हो कि बहुत सारा खा लिया, यदि आपको कब्जियत रहने लगी हो और आपकी जाँच के बाद कोई डॉक्टर आपसे कहे कि आपकी रीढ़ की हड्डी टूट गई है तो शायद आप विश्वास ही नहीं करेंगे पर ऐसा हो सकता है। फिर कमर की टेढ़ी होना, कमर का झुक जाना आदि भी प्राय: रीढ़ की हड्डी कई जगह से टूट जाने के कारण होता है।

और यह सब कुछ रोका जा सकता था! वो कैसे?

वैसे तो बढ़ती उम्र में यह रोग पुरुष और स्त्री, दोनों को ही हो सकता है परन्तु स्त्रियों में तो यह बहुत ही आम है। 50 वर्ष से ऊपर की प्रत्येक स्त्री को इसका खतरा होता है। और फिर उम्र बढ़ने के साथ यह खतरा बढ़ता ही जाता है। ऐसा मान लें कि 70-80 वर्ष की उम्र की हर स्त्री को ऑस्टियोपोरोसिस तो होता ही है। आँकड़े बताते हैं कि कूल्हे की हड्डी के टूटने का खतरा 70 वर्ष की उम्र के बाद हर पाँच वर्ष में दोगुना होता जाता है। ऐसे समझें कि 50 से 60 वर्ष की उम्र में तो हाथों की हड्डी का फ्रैक्चर ज्यादा होता है, परन्तु 60 वर्ष की उम्र के बाद कूल्हे की हड्डी टूटने का खतरा ज्यादा हो जाता है। यह शायद इसलिए भी क्योंकि 70 वर्ष की उम्र के बाद आदमी के लड़खड़ाकर गिरने की आशंका बढ़ जाती है। देखा गया है कि 60 वर्ष तक का आदमी प्राय: गिरते समय, खुद को बचाने के लिए अपने हाथ सामने की तरफ फैला लेता है सो हाथ के बल गिरने से उसकी हाथ की हड्डी ज्यादा टूटती है। इसके विपरीत सत्तर या उसके आसपास का आदमी, सीधे धड़ाम से नीचे गिरता है तो चोट उसके कूल्हे और कमर पर लगती है। गिरने

के इस अलग-अलग पैटर्न के कारण हाथ और कूल्हे की हड्डी का टूटना उम्र के हिसाब से अलग हो सकता है।

यदि बुढ़ापे के साथ आदमी का वजन भी कम हो, वह खूब दारू भी पीता रहा हो और सिगरेट भी धकाधक पीता हो तब तो उसकी हड्डियाँ और भी कमजोर हो जाती हैं। वास्तव में डॉक्टर यह मानते हैं कि 50 वर्ष से ऊपर के आदमी की कोई हड्डी किसी भी चोट से (चाहे छत से गिरकर ही क्यों न टूटी हो!) टूटे, हम स्पष्ट रूप से यह मानेंगे कि इस टूटने में ऑस्टियोपोरोसिस का भी जरूर कुछ हाथ है। तब हम प्लास्टर या ऑपरेशन द्वारा हड्डी जोड़ने के साथ-साथ ऑस्टियोपोरोसिस की जाँच और इलाज भी करेंगे।

अब प्रश्न यह उठता है कि ऑस्टियोपोरोसिस होती क्यों है? क्या यह मात्र कैल्शियम की कमी से हो जाती है? पैदा होने के बाद हमारी हड्डियाँ बनती हैं। बढ़ती हैं। विकसित होती हैं। मोटी होती हैं। विभिन्न गतिविधियों (चलने, दौड़ने, वजन उठाने आदि) के हिसाब से हड्डियों का आकार तथा मजबूती तय होती है। खास तौर पर जवान होते-होते शरीर में जो सेक्स हार्मोंस बनने लगते हैं, वे भी हड्डी के विकास में मदद करते हैं। तो यूँ समझें कि पैदा होने से लेकर किशोर अवस्था तक तो हड्डियाँ विकसित होती हैं, मजबूत होती हैं, बड़ी होती हैं। उसके बाद हड्डियों का बढ़ना बन्द हो जाता है। अब शेष जीवन केवल इनकी मरम्मत का ही काम चलता है। तो जवानी के बाद आपकी हड्डी और मजबूत नहीं हो रही। अब प्रयास यह है या होना चाहिए कि वह जितनी मजबूत हो चुकी थी, वैसी बनी रहे। इसके लिए शरीर उसकी मरम्मत करता रहता है, बस। दिन भर की उठापटक, भागदौड़ में हड्डियों को जो सूक्ष्म चोटें पहुँचती हैं, उनकी मरम्मत हरदम चलती रहती है। इसके अलावा यदि खून में कभी, किसी भी कारण से कैल्शियम कम हो जाए तो हड्डी में जमा कैल्शियम निकालकर काम चलाया जाता है। हड्डी गलने और बनने (रिपेयर) का काम साथ-साथ चलता रहता है। उम्र के साथ इन दो कामों का सन्तुलन बिगड़ जाता है। तब हड्डी गलती ज्यादा है, बनती कम है, यही ऑस्टियोपोरोसिस का कारण है।

हड्डी की इस री-मॉडलिंग में सेक्स हार्मोंस, विटामिन-डी, कैल्शियम, पैराथायरॉइड हार्मोंस का बड़ा रोल है। इनके अलावा कई बीमारियों (लीवर, किडनी, डायबिटीज आदि) तथा कई दवाइयों (जिनमें स्टेरॉयड्स प्रमुख हैं) का बड़ा रोल होता है। यह भी जान लें कि दादी या नानी ठीक ही कहती थीं कि बचपन में जो शरीर बना लोगे, बस वही आपका जीवन भर साथ देगा। इसलिए बचपन के खान-पान और व्यायाम का बहुत अधिक महत्त्व है।

ऑस्टियोपोरोसिस जाँचें, बचाव तथा इलाज

अब तक आप ऑस्टियोपोरोसिस के बारे में सोचकर चिन्तित हो उठे होंगे। यहाँ तक आते-आते कई प्रश्न भी आपके मन में उठ गए हों तो बड़ी बात नहीं! कुछ सामान्य प्रश्न हैं—'डॉक्टर साहब, कहीं मेरी हड्डियाँ भी तो कमजोर नहीं हो गई हैं?' क्या हमारी हड्डी टूटने पर ही आप बता पाएँगे कि हमारी हड्डी कमजोर थी? क्या पहले से ही कोई जाँच करके इसका पता नहीं चल सकता कि कहीं हड्डी कमजोर तो नहीं हो रही? क्या कोई ऐसी जाँच है जिससे यह पता चल जाए? यदि ऐसी कोई जाँच है तो क्या हर आदमी को यह जाँच करा लेनी चाहिए?

असल में हमें मुख्यत: कुछ प्रश्नों के उत्तर चाहिए—

क्या मुझे ऑस्टियोपोरोसिस की आशंका है?

आजकल हाथ-पाँव, जोड़ या कमर का दर्द होते ही कई डॉक्टर हमारे मन में यह सन्देह डाल देते हैं कि आपके शरीर में कैल्शियम की कमी हो रही है। वे बताते हैं कि लक्षण ऐसे हैं कि आपको ऑस्टियोपोरोसिस भी हो सकता है। वे 'बोन डेंसिटी टेस्ट' आदि भी कराने को कह देते हैं। ऐसे में क्या करें? डरें मत। बस, याद रखें कि आपको ऑस्टियोपोरोसिस होने का खतरा केवल निम्नलिखित स्थितियों में है—

- यदि आप महिला हैं और आपकी रजोनिवृत्ति (मेनोपॉज) हो चुकी है, या कि आप उसके एकदम आसपास हैं अर्थात पचास से ऊपर।
- यदि आप किसी भी कारण से, बहुत दिनों से बिस्तर से लगे हुए हैं। हमने बताया कि पचास वर्ष की वय और बढ़ती उम्र के साथ ऑस्टियोपोरोसिस होने का खतरा ज्यादा रहता है। उम्र बढ़ रही है या आप पहले ही पचास से ऊपर हैं, तो सतर्क रहें। क्या यह युवाओं को नहीं हो सकती? हो सकती है। यदि किसी युवा व्यक्ति को लकवे या किसी अन्य कारण से लम्बे

समय तक बिस्तर पर रहना पड़ जाए तो उसकी हड्डियाँ भी कमजोर हो सकती हैं। यदि आप बहुत कम चलते-फिरते हैं, प्राय: लोंदे की तरह पड़े रहते हैं तथा व्यायाम आदि से सख्त नफरत करते हैं तब आपको यह रोग कम उम्र में भी हो सकता है। यदि आपका समय खटिया और कुर्सी के बीच ही निकलता है तो कृपया यह जाँच अवश्य करा लें।

- यदि आप गठिया, थायरॉयड, खून की कमी आदि किसी भी लम्बी बीमारी से पीड़ित हैं तब भी यह बीमारी हो सकती है। इन बीमारियों में हड्डियाँ कमजोर हो सकती हैं।
- यदि आप दो-तीन महीने से स्टेरॉयड्स दवाइयाँ ले रहे हैं तो भी आपको ऑस्टियोपोरोसिस का खतरा है। यह तब भी होता है जब थायरॉइड का मरीज बिना जाँच कराए, लम्बे समय तक थायरॉयड हार्मोंस लेता चला जाता है। इसी प्रकार मिर्गी की दवाइयाँ, लीथियम नामक दवा (जो मानसिक रोगियों को दी जाती है) तथा इम्यूनोसप्रेशन करनेवाली दवाइयाँ (जो गठिया के रोगियों को खूब लिखी जाती हैं) भी हड्डियों को कमजोर करती हैं। इनमें से कोई भी दवा ले रहे हों तो अपनी बोन डेंसिटी आदि जाँच अवश्य करा लें।
- यदि आप सिगरेट-बीड़ी बहुत पीते हैं तो भी आपकी हड्डी बनानेवाली कोशिकाएँ कमजोर पड़ जाती हैं। सिगरेट के आदी हैं तो भी यह जाँच करा लें। वैसे तो आपने अपने पैसे और फेफड़े फूँकने की कसम ही खा रखी हो जैसे शायद इस जाँच की रिपोर्ट देखकर आप सिगरेट छोड़ दें।
- यदि आप शराब के आदी हैं, तब भी। जाँच करा लें।
- यदि आपकी उम्र साठ वर्ष से ज्यादा है तब भी। यह जाँच करा लें।
- यदि आपकी किसी अन्य कारण से किए गए एक्स-रे की जाँच में डॉक्टर आपसे यह कहे कि इसमें आपकी हड्डियाँ कमजोर लग रही हैं, तब भी यह जाँच करा लें।

हड्डी की मजबूती जाँचने के लिए कौन-सी जाँचें कराई जाएँ?

सबसे महत्त्वपूर्ण जाँच है, 'बोन डेंसिटी' की जाँच। इस जाँच से हड्डी की डेंसिटी का पता चलता है यानी हड्डी कितनी ठोस या पोली है—उसका घनत्व कितना है। आप पूछेंगे कि बोन डेंसिटी की जाँच क्या होती है? तो जान लें कि इसमें कमर

की हड्डी, कूल्हे, एड़ी, कलाई या हाथ की उँगलियों के विशेष एक्स-रे द्वारा जाँच होती है जिसे हम तकनीकी भाषा में DXA (dual energy xray absorptiometry) कहते हैं। इसमें दो एक्सरे ट्यूबों के बीच हड्डी को रखकर जाँच की जाती है, और इस तरह हड्डी का जो ठोसपन रिकॉर्ड होता है, उसकी तुलना स्टैंडर्ड आँकड़ों से की जाती है। जो युवा हड्डी की जाँच से निकाले गए हैं, इसे टी-स्कोर कहते हैं। यदि आपका टी-स्कोर 2.5 से ऊपर है तो आप खुश रहें। यदि यह 2.5 से कम है, तो आपको ऑस्टियोपोरोसिस है।

बोन डेंसिटी मापने की अन्य तकनीकें भी हैं। एक तो Sxa अर्थात single xray आजकल सीटी स्कैन तथा अल्ट्रासाउंड द्वारा भी यह निर्णय लिया जा सकता है। हालाँकि लोकप्रिय तथा सटीक जाँच अभी तक DXA से ही हो रही है। क्या खून में कैल्शियम तथा विटामिन-डी की जाँच भी कोई मदद करती है? हाँ, करती है। पर ये जाँचें अकेले मदद नहीं कर सकतीं। ये भी DXA के बाद ही करवाई जाएँगी (यदि ऑस्टियोपोरोसिस का शक है तो फिर)। गोल्ड स्टैंडर्ड जाँच अभी तक DXA ही है। पर DXA भी केवल उनको ही करानी चाहिए जिनका जिक्र मैंने पहले प्रश्न के उत्तर में किया है। यह नहीं कि आप सोचें कि चलो, जाँच तो करा ही लेते हैं। सरकारी अस्पतालों में या जहाँ भी फीस नहीं देनी पड़ती वहाँ इसे करवाने का चलन-सा हो गया है। बीस-पच्चीस साल के लड़के-लड़कियाँ भी डॉक्टर पर दबाव डालते हैं कि हमारी भी 'बोन डेंसिटी' की जाँच करा दें। ऐसा न करें। इस जाँच में एक्स-रे का रेडिएशन होता है जो शरीर के लिए नुकसानदायक है। इसलिए जरूरी हो, तभी कराएँ।

ऑस्टियोपोरोसिस से कैसे बचें? क्या इलाज हो?

हाँ, इसे कुछ सीमा तक रोका तो जा सकता है पर याद रहे कि 'क्या मैं ऑस्टियोपोरोसिस से बच सकता हूँ?' ठीक वैसा ही प्रश्न है जैसा यह प्रश्न कि 'क्या मैं बुढ़ापे से बच सकता हूँ?' उम्र बढ़ेगी, तो यह भी आएगा ही। हाँ, इसको विलम्बित कर सकते हैं। इसके खतरे कम किए जा सकते हैं। विस्तार से तो डॉक्टर ही इस बारे में जानते हैं। लेकिन आपके जानने लायक जो बातें हैं वो हैं—

अपने बच्चों को व्यायाम की आदत डालें। बचपन ही हड्डियाँ मजबूत होने का समय होता है जो जीवन भर काम देता है।

व्यायाम, खास तौर पर चलना, घूमना, दौड़ना, जॉगिंग आदि जितना अधिक

> 'क्या मैं ऑस्टियोपोरोसिस से बच सकता हूँ?' ठीक वैसा ही प्रश्न है जैसा यह प्रश्न कि 'क्या मैं बुढ़ापे से बच सकता हूँ?' उम्र बढ़ेगी, तो यह भी आएगा ही। हाँ, इसको विलम्बित कर सकते हैं। इसके खतरे कम किए जा सकते हैं।

करेंगे और जितनी उम्र तक करते रहेंगे, हड्डियों को ताकत मिलेगी। आलस्य हड्डियों का दुश्मन है। बिस्तर पर पड़े रहना हड्डियों को गला देता है।

दूध, दही, पनीर जैसे दुग्ध-उत्पाद रोज खाया करें। इनमें कैल्शियम होता है। हमें रोजाना 100 mg तक कैल्शियम चाहिए। गोलियाँ खाएँ तो एक बार में 500 mg से ज्यादा की न खाएँ, दो बार खाकर 1000 mg कर सकते हैं।

रोज पन्द्रह मिनट से पच्चीस मिनट तक खुली धूप में गुजारें। शरीर का प्राकृतिक विटामिन-डी धूप की गर्मी और अल्ट्रावायलेट किरणों से ही बनता है। विटामिन-डी की आवश्यकता रोज ही 800-1000 यूनिट तक होती है। वैसे आजकल कैल्शियम की आम गोलियों में विटामिन-डी की इतनी मात्रा मिली होती है।

सोयाबीन से बने खाद्य पदार्थ खाएँ, इनमें इस्ट्रोजन जैसा प्रभाव होता है जो हड्डियाँ मजबूत करता है।

खाने में प्रोटीन तथा विटामिन भी उचित मात्रा में लें। डाइटिंग न करें। कुपोषण भी इस रोग का एक प्रमुख कारण है।

उम्र बढ़े तो बेंत या ट्राइपॉडनुमा लाठी लेकर ही घूमा करें। एक उम्र के बाद आदमी के गिरने, लड़खड़ाने, बैलेंस बिगड़ने की उम्र आ जाती है। बेंत टिकाकर आपका उचित बैलेंस बनता है तथा आप गिरने से बचते हैं।

और एक आखिरी बात! कभी भी, कोई भी दवाई, बिना डॉक्टरी सलाह के न लें। कई दवाइयाँ ऐसी होती हैं जो हड्डियों को बेतरह कमजोर कर सकती हैं।

हाइपोनेट्रीनिया का तिलिस्म

आज हम ऐसी सरल-सी लगनेवाली बेहद कठिन बीमारी की बात करेंगे जिसे डॉक्टर 'हाइपोनेट्रीनिया' (खून में नमक या सोडियम की कमी) कहते हैं। सुनने में सरल-सा लगता है कि रक्त में सोडियम कम हो गया है। लगता है कि मरीज को ढेर-सा नमक खिलाकर या 'सेलाइन' की बोतलें चढ़ाकर इसे ठीक किया जा सकता है, पर बात इतनी सरल नहीं है, ना ही यह बीमारी इतनी छोटी ही है। समय पर इलाज न मिले तो यह जानलेवा तक हो सकती है। इसकी डायग्नोसिस करना, फिर इसका ठीक-ठीक इलाज तय करना—यह सब बेहद जटिल काम है। जब तक शरीर की बायोकेमिस्ट्री तथा गुर्दों, हार्मोंस, रक्त प्रवाह आदि की गहन जानकारी डॉक्टर को न हो, तब तक 'हाइपोनेट्रीनिया' को समझना किसी सामान्य डॉक्टर के लिए भी एक चुनौती ही है। यह डॉक्टरों के लिए भी एक बेहद कठिन विषय है। चिकित्सा शास्त्र की पढ़ाई के दौरान इससे जुड़े प्रश्न प्राय: इसीलिए पूछे जाते हैं ताकि परीक्षा में छात्र को फेल किया जा सके। कम-से-कम हम तो अपने छात्र जीवन में ऐसा ही समझते थे। अब इसी कठिन बात को मैं अपने सामान्य पाठकों को आज किस तरह समझा पाता हूँ, यह भी देखनेवाली बात होगी।

कहते हैं कि पंचतत्त्व मिल बना शरीरा! इन पाँच तत्त्वों में से एक महत्त्वपूर्ण तत्त्व 'जल' है। हमारे शरीर का 50 से 60 प्रतिशत वजन पानी का ही है। महात्मा यो-यो हनीसिंह जी यूँ ही निष्प्रयोजन ही नहीं गा रहे हैं—'पानी, पानी, पानी, पानी'...वास्तव में हम-आप काफी हद तक पानी से ही बने हैं। और यह पानी हमारे शरीर में सब तरफ है। हमारे शरीर की हर कोशिका (सेल) में पानी भरा रहता है। कोशिकाओं के बीच भी पानी ही भरा है। और रक्त के साथ हमारी रक्त नलिकाओं में भी पानी ही बह रहा है। कोशिकाओं के अन्दर जो पानी है, उसमें पोटेशियम तत्त्व घुला रहता है। कोशिकाओं के बाहर (रक्त नलिकाओं में, और कोशिकाओं के बीच) जो पानी भरा हुआ है, उसमें मुख्यत: सोडियम घुला रहता है। सोडियम और पोटेशियम

जब तक शरीर की बायोकेमिस्ट्री तथा गुर्दों, हार्मोंस, रक्त प्रवाह आदि की गहन जानकारी डॉक्टर को न हो, तब तक 'हाइपोनेट्रीनिया' को समझना किसी सामान्य डॉक्टर के लिए भी एक चुनौती ही है।

शरीर के बहुत-से महत्त्वपूर्ण कार्यों तथा कार्य प्रणालियों के लिए अत्यन्त आवश्यक तत्त्व हैं। यहाँ हम बस सोडियम की ही चर्चा करेंगे वरना बात इतनी जटिल हो जाएगी कि आपके अलावा मुझे भी अपनी नानी याद आ जाएगी।

रक्त में प्रवाहित हो रहा सोडियम एक निश्चित मात्रा से कम हो जाए या रक्त में इसका स्तर बढ़ जाए, दोनों स्थितियाँ बड़ी गम्भीर बीमारी पैदा कर सकती हैं। रक्त में सोडियम 135 मिग्रा. के स्तर से नीचे चला गया तो यह हाइपोनेट्रीनिया कहलाता है। पर ऐसा क्यों होगा? सोडियम का स्तर हमारे रक्त में कभी भी क्यों कम होगा? इसके कई कारण हो सकते हैं। कई बीमारियाँ, दवाइयाँ तथा स्थितियाँ शरीर में 'हाइपोनेट्रीनिया' पैदा कर सकती हैं। कारण कितने भी हों परन्तु हाइपोनेट्रीनिया की जड़ में मूल बातें दो ही रहेंगी—एक तो यह कि किसी कारण से शरीर में पानी की मात्रा बढ़ती चली जाए पर नमक की मात्रा वही की वही बनी रहे तो इससे नमक का घोल स्वत: डाइल्यूट या पतला हो जाएगा और सोडियम का लेवल रक्त में कम हो जाएगा। दूसरा कारण यह हो सकता है कि शरीर से नमक किसी कारण निकलता जाए परन्तु नमक मिल न पाए और आदमी नमक तो न ले परन्तु पानी खूब पीता जाए। प्यासा होने पर आदमी पानी ही पीता चला जाए—शरीर को बस पानी ही मिलता रहे तब भी रक्त में मिला हुआ नमकीन घोल का नमक (सोडियम) कम हो जाएगा। ऐसा कई बीमारियों में हो सकता है, खासकर बुढ़ापे में, मानसिक रोगियों में, गुर्दे की बीमारी में और ब्लड प्रेशर की कुछ दवाइयों से भी। आपको एक सामान्य-सा उदाहरण देता हूँ। मान लें कि आपको खूब दस्त लग रहे हों। इस उल्टी-दस्त में आपके शरीर से पानी तथा साल्ट, दोनों निकल जाएँगे। या मान लें कि धूप में घूम-घूमकर आपका बहुत पसीना निकल गया और आपको बहुत प्यास लगी है। ऐसी स्थितियों में यदि केवल पानी ही पानी पी लिया जाए, तो शरीर को पानी तो मिल गया पर नमक उतना नहीं मिल पाया। ऐसे में नमक की कमी हो जाएगी। या कभी डॉक्टर ने दस्त के मरीज को ग्लूकोज तो चढ़ा दिया, पर सेलाइन नहीं दिया तब भी यह स्थिति आ सकती है।

यदि 'हाइपोनेट्रीनिया' हो ही जाए तो ऐसी स्थिति में मरीज के साथ क्या-क्या हो सकता है?

हाइपोनेट्रीनिया के कारण मुख्यत: मस्तिष्क की कोशिकाओं में सूजन आने लगती है। इससे मरीज को न्यूरोजिकल लक्षण प्रकट होने लगते हैं। सिर दर्द, जी मितलाने और थकान से तकलीफें शुरू होती हैं। इन लक्षणों के बाद भी यदि डॉक्टर ने सही कारण (हाइपोनेट्रीनिया) नहीं पकड़ा तो धीरे-धीरे मरीज होश खोने लगता है। वह लगातार उनींदा रहेगा। और अन्तत: बेहोश भी हो सकता है। उसे मिर्गी जैसे दौरे भी आ सकते हैं जो दिमागी सूजन के बेहद बढ़ जाने के द्योतक हैं। यदि इस स्टेज पर भी डॉक्टर को बात समझ नहीं आई तो मरीज की मृत्यु तक हो सकती है। छोटी-सी बात लगनेवाली सोडियम की इत्ती-सी कमी जान तक ले सकती है।

हाँ, यदि समय पर हाइपोनेट्रीनिया की सही डायग्नोसिस हो गई तो फिर इस बीमारी का पूरा इलाज सम्भव है। संकट ये है कि यह बीमारी प्राय: बहुत धीमे-धीमे, बिना किसी चेतावनी के आती है। एक बूढ़ा आदमी कुछ समय से थका-थका, सोया-सा रहता है और हम मान लेते हैं कि यह सब तो बुढ़ापे में होता ही रहता है। डॉक्टर तक यही मान लेते हैं। हाइपोथायरॉइड, डिप्रेशन आदि के मरीज वैसे भी थके-थके सोए-से रहते हैं। वे कब हाइपोनेट्रीनिया में चले गए, पता ही नहीं चलता।

ब्लड प्रेशर में दी जानेवाली कुछ बेहद पॉप्युलर दवाइयाँ भी धीरे-धीरे हाइपोनेट्रीनिया पैदा कर सकती हैं। आपका डॉक्टर यदि अलर्ट नहीं है तो वह ये दवाइयाँ हाइपोनेट्रीनिया होने पर भी जारी रखेगा तथा आपका हाइपोनेट्रीनिया जानलेवा हद तक बढ़ जाएगा। हाइपोनेट्रीनिया का खतरा दोतरफा, तीन तरफा है—एक तो यह कि प्राय: आमजन को इसकी बिलकुल ही खबर नहीं है, फिर रक्त में सोडियम लेवल की सटीक तथा विश्वसनीय जाँच की व्यवस्था वाले पैथलैब केवल बड़े शहरों में ही उपलब्ध हैं, और तीसरी सबसे खतरनाक बात यह है कि प्राय: डॉक्टरों को भी इसके डायग्नोसिस तथा सही-सही इलाज का पता नहीं है। उन्हें समझना होगा कि यह बीमारी खाने में मात्र नमक बढ़ाने से, सेलाइन चढ़ाने से या कोई फैंसी दवा देने से ठीक नहीं हो जाएगी। फिर क्या करें?

बस याद रखें कि यदि मरीज बिना किसी जायज कारण के बेहोश-सा, या बेहोश हो रहा है, तो हाइपोनेट्रीनिया भी इसका एक कारण हो सकता है। डॉक्टर यदि कभी आपमें हाइपोनेट्रीनिया डायग्नॉस करे तो उसकी गम्भीरता को ठीक से समझें और आगे डॉक्टर को सब कुछ समझने दें। एक अच्छा डॉक्टर चुनें फिर सब उस पर छोड़ दें। भगवान भला करेगा। भगवान के अलावा और कोई चारा भी नहीं है आपके पास।

तकलीफ हो, न हो, फिर भी बीपी की दवाएँ लें

यहाँ हम ब्लड प्रेशर के कुछ ऐसे पक्षों पर बातें करेंगे जिनके बारे में आपको लगता है कि आपको सब पता है, पर वास्तव में आपको कुछ भी पता नहीं। कदाचित हाइपर टेंशन (हाई ब्लड प्रेशर) ही एक ऐसी बीमारी है जिसके विषय में सभी को अपनी-अपनी तरह से इतनी गलतफहमियाँ हैं कि उन्हें गिनाना बेहद कठिन है। बहरहाल मैं थोड़ी कोशिश करके देख लेता हूँ।

पहले तो थोड़ी बात हाई बीपी नाम के जटिल विषय पर

हाई बीपी बहुत कॉमन बीमारी है। हो सकता है कि आपको भी निकल आए। आपको शायद पता ही न हो क्योंकि आपने इसकी कभी जाँच ही नहीं कराई। कभी कराया भी था तो एकाध बार शायद बढ़ा हुआ हो पर बाद में दूसरे डॉक्टर ने देखा तो नॉर्मल रहा और दोनों ने ही आपको या तो ठीक से कुछ बताया नहीं, या फिर घसीटकर कुछ दवाएँ लिख दीं या ये कह दिया कि आपको तो कुछ भी नहीं है, या कहा कि इतना बीपी तो इस उम्र में रहता ही है। जान लें कि भारत में अलग-अलग सर्वे तथा स्टडीज में लगभग सात से सैंतीस प्रतिशत लोगों में यह बीमारी पाई गई है। तकलीफ हो, न हो, अपना बीपी समय-समय पर जरूर चेक कराते रहें।

यह भी याद रहे कि यदि आपके परिवार में किसी को हाई बीपी है या कभी रहा है, आप मोटे हैं, पड़े-पड़े खटिया और बैठे-बैठे कुर्सी तोड़ते रहते हैं, निष्ठापूर्वक दारू-सिगरेट पीते हैं और आपकी कमर फैलती ही चली जा रही है (औरतों में 80 सेंटीमीटर, आदमियों में 90 सेंटीमीटर से ज्यादा) तब तो जरूर ही अपना बीपी नियमित चेक कराते रहें; इसी ग्रुप में ज्यादातर हाई बीपी पाया जाता है। 'मेंटल

टेंशन बहुत रहता है सर मुझे, कहीं बीपी तो नहीं हो जाएगा?' ऐसा कहनेवाले अक्सर मिलते हैं। ऐसे लोग भी मिलते हैं जो विश्वास ही नहीं करते कि उन्हें भी कभी बीपी हो सकता है उनका कहना होता है कि 'मैं तो कभी टेंशन पालता ही नहीं सर।' मित्रो, 'टेंशन' (मानसिक तनाव) का हाई बीपी पैदा करने में ऐसे कोई सीधा-सीधा रोल नहीं होता है।

बस, इतना जान लें कि हाई बीपी बहुत कॉमन बीमारी है

'डॉक्टर साहब, आप बता रहे हैं कि मुझे हाई बीपी है पर मुझे तो कोई कष्ट ही नहीं? मैंने तो बस यूँ ही आपसे मेडिकल चेकअप करा लिया और फालतू ही फँस गया। न तो सिर दर्द है, न कोई चक्कर, न छाती में दर्द, न और कुछ। अरे, यदि 160/100 बीपी है तो कुछ तकलीफ तो हो? जरूर, बीपी नापने की मशीन खराब है, यह मरीज का भ्रम है। कई बार उसे डॉक्टर पर ही सन्देह होता है। पर याद रखें कि हाई बीपी से मरीज को कोई न कोई तकलीफ हो ही रही हो, यह कतई आवश्यक नहीं।

चलिए, माना कि आप ठीक कह रहे हैं, 'हमारा बीपी बढ़ा है, पर हमें कोई कष्ट तो है नहीं। बढ़ा है तो बढ़ा रहे। जब तकलीफ नहीं तो हम दवाई क्यों लें? क्यों जाँच कराएँ? क्यों हर माह बीपी चेक कराते फिरें? जब हमें तकलीफ ही नहीं तो ये सब दवाएँ या परहेज क्यों?'

आपकी बात ऊपर-ऊपर से तो एकदम सही लगती है। बताइए, तकलीफ है नहीं, तब भी दवाई खाते जाएँ, बल्कि आपकी सलाह तो है कि जीवन भर खाते चले जाएँ तो ऐसे सटक बेवकूफ तो हम हैं नहीं; जब तकलीफ होगी, खा लिया करेंगे। जब कभी सिर दर्द वगैरह लगता है तो हम आपकी बताई बीपी की दवाएँ दो-तीन दिन खा लेते हैं, बस। हमें हाई बीपी रहता है, यह बात सही है पर रहता है तो बना रहे, हम रोज-रोज दवाएँ क्यों खाएँ साहब?'

किसी को यह समझा पाना कठिन है कि तकलीफ न भी महसूस हो तो भी दवाएँ लें। चलिए, इसे यूँ समझें कि आप आज जो दवाएँ ले रहे हैं, वह जीवन बीमा की किस्त चुकाने जैसा है; चुकाने में कष्ट जरूर होता है परन्तु हम चुकाते हैं क्योंकि हमें मालूम है कि यही हमें कभी मुसीबत से बचाएगी। जीवन बीमा में तो फिर भी वैसी मुसीबत शायद ही कभी आती हो परन्तु हाई बीपी की दवाइयों की ये किस्तें आपको निश्चित ही बहुत सारी मुसीबतों से बचाएगी। क्या आपको पता है

कि आप यदि हाई बीपी कंट्रोल में नहीं रखते हैं तो आप कितना बड़ा खतरा उठा रहे हैं? बीपी कंट्रोल में न रहने पर आपको हार्ट अटैक की आशंका दोगुनी, लकवे की सात गुनी, हार्ट फेल्योर की तीन गुनी तथा किडनी फेल होने की आशंका दोगुनी बढ़ जाती है और इनमें से ज्यादातर चीजों का कोई इलाज उपलब्ध ही नहीं है।

बीपी कंट्रोल में न रहने पर आपको हार्ट अटैक की आशंका दोगुनी, लकवे की सात गुनी, हार्ट फेल्योर की तीन गुनी तथा किडनी फेल होने की आशंका दोगुनी बढ़ जाती है और इनमें से ज्यादातर चीजों का कोई इलाज उपलब्ध ही नहीं है।

'तो फिर आप ही बताएँ कि मैं क्या करूँ?'

यदि डॉक्टर ने आपको हल्का-सा बॉर्डर लाइन (सीमा रेखा को छूता हुआ) हाई बीपी बताया है तो आपको नियमित दवाएँ लेकर, नियमित जाँचें कराके यह पक्का कर लेना चाहिए कि आपका बीपी हमेशा 140-90 के नीचे ही बना रहे और यदि आपको बीपी के साथ मधुमेह वगैरह भी है तो फिर आपका बीपी और भी कम रहना चाहिए। कुछ बातें और याद रखें। दवाएँ लगभग जीवन भर चलनी हैं परन्तु उनका डोज, मात्रा आदि आवश्यकतानुसार समय-समय पर बदल सकता है इसीलिए यह बहुत जरूरी है कि नियमित बीपी जाँच होती रहे।

शरीर में बीपी का व्यवहार भी बदलता रहता है। इसीलिए जीवन भर डॉक्टर से इसे चेक कराते रहना पड़ेगा। 'एक बार जो दवा का डोज फिक्स हो गया, यदि मैं उसी को हमेशा खाता रहूँ तो?' नहीं, आप यह न करें क्योंकि आगे का हर डोज अगली जाँच से ही तय होगा। डॉक्टर आपको जब भी बुलाएँ आपको तकलीफ हो या न हो, जाकर डॉक्टर को अवश्य दिखाएँ। वजन कम करें। सिगरेट (या किसी भी तरह का तम्बाकू) का सेवन एकदम बन्द कर दें। दारू या तो बन्द कर दें, या इतनी कम तो कर ही दें जितना शराफत तथा बीपी का तकाजा है। कई बार हल्का बीपी तो मात्र इतना कुछ करने से ही कंट्रोल हो जाता है।

एक जरूरी बात। नियमित व्यायाम जरूर करें। मैं आपसे मुगदर घुमाने को नहीं कह रहा। नियमित चालीस मिनट घूम लिया करें, बस। बैठे न रहें। एक्टिव रहें।

'क्या मैं नमक पूरा बन्द कर दूँ?'

कतई नहीं। नमक भी शरीर के लिए जरूरी है। हाँ, ज्यादा न लें। सलाद में न डालें। अचार-चटनी-पापड़ में नमक होता है। इनको कभी-कभी ही लें।

'क्या होम्योपैथी या आयुर्वेदिक दवाएँ लेकर देख लें?' जरूर लेकर देखें। कोई नई थेरेपी ट्राई करें तो किसी दूसरे डॉक्टर से अपना बीपी जरूर चेक करवा लें। यदि इस थेरेपी से आपका बीपी 140/90 के नीचे बना रहता है तो जो ले रहे हैं, ले सकते हैं।

लक्ष्य यह हो कि चाहे जैसे भी हो आपका हाई बीपी कंट्रोल में रहे। वह जिससे भी हो।

नींद क्यों रात भर नहीं आती?

नींद न आने की समस्या से तकरीबन पचास प्रतिशत वयस्क परेशान रहते हैं लेकिन इस बारे में बात कुछ प्रतिशत लोग ही करते हैं। क्योंकि नींद में खलल पड़ने को तो कोई बीमारी यहाँ माना नहीं जाता। ज्यादातर डॉक्टर भी नहीं मानते। मेरे पास आनेवाले मरीज, यहाँ-वहाँ की तकलीफें बताते हुए, उठते-उठते, 'पुनश्च' जैसा कुछ यूँ बताते हैं कि 'साहब, वैसे आजकल नींद भी बहुत परेशान करती है! नींद तो पूरी आती है परन्तु नींद से उठकर भी दिन भर ऐसी थकान बनी रहती है कि क्या कहें!' ये बातें वह बेहद शर्मिंदगी से बताता है मानो यह बेवकूफी वाली कोई बात हो! वह यह भी जोड़ देता है कि 'वैसे तो हमारी अब उम्र भी ऐसी हो चुकी है, परन्तु फिर भी...!' नींद की समस्या बताने को वह खुद डॉक्टर का समय खराब करना मानता है।

चिकित्साशास्त्र में नींद से जुड़ी बहुत-सी समस्याओं का वर्णन है। शायरों ने नींद को प्यार, विरह, धोखा आदि से जोड़ा हुआ है लेकिन हम यहाँ आपको नींद का चिकित्साशास्त्र बताने की कोशिश करेंगे। यह शायरी के सौन्दर्यशास्त्र से एकदम उलट चीज होगी।

नींद का चिकित्साशास्त्र बेहद मायावी, मनोरंजक और पेचदार है। आखिर किसी को नींद क्यों नहीं आती है? दूसरी तरफ यह सोचें कि यदि आप आँखें बन्द ही न करो तो? तब आपको नींद नहीं आएगी क्या? बचपन में माँ से एक कथा सुनी थी। एक पढ़ाकू व्यक्ति अपनी पलकें ही काट देता है ताकि उसे कभी नींद आए ही न। हम तब भोले थे, कहानी को सच्चा मान बैठे थे। परन्तु क्या वास्तव में आँखें बन्द करने का नींद से ऐसा कोई सीधा सम्बन्ध है? और जो गहरी नींद में सो जाओ तो फिर कमरे में कोई खटपट होने से, या किसी के पुकारने से आप तुरन्त जाग कैसे जाते हैं? क्या सोते हुए भी आप जागे रहते हैं? क्या नींद के सिस्टम में ही जगाने का सिस्टम भी बना हुआ है? यह सब तिलिस्म क्या है? नींद में सपने कब

आते हैं? सुबह के सपने याद रहते हैं या कि देर रात देखे गए? कुछ लोग नींद से उठकर चलने कैसे लगते हैं? कुछ बच्चे और नौजवान अचानक ही नींद से उठकर रोने, चीखने-चिल्लाने क्यों लगते हैं? इनका कोई चिकित्सकीय अध्ययन भी है या कि बस यूँ ही? नींद में पूरा दिमाग सो जाता है या इसका कुछ हिस्सा जागकर निगरानी भी करता रहता है कि आसपास सब कुछ ठीक चल रहा है या नहीं? क्या नींद का न आना पागलपन, डिप्रेशन वगैरह का भी संकेत हो सकता है? और जरूरत से बहुत ज्यादा नींद आने को आप क्या कहेंगे? नींद की समस्याओं का क्या हल हो सकता है? नींद कम आने, ज्यादा आने, टूट जाने की जड़ में कुछ शारीरिक विकार भी हो सकते हैं क्या? क्या नींद की समस्याओं से भी शारीरिक बीमारियाँ पैदा हो सकती हैं? नाइट शिफ्ट में नौकरी करनेवालों की नींद की समस्याओं का क्या हल हो सकता है? रात भर ऐसे खर्राटे मारकर सोते हैं कि साथ में सोनेवालों को सोने ही नहीं देते, फिर भी वे दिन भर उनींदे रहते हैं ऐसा क्यों? वे इतना सोने के बाद भी क्यों कहते हैं कि हम तो रात भर ठीक से सो ही नहीं पाए, भाई साहब! और क्या किसी को अचानक ही ऐसी नींद भी आ सकती है कि आदमी इस नींद को रोक ही न सके और उसके हाथ-पाँव तक कुछ देर को ऐसे लुंज हो जाएँ मानो लकवा-सा पड़ गया हो?

नींद की समस्याओं का क्या हल हो सकता है? नींद कम आने, ज्यादा आने, टूट जाने की जड़ में कुछ शारीरिक विकार भी हो सकते हैं क्या? क्या नींद की समस्याओं से भी शारीरिक बीमारियाँ पैदा हो सकती हैं? नाइट शिफ्ट में नौकरी करनेवालों की नींद की समस्याओं का क्या हल हो सकता है? रात भर ऐसे खर्राटे मारकर सोते हैं कि साथ में सोनेवालों को सोने ही नहीं देते, फिर भी वे दिन भर उनींदे रहते हैं ऐसा क्यों?

इन्हीं कुछ बातों के कुछ पक्षों को हम आपके समक्ष रखने का प्रयास करेंगे। विषय बहुत बड़ा है। फिर भी पूरी बातें तो शायद हमारे एक छोटे-से लेख में न समा पाए फिर भी ज्यादा से ज्यादा बताने की कोशिश करते हैं। एक बेहद कठिन-से विषय को एकदम सरल तरीके से समझने की कोशिश करते हैं।

पहले तो यही प्रश्न उठता है कि आदमी सोता क्यों है? और वह कौन-सा सिस्टम है जो आदमी को जगाए रहता है? सोने और बेहोश होने में क्या फर्क है?

हमारे शरीर के समस्त कार्य-व्यापार अन्ततः दिमाग द्वारा संचालित होते हैं।

हमारा मस्तिष्क शरीर का 'कॉरपोरेट ऑफिस' है। अब कोई भी ऑफिस लगातार तो काम नहीं कर सकता न? ऑफिस भी कुछ घंटों के लिए बन्द होता ही है। आदमी सामान्य तौर पर सात से आठ घंटे सोता है। हाँ, नवजात शिशुओं और बूढ़ों का मामला अलग है। नवजात शिशु घंटों सोते हैं परन्तु उनकी नींद बीच में टूट-टूट जाती है। बूढ़ों की नींद भी बार-बार टूटती है। एक होता है दिमाग का 'विद्युत संचार' जिसे हम EEG द्वारा रिकॉर्ड करते हैं। जागृत दिमाग का EEG अलग होता है। सोने के दौरान EEG अलग होता है। मस्तिष्क जब सोता है तब EEG की विद्युत-तरंगों की गति तथा मात्रा बेहद कम हो जाती है। यह जितनी कम होगी, उतनी गहरी नींद आएगी। सोते समय आपकी मांसपेशियों को भी मस्तिष्क शिथिल कर देता है। हम EMG (इलेक्ट्रोमायोग्राम) द्वारा इसे रिकॉर्ड कर सकते हैं। सोते समय नींद के बीच-बीच में, आँखें कुछ देर के लिए बेहद तेज गति से दोलायमान होती हैं जिसे EOG (इलेक्ट्रोआक्यूलोग्राम) द्वारा रिकॉर्ड किया जा सकता है। तेज गति से आँखें चलते समय नींद उथली हो जाती है—इसको REM (Rapid Eye Movement) Sleep कहते हैं। बाकी समय नींद में जब आँखें ऐसी तेज नहीं चलतीं तब हमारी नींद अपेक्षाकृत गहरी होती है। इसे Non REM Sleep कहते हैं। नवजात में 50 प्रतिशत नींद REM वाली होती है। वह सोता तो है पर बीच-बीच में उथली नींद के कारण जाग जाता है। Non REM Sleep में भी उथली नींद से गहरी नींद तक चार चरणों में नींद गहरी होती चली जाती है। इस स्टेज में EEG में विद्युत-तरंगें कम तथा छोटी होती जाती हैं। रात भर REM और Non REM Sleep के बीच आपकी नींद चलती रहती है—कभी गहरी, कभी उथली। साठ प्रतिशत नींद Non REM की स्टेज II और I में गुजर जाती है तथा बीस प्रतिशत नींद REM में। मतलब यह कि जवानी गुजरते-गुजरते मुश्किल से 20 प्रतिशत नींद ही स्टेज III-IV वाली गहरी नींद होती है। उम्र बढ़ने के साथ यह और भी कम होती जाती है।

अब आप पूछेंगे कि तकनीकी शब्दावली का यह खेल मैंने यहाँ क्यों दिखाया? यह यूँ कि उपर्युक्त जादुई-से लगते शब्द आपको 'स्लीप स्टडी' नामक जाँच के बाद डॉक्टर बता सकता है। नींद की कई तरह की व्याधियों में आजकल 'स्लीप स्टडी' नामक जाँच की जाती है। इस स्टडी में EEG, EOG तथा EMG तीनों एक साथ किए जाते हैं। तीनों जाँचों को मिलाकर आपकी नींद के बारे में बहुत-सी सूचनाएँ मिल जाती हैं जो डॉक्टर को दिशा देती हैं कि नींद से जुड़ी इन समस्याओं की जड़ में आखिर है क्या?

के सोये राजा का पूत, के सोये जोगी अवधूत

नींद की समस्याएँ प्राय: तीन तरह की होती हैं—

एक तो यह कि नींद आए ही नहीं, या फिर आने के बाद टूट जाए और फिर वापस न आए या फिर ऐसे भी कि रात भर बस टूट-टूटकर ही आती रहे। आप सोएँ भी और नहीं भी सोएँ। हम तकनीकी तौर पर इन सबको अनिद्रा या इन्सोमनिया कहते हैं। इनमें से हर एक के कारण भी अलग हैं और इलाज भी।

दूसरी तरह की समस्या यह हो सकती है कि आपको दिन भर नींद आती रहे। बैठे-बैठे ही सो जाना। काम करते-करते ऊँघ जाना। गाड़ी चलाते वक्त झपकी आना। कुल मिलाकर देखें तो यह अनिद्रा के एकदम उलट स्थिति है। यहाँ आदमी नींद ज्यादा आने से परेशान है।

और तीसरी तरह की नींद की समस्याएँ वे हैं जो मायावी-सी लगती हैं। कहानियों तथा चुटकुलों का विषय बनती हैं। इनमें प्रमुख हैं—नींद में चलना, सोते-सोते चीखकर उठ जाना, नींद में जोर-जोर से लातें चलाना, खर्राटे मारना, नींद में दाँत पीसना, सोते-सोते पेशाब कर देना आदि।

इनके अलावा 'जेट लेग' और 'रात्रिकालीन शिफ्ट' में ड्यूटी करनेवालों की नींद की समस्याएँ भी हैं।

अनिद्रा से सम्बन्धित तथ्य

अनिद्रा यदि चन्द दिनों से ही है तो प्राय: किसी घरेलू या दफ्तर के तनाव के कारण हो सकती है। इनमें घबराने की बात नहीं। इसके लिए दवा लेने की जरूरत भी नहीं पड़ती अक्सर।

यदि यही अनिद्रा दो-तीन-चार सप्ताह तक खिंच जाए तो फिर डॉक्टर से पूछकर कुछ दिनों के लिए नींद की कोई ठीक-ठाक दवा लें। ऐसी अनिद्रा प्राय: तनाव से

अनिद्रा का एक बड़ा कारण आपकी खराब 'स्लीप हाइजीन' भी हो सकती है। 'स्लीप हाइजीन' का मतलब क्या है? इसके अन्तर्गत बहुत-सी बातें आती हैं। बिस्तर अधिक गद्‌देदार हो, सोने के कमरे में बहुत रोशनी या शोर हो, साथ सोनेवाला खर्राटे मारता हो, लात चलाता हो, दीवार घड़ी जोर से टिकटिक करती हो तो यह सब खराब 'स्लीप हाइजीन' है।

तो होती ही है, किसी बीमारी या सर्जरी से उठने के बाद भी ऐसा हो सकता है।

यदि अनिद्रा कई महीनों या सालों से है तो इसकी पूरी जाँच और इलाज की आवश्यकता है। इसमें मानसिक रोग (डिप्रेशन आदि) की आशंका की जाँच की आवश्यकता भी हो सकती है। इसके अलावा ऐसी अनिद्रा की जड़ में थायरॉइड, अस्थमा, हृदय रोग, पार्किंसोनिज्म, माइग्रेन और असामान्य किस्म की मिर्गी तक की आशंका रहती है।

अनिद्रा का एक बड़ा कारण आपकी खराब 'स्लीप हाइजीन' भी हो सकती है। 'स्लीप हाइजीन' का मतलब क्या है? इसके अन्तर्गत बहुत-सी बातें आती हैं। बिस्तर अधिक गद्‌देदार हो, सोने के कमरे में बहुत रोशनी या शोर हो, साथ सोनेवाला खर्राटे मारता हो, लात चलाता हो, दीवार घड़ी जोर से टिकटिक करती हो तो यह सब खराब 'स्लीप हाइजीन' है। यदि सोने से पहले आप ऑफिस के तनाव में लगे रहें, आपने ठूँसकर खा लिया है, गर्म पानी से स्नान कर लिया है या खूब कसरत कर ली है तो ये सब भी निद्रा-विरोधी ही हैं।

जहाँ तक दारू की बात है तो इसे पीकर आप सो तो जाएँगे परन्तु रात भर नींद टूट-टूटकर ही आएगी या फिर आएगी ही नहीं। और आज दो पैग लेने में आई है, बाद में तीन पैग में आएगी, और फिर चार पैग में भी नहीं आया करेगी।

क्या अनिद्रा किसी मानसिक रोग की द्योतक हो सकती है? हाँ, यह सम्भव है। बेचैनी, अवसाद (डिप्रेशन) तथा मूड डिस्ऑर्डर में भी अनिद्रा हो सकती है। डिप्रेशन इस मामले में अनोखा है। इसमें अनिद्रा भी हो सकती है और अतिनिद्रा भी। डिप्रेशन की दवाइयाँ भी अनिद्रा पैदा कर सकती है।

कई बीमारियों में अनिद्रा एक महत्त्वपूर्ण कारक तथा लक्षण हो सकता है—साँस की बीमारी, हार्ट के पंप के कमजोर हो जाने पर होनेवाला फेफड़ों का कंजेशन, मेनोपॉज (रजोनिवृत्ति), किडनी व लीवर खराब होने में भी अनिद्रा एक प्रमुख शिकायत हो सकती है। इनके लिए नींद की दवाएँ डॉक्टर की सलाह पर ही लें।

हो सके तो कुछ समय के लिए ही लें। यदि आपको अनिद्रा की क्रॉनिक बीमारी है और नींद की दवाएँ लम्बे समय तक लेनी ही पड़ें तो बीच-बीच में रोककर लिया करें। ज्यादा दिनों तक लगातार ये दवाएँ लेने से इनका असर खत्म हो जाता है।

नई जगह होटल के कमरे, अस्पताल, जीवन में कुछ नया घट जाने या कोई महत्त्वपूर्ण तारीख पास आने पर नींद गड़बड़ हो सकती है। इसे 'एडजस्टमेंट अनिद्रा' कहते हैं। इसके लिए दवा की जरूरत नहीं होती। यह स्वत: ठीक हो जाती है।

ऊँचे पहाड़ों पर पहुँचने पर नींद डिस्टर्ब हो सकती है। इसे 'एल्टीट्यूड अनिद्रा' कहते हैं। इसके लिए नींद की दवा नहीं बल्कि डायमोक्स नामक दवा लेनी पड़ती है जो इन स्थानों से एडजस्ट करने के लिए दी जाती है।

दिन में भी नींद के झोंके आने की बात प्राय: मरीज स्वयं स्वीकार नहीं करता, साथ वाले या घर के लोग इस बारे में बताते हैं। ऐसे लोग मीटिंग में, गाड़ी चलाते हुए, मशीन पर काम करते हुए अचानक झपकी ले लेते हैं। यह 'स्लीप एपनिया' की बीमारी हो सकती है। इस बीमारी में आदमी रात में खूब खर्राटे मारता है, सोते हुए उसकी साँस तेज होती-होती कुछ देर को रुक जाती है और मरीज को इसका पता भी नहीं होता है। वह तो बस दिन भर उनींदा रहता है। यदि परिवार में किसी को ऐसा है तो इसे कतई नजरअन्दाज न करें। जाँच से एक बार इसका कारण पता चल जाएगा तो फिर इसे ठीक भी किया जा सकता है।

कुछ रोचक तथ्य

नींद में चलने की बीमारी का अभी तक न तो कोई कारण पता है, न इलाज। एक-तिहाई केसों में यह एक खानदानी बीमारी हो सकती है।

बच्चा रात में नींद में उठने पर चिल्लाए और बाद में उसे कुछ याद ही न रहे, यह कोई भूत-प्रेत बाधा नहीं है। यह भी नींद की ही एक बीमारी है जो उम्र के साथ स्वत: ठीक हो जाती है।

पाँच-छह वर्ष तक का बच्चा यदि सोते में पेशाब करता है तो यह नॉर्मल बात मानी जाती है। हाँ, बाद की उम्र में भी ऐसा करे तो यह इलाज माँगता है। उसकी विशिष्ट दवाइयाँ तो हैं ही परन्तु बच्चे का यूरोलॉजी चेकअप भी जरूरी है।

'जेट लेग' अर्थात अन्तरराष्ट्रीय उड़ानों के बाद नींद न आना या टूट-टूटकर आना; इसके नॉर्मल होने में दो दिन से लेकर दो सप्ताह तक लग सकते हैं। यदि यात्रा में ज्यादा 'टाइम-जोन' से होकर गुजरे होंगे तो ज्यादा दिन तक 'जेट लेग' चलेगा।

रात की शिफ्ट में काम करनेवालों की नींद दिन में भी ठीक से पूरी नहीं हो पाती। वे लेटे रहें पर नींद नहीं आती और फिर वापस रात में ड्यूटी करते समय वे उतने अलर्ट नहीं रह पाते। इससे ड्यूटी पर गलतियाँ और दुर्घटनाएँ भी हो सकती हैं। रात में काम के स्थल पर यदि अच्छी तेज रोशनी की व्यवस्था हो तो दुर्घटनाएँ कम होती हैं। कोशिश यह भी हो कि रात की शिफ्ट दो-तीन सप्ताह के अन्तराल पर बदलती रहे।

नींद की कथा लिखते-लिखते स्वयं मुझे नींद आने लगी है। पढ़ते-पढ़ते शायद आपको भी। तो ठाठ से सोइए, यही सबसे बड़ा राजसी विलास है। याद है न? 'के सोये राजा का पूत, के सोये जोगी अवधूत'!

वजन गिरने की वजहों का विज्ञान

आपको कुछ शिक्षाप्रद स्वास्थ्य-कथाएँ सुनाता हूँ जिनकी 'सेंट्रल थीम' यह है कि कथानायक-नायिका के शरीर का वजन अचानक ही कम होने लग गया। फिर? आगे क्या हुआ? तो पढ़ें—

पहली कथा

पचास साल के एक वरिष्ठ अधिकारी को अचानक ही फिटनेस की सनक सूझी। मोटे थे। लगभग पन्द्रह किलो ओवरवेट। नियमित जिम जाने लगे। नित्य। घंटा भर। जब मिलें तो जिम के गुणगान करते हुए बोलें कि 'देखिए न डॉक्टर, मात्र दो महीने में ही हमने तो सोलह किलो वजन कम कर डाला।'

मैंने उनके उल्लास पर पानी डालते हुए उन्हें बताया कि किसी भी व्यायाम या जिम द्वारा वजन इतनी तेजी से कभी कम नहीं हो सकता। वे हँसे। बोले, 'डॉक्टर तो हर चीज में बीमारी ही खोजते हैं, पर हमें तो अभी के इस जुकाम के अलावा आज तक कुछ भी नहीं हुआ है, सो चिन्ता न करें...।' परन्तु एक माह बाद ही, जिस नाक बन्द रहने को वे जुकाम समझ रहे थे, उसके ठीक न होने पर जब आए और जाँचें हुईं तो उनकी नाक के अन्दर की तरफ कैंसर की गाँठ निकल आई। वजन कम होने का असली कारण यह कैंसर था, जिम नहीं।

जिम, घूमना, दौड़ना, तैरना आदि आपके शरीर को बस फिट रख सकते हैं। ये व्यायाम आपके शरीर को 'टोंड अप' रखते हैं, बस। ये आपकी व्यायाम क्षमता बढ़ाते हैं पर ये आपका वजन बहुत कम नहीं करते। यूँ समझें कि एक घंटा तेज

चलकर आप जितनी कैलोरी खर्च करते हैं, वह एक या डेढ़ केला खाने से वापस आ जाती है।

कभी आपका वजन अचानक ही कम होने लगे जबकि खाना आप उतना ही खा रहे हों तो अपनी डॉक्टरी जाँच जरूर कराएँ। अलग-अलग उम्र में वजन का कम होना अलग-अलग कारणों से होता है। कैंसर के अलावा डायबिटीज, टीबी, एड्स, हाइपरथायराडिज्म आदि कई बीमारियों में वजन गिरना ही एकमात्र लक्षण हो सकता है।

दूसरी कथा

वे आए, बोले, 'डॉक्टर साहब, हमारा वजन गिर रहा है।' पूछा कि 'पहले कितना था?'...'पहले का तो पता नहीं, पर अभी तो जो भी हमसे मिलता है, बस यही कहता है कि यार, तुम दुबले क्यों हो रहे हो?' मैंने उनसे कुछ प्रश्न किए—'क्या बेल्ट ढीली हुई है? कपड़े ढीले हुए? कोई और तकलीफ?...' सारे प्रश्नों का उत्तर था 'नहीं'। सारी सामान्य जाँचें ठीक निकलीं। मैंने उनसे एक ही मशीन पर वजन देखते रहने की सलाह दी। छह माह तक उन्होंने अपना वजन देखा। वही वजन रहा। दरअसल, उनका वजन गिर ही नहीं रहा था। वह उनका भ्रम मात्र था।

वजन कम होने की शिकायत लेकर डॉक्टर के पास आनेवालों में से 50 प्रतिशत लोगों का वास्तव में कोई वजन नहीं गिरा होता है। उन्हें यूँ ही कभी किसी के लापरवाह कमेंट, थकान आदि से भी यह भ्रम होता है। सलाह यह है कि ऐसे में एक ही मशीन पर कुछ सप्ताह तक चेक करके फिर तय करें कि वजन गिर कितना रहा है? (दो मशीनों के बीच के रिकॉर्ड में भी इतना अन्तर हो सकता है कि वह भ्रम पैदा कर दे)। हमारे पास एक मरीज तो यह बताने आया कि 'मेरा वजन मात्र सात दिनों में दस किलो कम हो गया है—क्या करूँ?' मैंने कहा कि 'आप अपनी वजन नापनेवाली मशीन बदल लें—यही इलाज है इसका!'

यदि बेल्ट का छेद वही है, ब्लाउज-कुर्ता या शर्ट आदि ढीली नहीं हो रही है तो चांस यही है कि आपको वजन कम होने की गलतफहमी भर है।

तीसरी कथा

उस पचास वर्षीया महिला का वजन लगातार गिर रहा था। रूटीन जाँचें तो सब ठीक थीं। उनका यूटेरस का ऑपरेशन चूँकि पहले ही कभी हो चुका था सो फैमिली डॉक्टर ने माना कि गॉयनी जाँच की आवश्यकता ही नहीं। बाद में किसी और डॉक्टर ने गॉयनी जाँच को कहा तो उनके ओवेरियन कैंसर का पता चला।

वजन गिरने के कारणों में डायबिटीज, टीबी, एड्स, कोई कैंसर, लिवर सिरहोसिस, एडवांस्ड हार्ट फेल्योर, मानसिक बीमारियाँ आदि कुछ भी हो सकता है।

नियम तो यह है कि महिलाओं में स्वास्थ्य विषयक कोई भी समस्या हो—पेट दर्द, कमर या कमर से टाँगों में जाता हुआ दर्द, शरीर में खून की कमी, ठीक न हो रहा बुखार—उनकी स्वास्थ्य जाँच तब तक पूरी नहीं मानी जा सकती जब तक उसकी गॉयनी जाँच (स्त्री रोग-विशेषज्ञ द्वारा आन्तरिक जाँच) न हो गई हो। प्राय: फैमिली डॉक्टर भी यह जाँच तब तक कराने की सलाह नहीं देते जब तक कि मरीज भी अपनी कोई 'गॉयनी' तकलीफ न बता रहा हो।

यूटेरस या ओवरी के ऑपरेशन के बाद भी मरीज में कोई अन्य 'गॉयनी' कारण बन सकता है। अगर किसी स्त्री का वजन गिर रहा हो और इसका कोई कारण जाँचों द्वारा साफ न हो रहा हो तो इस स्त्री की जाँच एक बार स्त्री रोग-विशेषज्ञ से अवश्य ही करा लेनी चाहिए।

चौथी कथा

वजन गिर रहा था और शुरुआती जाँचों में कुछ भी नहीं निकला। वजन गिरता ही गया। डॉक्टर ने और ढेर सारी जाँचें बता दीं। वे सन्देह में पड़ गए। कहीं कमीशनबाजी के चक्कर में तो ये जाँचें नहीं सुझाई जा रहीं? मेरे मित्र थे सो मुझसे पूछा कि ये जाँचें कराऊँ कि नहीं? हमारे शहर में तो आजकल डॉक्टरों के बीच बड़ी कमीशनबाजी...। मैंने बताया कि आपकी ये सारी जाँचें बहुत जरूरी हैं। जरूर कराइए। डॉक्टर कहीं कमीशन न खा जाए, इस चक्कर में अपनी जान से मत खेलें।

यदि शुरुआती जाँचों में कुछ भी न मिले और वजन गिरता जा रहा हो तो

आपको गैस्ट्रोइंडोस्कोपी, कोलोनोस्कोपी, पेट-छाती के सीटी स्कैन, खून की महँगी जाँचें आदि करवानी पड़ सकती हैं। ऐसा अवसर कम ही आएगा पर कभी आए तो ये जाँचें जरूर करा लें।

पूरी बात को कुछ यूँ समझें कि यदि वजन गिर रहा हो तो मशीन पर नापकर पहले वजन गिरने की तसल्ली कर लें, फिर जाँचें कराएँ, और यदि आप महिला हैं तो गॉयनी जाँच भी अवश्य कराएँ। वजन गिरने के कारणों में डायबिटीज, टीबी, एड्स, कोई कैंसर, लिवर सिरहोसिस, एडवांस्ड हार्ट फेल्योर, मानसिक बीमारियाँ आदि कुछ भी हो सकता है। डॉक्टर की सलाह मानें। वैसे मानसिक व्याधियों में भी वजन गिरने-बढ़ने के अपने रोचक किस्से होते हैं। वे फिर कभी।

वजन कम करने के चमत्कारी दावों से सावधान रहें

हमारी तरफ मोटे को मोटा नहीं कहा जाता। कहते हैं—यार, तुम 'हेल्दी' हो रहे हो। 'हेल्दी' शब्द का अर्थ न जानने के कारण लोग 'हेल्दी' शब्द का प्रयोग इस सन्दर्भ में करते हैं या कि अपनी उस सांस्कृतिक विरासत के कारण जहाँ 'अन्धे को अन्धा' न कहकर 'सूरदास' कहने का रिवाज है, यह कहना मुश्किल है। बहरहाल, वास्तविकता यही है कि समाज में ऐसे 'हेल्दी' (मोटे) लोगों की संख्या बड़ी तेजी से बढ़ रही है।

मोटे लोगों की हार्दिक इच्छा होती है कि वे छरहरे हो जाएँ, और साथ ही यह इच्छा भी उतनी ही तीव्र होती है कि सभी काम खटिया पर पड़े-पड़े हो जाए। वे भोजन की मात्रा या उसके 'गिजा वाले तत्त्व' को कम करने को अपने पेट पर लात मारना समझते हैं। ये लोग पूड़ी, पराँठे, अंडा, मुर्गा इत्यादि भकोसते हुए वजन कम कर सकनेवाले किसी चमत्कारी फॉर्मूले की निरन्तर तलाश में रहते हैं।

यही वे लोग हैं जो रातों-रात मोटे आदमी को दुबला बनाने का दावा करनेवाली दुकानों के चक्कर में जा फँसते हैं। क्या मात्र चार सप्ताह में आपका दस किलो वजन कम करने की कोई जादुई डाइट या प्रोग्राम हो सकता है? यदि ऐसा हो भी जाए तो क्या यह आपके स्वास्थ्य के लिए सुरक्षित है? क्या ऐसा करनेवाले का वजन किसी चमत्कारी 'विशेष डाइट' को छोड़ने पर वापस अपनी पुरानी वाली चाल पर नहीं आ जाएगा? क्या यह सम्भव है कि जो वजन आपने वर्षों तक ठूँस-ठूँसकर, अल्लम-गल्लम खाकर तथा आरामतलबी का सुनहरा जीवन बिताकर हासिल किया है, उसे रातों-रात कम किया जा सके? इन सभी प्रश्नों का बस एक ही उत्तर है जो आप भी खूब जानते हैं। ऐसी कोई भी जादुई चीज कहीं नहीं है और जो बताई जाती है, उसका आज तक तो कोई वैज्ञानिक आधार नहीं है। वैसे भी जो बात लगभग स्वयंसिद्ध है, उसके लिए वैज्ञानिक क्यों अपना समय खराब करें?

जो तुरन्त वजन कम कर देनेवाले फॉर्मूले हैं, वे शरीर की मांसपेशियों और पानी को कम करके आपका वजन कम कर देते हैं। चर्बी पर उनका प्रभाव बहुत ही कम होता है।

परन्तु चिन्ता की बात यह है कि मोटे शख्स को रातों-रात दुबला करने, तेजी से छरहरा बनाने और इसी तरह के चमत्कारिक परिणाम देनेवाली एक बड़ी 'हेल्थ इंडस्ट्री' खड़ी हो गई है। धन्धे के सारे हथकंडे अपनाकर ये लोग अपने ग्राहकों को यह भ्रम देते रहते हैं कि वे एक सिद्ध वैज्ञानिक गणित पर चलते हुए आपके गोलमटोल व्यक्तित्व को सरल रेखा में तब्दील कर देंगे। लेकिन आप ये खूब अच्छी तरह जान लें कि रातों-रात वजन कम नहीं किया जा सकता। ऐसा करने की कोशिश भी नहीं की जानी चाहिए। वे सटीक, आकर्षक विज्ञापन जिनमें एक तरफ एक थुलथुल भद्दी-सी मोटी महिला की तसवीर होती है और दूसरी ओर चार सप्ताह का कोर्स लेने के बाद इसी महिला की छरहरी सुन्दर काया वाली कामिनी की तसवीर होती है—कृपया इन तस्वीरों और विज्ञापनों के चक्कर में न पड़ें। हमें ऐसे प्रस्ताव बहुत लुभाते हैं क्योंकि इंसानी स्वभाव ही है शॉर्टकट की तलाश करते रहना। मैं इन शॉर्टकट्र्स या चोर रास्तों से आपको आगाह करने के लिए ही यह लेख लिख रहा हूँ।

आपका वजन हड्डियों, फैट (वसा), प्रोटीन (मांसपेशियाँ) तथा पानी से मिलकर बनता है। आपका वजन मुख्यत: फैट अर्थात् चर्बी के कारण बढ़ता है। शरीर को इस तरह से चर्बी का गोदाम बना लेना न केवल शरीर को यहाँ-वहाँ से बेडौल बनाता है वरन् कैंसर, डायबिटीज, हार्ट अटैक तथा आर्थराइटिस आदि बीमारियों को खुला न्योता भी देता है। मोटापे के इस स्तर पर पहुँचकर यदि आप अपना वजन कम करना चाहेंगे तो कायदे से आपको अपनी इसी चर्बी को कम करने की कोशिश करनी होगी। इससे, शनै:-शनै: आपका वजन कम होगा और आप उक्त बीमारियों से भी बचेंगे। परन्तु चर्बी कम करना, वह भी रातों-रात, लगभग असम्भव-सी बात है। तो ये लोग जो रातों-रात वजन कम कर देते हैं, वह कहाँ से कम होता है?

वह कितना सुरक्षित है? यह जान लें कि आधा किलो चर्बी का मतलब है चार हजार पाँच सौ कैलोरी जबकि आधा किलो प्रोटीन का मतलब है मात्र दो हजार कैलोरी। ऐसे में जो तुरन्त वजन कम कर देनेवाले फॉर्मूले हैं, वे शरीर की मांसपेशियों और पानी को कम करके आपका वजन कम कर देते हैं। चर्बी पर उनका प्रभाव बहुत ही कम होता है। वजन कम करने की यह प्रक्रिया बहुत नुकसानदायक है।

ऐसे कुछ फॉर्मूलों में 'हाई प्रोटीन डाइट' दी जाती है जो लिवर तथा किडनी पर खतरनाक लोड डाल सकती है। इससे गॉल ब्लैडर की पथरी की आशंका तो बढ़ाती ही है इससे भी आगे जाकर पोटेशियम के स्तर में तब्दीली लाकर आपके दिमाग तथा दिल पर जानलेवा प्रभाव भी डाल सकती है। मार्च, 1990 में अमेरिकी संसद की सब-कमिटी ने इस तरह के डाइट प्रोग्रामों को 'अवैज्ञानिक' तथा 'खतरनाक' बताया था। उस कमिटी में 45 वर्षीय एक कॉलेज प्रोफेसर का केस भी प्रस्तुत किया गया था जिसका मस्तिष्क ऐसी ही चमत्कारिक डाइट के चलते प्रोटीन तथा पोटेशियम की कमी के कारण हमेशा के लिए डैमेज हो गया था। वे 'रातों-रात वजन कम करने' वाली किसी क्लीनिक में वजन कम करने की कोशिश करते हुए कोमा में चले गए और फिर स्थायी रूप से मानसिक विकलांग हो गए थे। ऐसे ही गॉल ब्लैडर में पथरी हो जाने के भी अनगिनत केस सामने आए थे जिसके लिए 'कोर्ट के बाहर' सेटलमेंट के तहत ग्राहकों की लाखों रुपयों की क्षतिपूर्ति भी हुई थी।

एक जमाने में मोटापा पश्चिमी जगत की समस्या थी, खासकर अमेरिकी लोगों की। अब यह हमारी भी समस्या बन गई है। आजकल हमारे देश में मोटापा कम करने का एक बड़ा बाजार तैयार हो चुका है। तभी तो भोपाल, ग्वालियर और रायपुर जैसे छोटे शहरों तक में 'रातों-रात वजन घटाने' की दुकानें देखी जा सकती हैं। इनके तरह-तरह के विज्ञापन हैं। बिना हिले-डुले, बिना भोजन की मात्रा कम किए ही वजन घटाने के भ्रामक दावे हैं। पढ़कर अच्छा भी लगता है। विश्वास करने का मन भी करता है। लोग करते भी हैं। पैसे भी फूँकते हैं जबकि कौन नहीं जानता कि भोजन की कम मात्रा, मीठे व्यंजनों तथा तेल-घी की मात्रा पर समझदारी से नियंत्रण किया जाए और साथ में नियमित बीस-पच्चीस मिनट का व्यायाम भी हो तो प्रायः केसों में मोटापा कम किया जा सकता है। आपके लिए यह सन्देश है कि रातों-रात दुबला कर देनेवाले दावों के मायावी झाँसों में न आएँ।

हेपेटाइटिस-बी का हौवा

वैसे बीमारी तो हर किस्म की खराब ही होती है, परन्तु कुछ ऐसी बीमारियाँ हैं जिन्हें मीडिया, बाजार तथा चिकित्सा जगत की जुगलबन्दी ने लगभग 'कल्ट फिगर' का दर्जा दे दिया है। आज हम ऐसी ही एक बीमारी 'हेपेटाइटिस-बी' के बारे में बात करेंगे और इससे जुड़े उन प्रश्नों का उत्तर खोजेंगे जो प्रायः आपका डॉक्टर भी नहीं देता या देता भी है तो गोलमोल-सा देता है। हेपेटाइटिस-बी के सम्बन्ध में दो तरह के लोग ऐसे प्रश्न उठाते हैं। पहले तो वे, जिन्हें पीलिया हुआ और खून की जाँच से पता चला कि यह पीलिया हेपेटाइटिस-बी के कारण है। दूसरी किस्म के लोग वे हैं, जो एकदम स्वस्थ थे परन्तु उन्होंने किसी और वजह से यूँ ही खून की जाँच करा ली (किसी को खून देने के पहले या यूँ ही जिज्ञासावश) और उन्हें पता चला कि वे 'हेपेटाइटिस-बी पॉजिटिव' हैं। सवाल पूछनेवाले इन दोनों तरह के लोगों के अपने प्रश्न, शंकाएँ तथा भ्रम होते हैं जो प्रायः कोई दूर नहीं करता।

पहला ग्रुप

वह मरीज जिसे पीलिया है और जाँच करने पर हेपेटाइटिस-बी भी निकल आया है, सबसे ज्यादा घबराया रहता है। मीडिया और चिकित्सा विज्ञान की बाजारी ताकतों ने एक तो उसे पहले ही डरा रखा है दूसरे वह अपने पेशाब का खूब पीला रंग देखकर और भी डर जाता है। वह डॉक्टर से कई तरह के प्रश्न पूछता है जिनका अकसर उड़ता-उड़ता-सा चलताऊ जवाब उसे दे दिया जाता है।

मरीज देखने मात्र से यह पता लगाना कठिन है कि उसे हेपेटाइटिस-बी वाला पीलिया है या किसी दूसरे टाइप का पीलिया। हेपेटाइटिस-बी वाला पीलिया अचानक बिगड़ सकता है और जानलेवा साबित हो सकता है। विशेष तौर पर इसके बिगड़ने का यह डर गर्भवती स्त्रियों, वयोवृद्ध लोगों तथा क्रॉनिक अल्कोहलिक (दारूखोरों)

में ही ज्यादा होता है। अन्यथा यह पीलिया समय जरूर लेता है पर अन्ततः ठीक हो जाता है। हाँ, इस पीलिया के डायग्नॉस हो जाने के बाद भी रोगी को नियमित जाँचों की आवश्यकता पड़ेगी। ये जाँचें आगे तय करेंगी कि कहीं यह मरीज क्रॉनिक हेपेटाइटिस में तो नहीं जा रहा? यह प्रश्न भी पूछा जाता है कि पीलिया तो हो गया परन्तु क्या मैं अब हेपेटाइटिस-बी का टीका लगवा लूँ? नहीं, यह टीका लगाने की आवश्यकता अब नहीं क्योंकि बीमारी द्वारा यह टीका आपको लग चुका है। चूँकि यह बीमारी वीर्य द्वारा (सम्भोग के दौरान) भी फैल सकती है, अतः अपनी पत्नी की जाँच जरूर करा लें। यदि वह पहले ही हेपेटाइटिस-बी पॉजिटिव नहीं हो चुकी है तो उसे टीका जरूर लगवाएँ। बाकी आपके मिलने-जुलने या तीमारदारी करनेवालों को आपके पास बैठने, आपको छूने या साथ खाने-पीने से हेपेटाइटिस-बी नहीं होगा। ज्यादातर केसों में हेपेटाइटिस-बी का पीलिया भी पूरा ठीक हो जाता है।

हेपेटाइटिस-बी पॉजिटिव का मतलब बस यह है कि इसके कीटाणु (वायरस) आपके शरीर में हैं। अभी इनसे कोई बीमारी नहीं हुई है आपको। अभी ये वायरस कोई बीमारी पैदा कर भी नहीं सकते क्योंकि आपके शरीर की इम्यूनिटी (रोग प्रतिरोधी शक्ति) इनकी संख्या को उतनी बढ़ने ही नहीं दे रही कि वे बीमारी पैदा कर सकें और कम संख्या में ये आपका कुछ नहीं बिगाड़ सकते।

दूसरा ग्रुप

एक बड़ा तबका उनका है जिनको पहले कभी जिन्दगी में पीलिया हुआ ही नहीं है परन्तु 'साहब, न जाने किस अशुभ घड़ी में मैंने यूँ ही अपने खून की जाँच करा ली और इसका पता चला।' अब?

तो पहली बात तो यह कि आप डरें मत। हेपेटाइटिस-बी पॉजिटिव का मतलब बस यह है कि इसके कीटाणु (वायरस) आपके शरीर में हैं। अभी इनसे कोई बीमारी नहीं हुई है आपको। अभी ये वायरस कोई बीमारी पैदा कर भी नहीं सकते क्योंकि आपके शरीर की इम्यूनिटी (रोग प्रतिरोधी शक्ति) इनकी संख्या को उतनी बढ़ने ही नहीं दे रही कि वे बीमारी पैदा कर सकें और कम संख्या में ये आपका कुछ नहीं बिगाड़ सकते। प्रायः ये आपके शरीर में ताउम्र ऐसा ही हानिरहित मोर्चा खोले पड़े

रहेंगे। ऐसी स्थिति में दवा की कोई जरूरत नहीं। किसी परहेज की जरूरत भी नहीं। कोई दवा ऐसी नहीं जो इसे निगेटिव कर सके। हाँ, हर वर्ष एक प्रतिशत केसों में शरीर की इम्यूनिटी इसे निगेटिव भी कर सकती है। निगेटिव का मतलब यह हुआ कि अब कीटाणु शरीर में नहीं रहे। ऐसा हुआ, तब तो ठीक, पर न हुआ तो? ऐसी स्थिति में हमें यह पता करते रहना पड़ेगा कि कहीं वायरसों की जनसंख्या में बढ़ोतरी तो नहीं हो रही है?

कैसे पता करेंगे?

एक तो कुछ लक्षणों द्वारा—वजन गिरना, बार-बार हल्का बुखार आना, जोड़ों में दर्द रहना, भूख खत्म होने लगना—इस तरह के कोई भी लक्षण हों, तब तो कभी भी, अन्यथा हर वर्ष हेपेटाइटिस-बी की वे सारी जाँच कराएँ जो ये बता सकती हों कि शरीर में वायरस बढ़ तो नहीं रहे? ये सस्ती जाँचें एसजीओटी तथा एसजीपीटी कहलाती हैं तथा अपेक्षाकृत महँगी जाँच एचबी ईएजी। कुछ केसों में और भी महँगी जाँच (डीएनए) की जरूरत हो सकती है। यदि ये जाँचें ठीक हैं तो खुश रहें। अगले साल पुनः अपना एचबी ईएजी कराएँ। प्रायः जीवन भर यह जाँच निगेटिव ही रहेगी और आपको आगे और कुछ भी नहीं करना होगा। परन्तु यदि यह पॉजिटिव हुई तो यह बताएगी कि हेपेटाइटिस-बी वायरस बढ़ रहा है। इसकी बढ़त को दवाइयों द्वारा न रोका गया तो यह लिवर को बर्बाद कर देता है। सिरहोसिस लिवर या लिवर कैंसर भी हो सकता है। यह स्थिति क्रॉनिक हेपेटाइटिस-बी कहलाती है जिसका इलाज अत्यन्त महँगा है तथा परिणाम प्रायः खराब।

हालाँकि मात्र 0.1 प्रतिशत हेपेटाइटिस-बी पॉजिटिव-केस ही क्रॉनिक हेपेटाइटिस की स्थिति में जाते हैं, परन्तु आजकल उसी का इतना हौवा बन चुका है कि हेपेटाइटिस-बी का टीका लगवाना अब पोलियो तथा अन्य टीकों की भाँति हमारे राष्ट्रीय टीकाकरण अभियान का हिस्सा बन गया है।

ऐसे शर्तिया इलाजों से बचें

हमारे देश में कई लाइलाज बीमारियों के दुनिया भर के 'शर्तिया इलाज' उपलब्ध हैं और (फिर भी) नोबेल पुरस्कार देनेवाले ऐसे जीनियसों को नजरअन्दाज करते रहे हैं! हमारे यहाँ गली-गली में डायबिटीज, कैंसर, अस्थमा, सफेद दाग, श्वेद प्रदर, बाँझपन, नपुंसकता, गंजेपन दिल की बीमारियों तथा लकवे इत्यादि का 'शर्तिया इलाज' वर्षों से उपलब्ध है जिसके विषय में पर्चे छापकर, दीवारों पर गोदकर तथा अखबारों में वर्गीकृत विज्ञापन देकर सामान्य जन को दीक्षित भी किया जाता है। यदि आप अब तक इनके चक्करों में नहीं फँसे हैं, तो यह लेख आपके लिए तो है; लेकिन ऐसा शर्तिया इलाज लेकर अगर आप भुगत चुके हैं—तो यह लेख पढ़ना, भीगने के बाद बरसाती ओढ़ने जैसा कहलाएगा।

ध्यान दें कि ये सारे शर्तिया इलाज उन्हीं बीमारियों के लिए आविष्कृत किए जाते हैं जो या तो पूरी तरह ठीक नहीं होतीं, या जिनका इलाज जीवन भर लेना पड़ता है। ऐसी स्थिति में मरीज को यदि ऐसी उम्मीद मिल जाए कि उसकी बीमारी मात्र एक माह के गारंटेड कोर्स से ही ठीक हो जाएगी तो कौन ऐसा मूर्ख होगा जो इस कोर्स को एक बार ट्राई करना नहीं चाहेगा! अपनी हालत बिगड़ने के बाद मेरे पास आनेवाले दसियों मरीज इस तरह का कोई न कोई कोर्स ले चुके होते हैं। जड़ी-बूटी, मलहम, पुड़िया, सिंकाई, जिन्दा मछली आदि पचासों तरह के कोर्स देश में उपलब्ध हैं। इस तरह के कोर्स लेकर वे ठीक नहीं भी होते, तब भी कभी भी इन 'शर्तिया इलाजों' का अपना खराब अनुभव वे किसी को नहीं बताते, न ही इनकी बुराई करते हैं। वे अपनी मूर्खता को इस तसल्ली से ढकते रहते हैं कि वैसे भी तो, यह बीमारी लाइलाज बताई जाती है, न ठीक हुई, पर हमने एक कोशिश तो की! इसी सोच के कारण नित्य नये मरीज इन शर्तिया इलाजों के शिकार होते रहते हैं और अपना नुकसान कराते रहते हैं।

देखें। समझें। कारण खोजने में डॉक्टर की मदद करें। वैज्ञानिक इलाज को छोड़कर इन 'शर्तिया इलाजों' के चक्कर में मरीज की बीमारी को और न बढ़ाएँ।

शर्तिया इलाज वाले लोगों को आशा की किरण नहीं बल्कि पूरा सूरज दिखला देते हैं।

मैं उस पिता को कभी नहीं भूल पाता हूँ जो अपनी विवाह योग्य बिटिया को मेरे पास लाया था। 'डॉक्टर साहब, आपको याद है इसकी?... पहचाना इसे?' मैं उसे कैसे पहचानता? परन्तु पिताजी को जानने के कारण उसे भी किंचित् पहचान गया। मेरे सामने एक मोटी, गोलमटोल लड़की बैठी हुई थी। पिताजी बताने लगे, 'आपके पास हम इसे अस्थमा के लिए लाया करते थे, याद है न सर? तब मुझे यही चिन्ता बनी रहती थी कि ऐसी बीमारी है तो फिर आगे इससे कौन शादी करेगा? अब अस्थमा तो एक देसी दवा से एकदम ठीक हो गई है। चित्रकूट से मँगाते हैं और खीर में डालकर देते हैं। बस, एक ही परेशानी है। यह मोटी हुई जा रही है। इसके लिए कुछ बताइए। दुबला करने की कोई दवाई बताइए न!' मैं उन्हें क्या बताता? उन्होंने दमा को जड़ से मिटाने के चक्कर में बिटिया को, देसी दवा के नाम पर सालों तक हाई डोज में स्टेरॉयड्स खिला दिए थे जिसके दुष्प्रभाव से वह इतनी मोटी हो गई थी। दमे के शर्तिया इलाज के नाम पर, न जाने कितने शातिर और चालबाज स्टेरॉयड्स के अनाप-शनाप डोज की गोलियाँ पीस-पासकर देसी दवा के नाम पर खिलाते रहते हैं। अस्थमा तो ठीक हो जाता है पर यह गलत डोज उससे भी बड़ी बीमारियाँ पैदा कर देता है। और ऐसी 'पुड़िया' बन्द करने के बाद मरीज का दमा भी वापस आ ही जाता है।

मिर्गी, पागलपन और हिस्टीरिया के रोगी तो इस तरह के 'शर्तिया इलाज' की चपेट में आने के लिए लगभग अभिशप्त हैं। झाड़-फूँक करनेवाले गुनिया, चमत्कारी बाबा तथा सीधे हिमालय से लाई जड़ी-बूटियों के सौदागरों का एक बहुत बड़ा गिरोह है जो इस तरह के इलाज करते हैं। हिस्टीरिया मरीज के परिवार वालों को यह ठीक से समझने की जरूरत है कि यह कोई बीमारी ही नहीं। कोई भी इलाज न करना ही हिस्टीरिया का इलाज है। और मिर्गी का वैज्ञानिक इलाज मरीज तथा उसके घरवालों की तरफ से समर्पण तथा धैर्य माँगता है। दौरा बार-बार आने पर प्राय: आदमी इन 'शर्तिया इलाजों' की शरण में चला जाता है जो अन्तत: कभी-कभी जानलेवा भी साबित होते हैं। मिर्गी का दौरा बार-बार आ रहा है तो इसका मतलब है कि या तो दवाई ठीक टाइम पर नहीं ली जा रही, या फिर बताए गए डोज से कम डोज ली जा रही है, या शायद इस कोर्स में एकाध और दवा जोड़ने की आवश्यकता है, या

शायद दवा पूरी ही बदलनी पड़े। एक डोज भी लेना भूल जाएँ, रात देर तक जागते रह जाएँ तो भी अच्छे-भले कंट्रोल वाले रोगी को मिर्गी का दौरा पड़ सकता है। देखें। समझें। कारण खोजने में डॉक्टर की मदद करें। वैज्ञानिक इलाज को छोड़कर इन 'शर्तिया इलाजों' के चक्कर में मरीज की बीमारी को और न बढ़ाएँ। पागलपन का इलाज यूँ ही लम्बा चलता है। डिप्रेशन, सिजोफ्रेनिया, एंकजाइटी तथा साइकोसिस आदि के लिए बेहद कारगर दवाइयाँ आजकल अब उपलब्ध हैं। धैर्य से इलाज कराएँ तो प्राय: मानसिक व्याधियों का इलाज अब सम्भव है। बस, धैर्य रखें। इन 'शर्तिया इलाज' करनेवालों के अपराध अक्षम्य हैं।

35 सालों की डॉक्टरी प्रैक्टिस में मैंने आज तक किसी 'शर्तिया इलाज' द्वारा एक भी डायबिटीज, हार्ट अटैक, लकवा आदि बीमारियों के मरीज को ठीक होते नहीं देखा है। काश कि ऐसा कोई 'शर्तिया इलाज' होता और मुझे भी मिल जाता तो न केवल मैं अपने सारे मरीजों को इस शर्तिया इलाज द्वारा ठीक करा लेता बल्कि मीडिया के पास ले जाकर उनकी चमत्कारिक खोजों के लिए चिकित्सा विज्ञान को कायल करता। पर सच्चाई यह है कि ऐसा कतई नहीं है। ऐसा कोई इलाज नहीं होता और इनके चक्करों में कृपया न पड़ें।

ईसीजी जाँच की सीमाएँ समझें

शायर तो सदियों से मानते रहे हैं पर शायरों की सुनता कौन है?

शायर कहते रहे कि दिल में बिजली-सी चमकती है, महबूब के दीदार या उसे याद करने में ऐसा होता है। लेकिन लोग शायरों पर हँसते रहे। खब्ती लोग!

पर शायर भी कभी-कभी सच साबित होते हैं। मनुष्य के हृदय में, लगातार बिजली का एक करंट बहता है जिसके ठीक-ठाक प्रवाह के लिए ईश्वर ने बाकायदा दिल में वायरिंग कर रखी है—और इस करंट को बाहर से ही छाती और हाथ-पाँव में तार जोड़कर रिकॉर्ड भी किया जा सकता है—यह बात उन्नीसवीं शताब्दी के उत्तरार्द्ध में चिकित्सा विज्ञान को पता चली। फिर इथोवन नामक सज्जन ने 1910 में 'स्टिंग गेल्वेमोमीटर' द्वारा ईसीजी जाँच की और जो तकनीक चिकित्सा विज्ञान को दी, वह आज 100 साल से भी अधिक समय से हृदय रोग की जाँच की सबसे लोकप्रिय जाँच बनी हुई है। लेकिन लोकप्रियता के अपने खतरे होते हैं। ईसीजी के साथ भी यही हुआ है। मरीजों में इसको लेकर अनेक भ्रम, अन्धविश्वास तथा मुगालते हैं जो वास्तव में उन सम्माननीय चिकित्सकों द्वारा ही पैदा किए गए हैं, जो स्वयं भी ईसीजी की कागजी रिकॉर्डिंग की पट्टीनुमा चीज पर किसी कानूनी पट्टे जितना विश्वास करते हैं। कितने हार्ट अटैक के मरीजों को इमरजेंसी से यह आश्वासन देकर वापस भेज दिया जाता है कि चूँकि आपका ईसीजी ठीक है तो आपका दिल भी ठीक है। कितने ऐसे दिल के रोगी भी गाहे-बगाहे दिखाई पड़ जाते हैं जो ईसीजी में 'कुछ खराबी' के कारण वर्षों से दिल की दवाइयाँ खाए चले जा रहे हैं जबकि दिल का कोई रोग उनको कभी था ही नहीं। मेरे मित्र के पिता को उनकी एक ईसीजी रिपोर्ट के आधार पर किन्हीं स्वनामधन्य डॉक्टर साहब ने 'आईएचडी' अर्थात् हार्ट अटैक की श्रेणी का कोई रोग बताया। उनको बताया गया था कि मेहनत का काम करने पर वे मर भी सकते हैं, और अगर एक टाइम भी उन्होंने अपनी दवाएँ छोड़ीं तो उनका दिल उनका साथ छोड़ सकता है। मैंने उन्हें बहुत समझाया कि आपको हार्ट

का कोई रोग है ही नहीं, लेकिन वे अपने ईसीजी को किसी तमगे-सा छाती पर चिपकाए घूमते थे। कहते कि यार, डॉक्टर ने तो हमारा ईसीजी खराब बताया था और तुम हो कि...। वे इसके साथ पच्चीस साल और जिये। वे थोड़ी दूर भी जाते तो रिक्शा पकड़कर जाते। मेहनत का काम करने के लिए बोल दो तो नाराज हो जाते कि तुम मुझे मारना चाहते हो। किसी को पीटने की नौबत आ जाए तो दूसरे आदमी से कहते कि इसे हमारी तरफ से चार लातें लगाओ क्योंकि हम तो मेहनत का काम नहीं कर सकते न? अभी कुछ साल पहले ही उनकी मौत हुई। क्या हार्ट अटैक से? नहीं साहब, वो तो किसी ने दुश्मनी में मर्डर कर दिया उनका...। और ऐसे किस्से आप चाहे जब सुनते ही हैं कि उनका ईसीजी कल ही कराया था, बताया गया था कि एकदम बढ़िया है, पर वे आज अचानक ही मर गए। 'हमारा तो ईसीजी एकदम ठीक रहता है पर डॉक्टर फिर भी कहता है कि आपके दिल में कुछ गड़बड़ है,' ऐसी शिकायत भी बहुत लोग करते हैं और दुख प्रकट करते हैं कि आजकल डॉक्टर स्साले, भरोसे के काबिल नहीं रह गए हैं।

> ईसीजी की हर जाँच को, जब तक डॉक्टर मरीज के सम्पूर्ण क्लीनिकल परिदृश्य में न देखे, तब तक इसका कोई अर्थ नहीं है।

तो लौटें उसी बात पर कि ईसीजी की जाँच पर हम कितना भरोसा करें, कितना नहीं? तो समझिए कि हार्ट अटैक के शुरुआती घंटों में आपका ईसीजी एकदम नॉर्मल (ठीक) मिल सकता है जबकि हार्ट अटैक के इलाज में ये शुरुआती घंटे ही सबसे महत्त्वपूर्ण होते हैं। तब तो मर गए भैया! फिर क्या करें? यदि डॉक्टर कहता है तो, अन्यथा यदि तकलीफ बनी रहे तो भी, पहले नॉर्मल ईसीजी के एकाध घंटे बाद भी फिर से अपना ईसीजी कराएँ। नॉर्मल ईसीजी का अर्थ 'सब ठीक है'—ऐसा न समझें। यह तो एक जाँच मात्र है। यह किसी अमरत्व का प्रमाण-पत्र नहीं।

बहुत-सी ऐसी बीमारियाँ भी जो दिल की नहीं हैं, ईसीजी में ऐसे परिवर्तन पैदा कर सकती हैं जो डॉक्टर को भ्रम में डाल दें। फेफड़ों की बीमारी, थायरॉइड, ब्लड में पोटेशियम का घटना-बढ़ना, ईसीजी रिकॉर्डिंग करनेवाले स्टॉफ द्वारा किसी और मरीज का ईसीजी आपकी फाइल में लगा देना—कुछ भी सम्भव है।

दिल की ऐसी कई दूसरी बीमारियाँ भी हैं जो ईसीजी में हार्ट अटैक जैसा पैटर्न बता सकती हैं। उदाहरणार्थ लम्बे समय से आपको उच्च रक्तचाप हो और कंट्रोल में न रहता हो। ऐसी स्थिति में दिल की मांसपेशियाँ हाई प्रेशर के खिलाफ काम कर-करके मोटी हो जाती हैं जो ईसीजी में असामान्यता पैदा कर देती हैं। वो भी एकदम हार्ट अटैक जैसी।

जरूरी नहीं है कि जिस डॉक्टर ने ईसीजी मशीन खरीद रखी हो, वह ईसीजी को गहराई से पढ़ना भी जानता हो, यह भी पता कर लें (कहाँ से पता करेंगे, यह हमें भी पता नहीं)!

ईसीजी की हर जाँच को, जब तक डॉक्टर मरीज के सम्पूर्ण क्लीनिकल परिदृश्य में न देखे, तब तक इसका कोई अर्थ नहीं है। इसीलिए मैं उन लोगों को साफ मना कर देता हूँ जो कहीं और कराई गई ईसीजी जाँच की रिपोर्ट लेकर मेरी सलाह लेना चाहते हैं कि सर, यह ईसीजी देख लें और बताएँ कि हमारे मरीज का वहाँ इलाज ठीक चल रहा है या नहीं? मरीज इंदौर में है और उसके चाचा जी भोपाल में ईसीजी के बूते राय जानना चाहते हैं। यह न तो मरीज के लिए सही है, न ही मेरे लिए, न इंदौर वाले डॉक्टर के लिए। मरीज को देखे बिना ईसीजी देखने का कोई अर्थ नहीं।

एक बात और; अपना पुराना ईसीजी हमेशा सँभालकर रखें। कई बार पुराने ईसीजी से नये की तुलना करना बेहद अहम होता है। हो सकता है कि आज जिन ईसीजी असामान्यताओं के कारण आपको आईसीयू में भर्ती किया जा रहा है वे सब दस साल पुराने ईसीजी में भी मिल जाएँ! तब आप फालतू के इलाज से बच जाएँगे।

कुल सलाह यह कि ईसीजी एक महत्त्वपूर्ण जाँच अवश्य है पर इसकी सीमाएँ भी हैं जो डॉक्टर ही बेहतर समझता है। मात्र ईसीजी के बिना पर इलाज कराने पर जोर न दें। बस, एक अच्छा डॉक्टर चुनें...। और अच्छे डॉक्टर आपकी किस्मत से ही मिलते हैं।

दिल का इन्वर्टर—'पेसमेकर'

आजकल हम अक्सर सुना करते हैं कि फलाँ साहब को कल 'पेसमेकर' लगाना पड़ा। क्यों लगाना पड़ा? अरे साहब, आजकल तो डॉक्टर लोग किसी को भी कह देते हैं कि आपको पेसमेकर लगेगा। समाज में बड़े भ्रम हैं 'पेसमेकर' को लेकर। कई तरह की अफवाहें हैं। जैसे यह बात कि पेसमेकर में भी इकोनॉमी और डीलक्स मॉडल होते हैं जो मरीज की हैसियत के हिसाब से उसे ऑफर किए जाते हैं। यह बात वास्तव में अर्द्धसत्य है। हाँ, यह सच है कि पेसमेकर तीस-चालीस हजार रुपये से शुरू होकर लाखों के हो सकते हैं पर मरीज को महँगा पेसमेकर लगाना है या सस्ता, इसका चुनाव हैसियत से ज्यादा बीमारी के आधार पर करना पड़ता है। आपके ऐसे ही अनेक प्रश्नों के उत्तर और शंकाओं के समाधान के लिए मैं पेसमेकर के बारे में कुछ बुनियादी बातें आपसे साझा करूँगा।

वैसे, यह जान लें कि पेसमेकर तथा इससे जुड़ी कार्डियोलॉजी की बीमारियों में इतनी ज्यादा तकनीकी विशेषज्ञता की आवश्यकता होती है कि अब, धीरे-धीरे कई कार्डियोलॉजिस्ट तक केवल इससे जुड़े मरीज ही देखते हैं। इस विशेषज्ञता को 'इलेक्ट्रोकार्डियोलॉजी' कहते हैं। कई वर्षों तक मैंने स्वयं कई सौ मरीजों को पेसमेकर लगाए हैं तथा बाद में लगातार उनका निरीक्षण भी करता रहा हूँ। उन मरीजों की जिस तरह की जिज्ञासाएँ रहती थीं और मैं उन्हें जो समझाया करता था, उसी आधार पर मैं यहाँ कुछ बातें बता रहा हूँ।

हम पहले कुछ बेहद महत्त्वपूर्ण प्रश्नों के जवाब दे लें, फिर हम आगे बढ़ेंगे।

पेसमेकर क्या होता है? क्या काम है इसका?

इसे आप दिल की 'इमरजेंसी लाइट' या 'इन्वर्टर' जैसा समझें। दिल का अपना एक करंट होता है। दिल में एक जगह जो करंट पैदा होता है, उस करंट के पूरे

दिल मांसपेशियों का बना एक ऐसा पम्प है जो जिन्दगीभर, बिना एक पल रुके चलता ही रहता है। दिल हर मिनट में सत्तर-अस्सी बार धड़कता है। हर धड़कन पर यह पम्प, शरीर में पर्याप्त खून डालता है। इससे ही हमारा जीवन चलता है।

दिल में वितरण की एक व्यवस्था भी बनी हुई है। यदि करंट बनाने का यह सिस्टम गड़बड़ करे, या करंट बने तो ठीक-ठाक रहा हो लेकिन उसके वितरण में आगे कहीं रुकावट हो रही हो, तो दिल का काम गड़बड़ या ठप्प हो सकता है। घर में बिजली चली जाए तो उतनी देर के लिए इन्वर्टर या इमरजेंसी लाइट काम आती है न? यही काम दिल के करंट में कोई रुकावट आने पर पेसमेकर करता है। जिन मरीजों के भी दिल में करंट बनने, या करंट के पूरे हृदय में ठीक से प्रवाहित होने में गड़बड़ी होती है, उनके हृदय को पेसमेकर ठीक से करंट पहुँचाता है, याद रहे कि इस करंट का दिल तक सतत प्रवाह जीवन के लिए अत्यन्त जरूरी है। दिल की हर धड़कन इसी करंट से पैदा होती है। दिल यदि एक मिनट में सत्तर-अस्सी बार धड़कता है तो इसके लिए दिल में सत्तर-अस्सी बार यह करंट भी न केवल पूरे वोल्टेज पर बनना चाहिए बल्कि सब जगह पहुँचना भी चाहिए। यदि न पहुँचे, तो यह जानलेवा हो सकता है। इसी संकट के समय 'पेसमेकर' मरीज के काम आता है।

दिल का यह बिजलीघर एक सामान्य व्यक्ति में कैसे काम करता है? इसमें पेसमेकर कहाँ काम आएगा?

दिल मांसपेशियों का बना एक ऐसा पम्प है जो जिन्दगीभर, बिना एक पल रुके चलता ही रहता है। दिल हर मिनट में सत्तर-अस्सी बार धड़कता है। हर धड़कन पर यह पम्प, शरीर में पर्याप्त खून डालता है। इससे ही हमारा जीवन चलता है। ऐसी हर धड़कन के लिए दिल के कारखाने को लगातार बिजली चाहिए। इसके लिए दिल का अपना ही बिजलीघर है तथा उस बिजली के वितरण के लिए तार भी हैं जो दिल की पूरी बस्ती में सब तरफ फैले रहते हैं। इसी सिस्टम द्वारा दिल में निरन्तर बिजली बनती और प्रवाहित होती रहती है। हमारी हर धड़कन इसी करंट की मोहताज है।

यदि हृदय को यह करंट न मिले तो हमारी धड़कनें अनियमित हो सकती हैं। थोड़ी देर को भी ये रुक जाएँ तो चक्कर आ सकते हैं, हम गिर सकते हैं, बेहोश

तक हो सकते हैं, यहाँ तक कि मर भी सकते हैं क्योंकि उतनी देर तक दिल खून को पम्प करना बन्द कर देगा। हाँ, यदि इस स्थिति में पहले से ही दिल में पेसमेकर लगा हुआ है तो वह दिल की धड़कन बन्द होने पर स्वत: ही चल पड़ेगा।

दिल में करंट का यह सिस्टम आखिर है क्या?

दिल की आमतौर पर दो तरह की बीमारियाँ होती हैं। एक तो हार्ट अटैक, जो दिल में खून ले जानेवाली नलियों में प्रवाह के रुक जाने के कारण होता है। दूसरी, दिल के वॉल्व वगैरह सिकुड़ जाने या लीक होने के कारण होनेवाली बीमारियाँ जो रक्त प्रवाह में बाधा पहुँचाकर दिल पर अतिरिक्त बोझ डालते हैं। इसके अलावा भी कुछ बीमारियाँ हो सकती हैं। पेसमेकर इस तीसरी तरह की बीमारी के ही इलाज का नाम है। यह बीमारी न तो दिल की खून की नलियों की खराबी से सम्बन्धित है, न ही वॉल्व की या मांसपेशियों की। यह दिल के घर की बिजली चली जाने जैसा मामला है। यानी अन्य सब कुछ ठीक होने के बाद भी दिल का काम नहीं चल पा रहा। मान लें कि घर में टीवी हो, पर लाइट ही न आए, तो? वह नहीं चलेगा। दिल में सब बढ़िया हो पर करंट की गड़बड़ हो, तो? पेसमेकर इस इमरजेंसी की स्थिति में दिल को बिजली देता रहता है।

दिल के करंट में क्या खराबियाँ हो सकती हैं?

एक तो यही हो सकती है कि दिल में करंट ही ठीक से न बने, या ज्यादा बने, जल्दी-जल्दी बने और हमें तेज धड़कनों की बीमारी हो जाए, या कभी बेहद ही धीमा-धीमा बने, तब दिल इतना धीमे चलने लगता है कि पर्याप्त खून शरीर को नहीं मिलता। इससे हमें थकान होने लगेगी या चक्कर आएँगे। फिर कभी ऐसा भी हो सकता है कि यह करंट एक ही मरीज में कभी तो तेज हो, कभी धीमे बने। इन सबको हम 'सिक साइनस सिंड्रोम' कहते हैं। यहाँ दिल का करंट बनानेवाला 'साइनस नोड' ही बीमार हो गया। इस स्थिति का इलाज भी पेसमेकर लगाकर ही होता है। और एक स्थिति यह भी हो सकती है कि दिल में करंट तो ठीक-ठाक बने पर वह पूरे दिल तक न पहुँच पाए, करंट के प्रवाह में इस रुकावट को हम 'हार्ट ब्लॉक' कहते हैं। यह एक इमरजेंसी की स्थिति होती है। ऐसे में हो सकता है कि

जितना करंट बने, उसका आधा ही पूरे दिल तक पहुँचे या बिलकुल भी न पहुँचे। इससे आदमी अचानक मर भी सकता है।

इन सारी समस्याओं का इलाज बस एक ही है कि दिल में पेसमेकर लगा दिया जाए। परन्तु जिस तरह इन्वर्टर की अपनी सीमाएँ होती हैं, उसी तरह पेसमेकर की भी सीमाएँ होती हैं।

बड़ी कमजोरी लगती है, डॉक्टर सा'ब

'बड़ी कमजोरी-सी रहती है डॉक्टर साहब, आप तो ताकत की कोई बढ़िया-सी दवा लिख दीजिए'—डॉक्टर के जीवन में यह वाक्य उसके द्वारा सुने जानेवाले सबसे पॉप्युलर वाक्यों में से एक है।

दरअसल 'कमजोरी' एक ऐसा जनरल-सा बयान है जिसका अर्थ साँस फूलना, भूख न लगना, वजन गिरना, मन न लगना, बुखार-सा लगना आदि कुछ भी हो सकता है। कई बार तो मरीज बड़ी बीमारी के कारण हो रही कमजोरी को भी 'सामान्य-सी कमजोरी' मानकर स्वयं ही दवाई की दुकान पर चला जाएगा और किसी लोकप्रिय ब्रांड का कोई टॉनिक खरीद लाएगा। कितनी ही बार मरीज की डायबिटीज, थायरॉइड या कैंसर की बीमारी मात्र इस कारण बहुत लेट पकड़ में आई है कि इसी बीच वह शख्स डॉक्टर के पास न जाकर अपनी कमजोरी का देसी-विदेशी इलाज खुद ही करता रहा।

'कमजोरी लगना', हो सकता है कि 'कमजोरी रहना' अन्ततः कोई बीमारी साबित न हो और यह भी हो सकता है कि यह किसी बड़ी बीमारी का लक्षण निकले। फिर? यूँ समझें कि शरीर में तमाम तरह के जो अंग तथा मेकेनिज्म हैं, उनमें से किसी में भी गड़बड़ पैदा होने से कमजोरी महसूस हो सकती है। मैं आपको इसके कुछ महत्त्वपूर्ण कारण बताता हूँ। डायबिटीज की बीमारी कई बार पता ही यूँ चलती है। सो, यदि परिवार में माँ-बाप-भाई-बहन में से किसी को भी डायबिटीज हो (और न हो, तब भी) और आपको कमजोरी रहती है तो अपनी ब्लड शुगर की जाँच अवश्य करा लें। साथ में यदि वजन भी गिर रहा हो, पेशाब बहुत ज्यादा होता हो, बहुत भूख लगती हो, बार-बार प्यास लगती हो तब तो डायबिटीज के लिए जरूर टेस्ट कराएँ। पर डायबिटीज से भी पहले अनीमिया या कहें, खून की कमी के कारण भी आपको कमजोरी लग सकती है। और आवश्यक नहीं कि खून की बहुत कमी हो तभी ऐसा लगे। हल्के अनीमिया, बल्कि अनीमिया होने से पहले के

कमजोरी-सी लगती हो तो सीधे टॉनिक पर न उतर आएँ। पहले तलाशें कि यह कमजोरी है क्यों? बेहतर होगा कि डॉक्टर को यह काम करने दें।

वक्फे में भी आपको कमजोरी लग सकती है। औरतों को तो विशेष तौर पर। हीमोग्लोबिन की एक साधारण जाँच से यह बीमारी पकड़ी जा सकती है। वैसे तो प्राय: आयरन की गोलियों से यह ठीक हो जाता है परन्तु डॉक्टर को ही तय करने दें कि अनीमिया का कारण आयरन की कमी है या कुछ और। स्वयं ही अन्दाज से आयरन कैप्सूल न खाने लग जाएँ। पूरी जाँच कराएँ। अनीमिया स्वयं में एक बीमारी न होकर किसी अन्य बड़ी बीमारी का लक्षण भी हो सकता है। आँतों से लेकर किडनी की बीमारियाँ भी मात्र अनीमिया के तौर पर ही प्रकट हो सकती हैं। एक बात और। अनीमिया की दवाइयाँ बड़े लम्बे समय तक लेनी होती हैं। 'हमारा हीमोग्लोबिन एकदम ठीक आ गया था, सो हमने तो सारी दवाइयाँ बन्द कर दीं'—ये न करें। ऐसा करेंगे तो आपको बार-बार अनीमिया होता रहेगा। और तब वह कोई बीमारी नहीं, आपकी मूर्खता ही कहलाएगी।

'कमजोरी को कमतर न समझें। यह कई बड़ी बीमारियों का लक्षण हो सकती है।'

'कमजोरी' के दसों अन्य कारण हो सकते हैं। इनमें से कई कारण जानलेवा तक हैं परन्तु लगभग हरेक का कोई इलाज भी मौजूद है। कई बार तो आप ही कई दिनों तक डॉक्टर को नहीं दिखाते कि यह अपने-आप ठीक हो जाएगी। ऐसे में कोई बड़ी बीमारी हो तो वह और बढ़ सकती है। जैसे कि : 'क्रॉनिक किडनी फेल्योर' के सबसे कॉमन लक्षण शुरू में थकान, कमजोरी और भूख न लगने जैसे सामान्य लक्षण ही होते हैं। शुरू में न पकड़ा जाए तो बस, कमजोरी ही लगी रहती है। यह तो बाद में जाँच में पता चलेगा कि आपकी तो दोनों किडनी काम ही नहीं कर रहीं। थायरॉयड की एक बीमारी थायरोटोक्सिकोसिस भी मूलत: 'कमजोरी' पैदा करती है। कई साइलेंट से कैंसर भी यूँ ही प्रकट होते हैं। बड़ी आँत के कैंसर (पुराने दारूखोर में), लिवर का कैंसर, हड्डियों तथा रक्त के कैंसर ऐसी 'कमजोरी' के साथ ही सामने आ सकते हैं। कमजोरी लगती है और 'बावल-हेविट' बदल गई है। कमजोरी लगती है और वजन गिर रहा है। कमजोरी के साथ पेट गड़बड़ चल रहा है और चलता ही जा रहा है। कमजोरी है और काँख या जाँघ में छोटी गिल्टी जैसी लग रही है। इन स्थितियों में तुरन्त अपने डॉक्टर को दिखाएँ। यह कैंसर हो सकता है।

कमजोरी है और बुखार-सा लगता है—ऐसा न कहें डॉक्टर से। बाकायदा बुखार नापकर उसका रिकॉर्ड रखें। कमजोरी लगे तो अपना वजन भी नापते रहें। यह भी

ध्यान दें कि जिसे आप कमजोरी कह रहे हैं, वह वास्तव में है क्या? कहीं थकान या चलने पर साँस फूलना या चलने पर चक्कर या आँखों के आगे अँधेरा छाने को तो आप कमजोरी नहीं कह रहे? ये सारी चीजें दिल की बीमारी, अनकंट्रोल बीपी, किसी न्यूरोलॉजिकल बीमारी या फेफड़ों की बीमारी या किसी दवा के दुष्प्रभाव के भी संकेत हो सकते हैं। टीबी से लेकर डिप्रेशन तक आपको कमजोरी का एहसास दे सकते हैं।

हाँ, डिप्रेशन से याद आया। मान लें कि ढेर-सारी जाँचों के बाद भी आपकी कमजोरी का कोई जायज कारण खोज पाने में मेडिकल साइंस परास्त हो चुकी है तो फिर कारण को स्वयं में ही तलाशें। कहीं यह सब आपके अवचेतन मन का खेल तो नहीं? ऐसे में किसी अच्छे मनोचिकित्सक से मिलना गलत नहीं होगा। आजकल जीवन ऐसे चकरघिन्नी बना हुआ है कि इंडोजीनस डिप्रेशन जैसी मानसिक व्याधियाँ भी सामान्य हैं और ये इसी तरह के अजीब-से लक्षणों से प्रकट हो सकती हैं।

कमजोरी-सी लगती हो तो सीधे टॉनिक पर न उतर आएँ। पहले तलाशें कि यह कमजोरी है क्यों? बेहतर होगा कि डॉक्टर को यह काम करने दें। मैं हर बार की तरह फिर कहूँगा कि अच्छे डॉक्टर के पास ही जाएँ। अपनी आँखें और दिमाग खुला रखेंगे तो अच्छे डॉक्टर की पहचान तुरन्त हो जाएगी।

आजकल थका-थका लगता है, डॉक्टर सा'ब

क्या थकान जैसा लगना किसी अन्य बीमारी का लक्षण है? क्या थकान लगना स्वयं में कोई बीमारी है? या कि यह कुछ भी नहीं बस मन की एक स्थिति है? दरअसल, तीनों ही बातें सही हो सकती हैं।

जब भी आपको बेहद थका-थका लगे और आप इस सिलसिले में अपने डॉक्टर से मिलने जाएँ तो इन तीनों ही सम्भावनाओं के बारे में मन को तैयार करके जाएँ। लेकिन सिर्फ इतना ही काफी नहीं होगा। कुछ और भी बातें समझ लें। फिर बाकायदा तैयार होकर जाएँ, वरना प्राय: आप कोई टॉनिक या विटामिन की गोलियों का नुस्खा लिये वापस आ जाएँगे। थकान को लेकर कुछ बातें जान लें और डॉक्टर के कुछ प्रश्नों का उत्तर पहले से तैयार रखें—

यह सब थकान ही है, या अपनी किसी और तकलीफ को आप थकान का नाम दे रहे हैं?

यह बात सबसे महत्त्वपूर्ण है। प्राय: हम अपनी ही तकलीफ को बेहद उड़ती-उड़ती और लापरवाह भाषा में डॉक्टर को बताते हैं जैसे, 'सर, दो-चार-दस दिनों से, कुछ बुखार-फुखार टाइप हो रहा है' ऐसा कहकर आप मात्र भ्रम ही पैदा करते हैं। तो पहले तो यह तय करें कि जो कुछ भी आपको हो रहा है, वह वास्तव में थकान ही है? काम करने पर साँस फूल जाती हो और उसे ही आप थकान का नाम दे रहे हों। जरा-सी मेहनत से ही आँखों के सामने अँधेरा या चक्कर आ जाता है और आप उसे थकान बता रहे हों? जरा-से मेहनत से छाती भर जाती है और वह आपको चलने से रोकती है और इसे ही आप थकान मान बैठे हों?

मेरे पास बहुत बार ऐसे मरीज आते हैं जिन्हें एक सौ तीन बुखार है पर वे उसकी बात ही नहीं कर रहे। वे कह रहे हैं कि सर, बड़ी थकान लग रही है।

अरे, यदि बुखार होगा तो थकान तो होगी ही न? थकान का अर्थ थकान ही है। बैठे-बैठे भी हाथ-पाँव टूटते हैं। उठते नहीं—हम समझते हैं कि यह सब थकान के कारण हो रहा है। सो इसे भी थकान का नाम दे देते हैं। यदि डॉक्टर जल्दी में हो या विस्तार से न पूछे तो उनसे कोई बड़ी बीमारी छूट सकती है। इसलिए अपनी तकलीफ सोच-समझकर और सही-सही बताएँ।

आपकी भूख कैसी है? क्या थकान हरदम रहती है या बस, कभी-कभी? 'डॉक्टर साहब, कभी तो एकदम बढ़िया लगता है, तो कभी सुबह थकान लगती है।' या आपको ऐसा तो नहीं लगता कि 'सुबह से ही उठकर तो बड़ी थकान रहती है, पर एक बार काम करने लग जाऊँ तो सब ठीक लगने लगता है।' यह सब मानसिक अवसाद, तनाव आदि के कारण भी हो सकता है।

क्या थकान के साथ और भी कोई लक्षण हैं?

यदि थकान किसी अन्य बीमारी की वजह से हो रही है तो साथ में और लक्षण भी अवश्य होंगे। कई बार थकान इतनी ज्यादा होती है कि हम दूसरे 'छोटे-मोटे' लक्षणों पर ध्यान ही नहीं देते। पर डॉक्टर को पूरी बात न बताई तो वह भी आपके हाथ में बस, टॉनिक नाम का 'जादुई द्रव' पकड़ा देगा।

सोचिए कि थकान के साथ-साथ आपको कुछ और तो नहीं हो रहा? कहीं हल्का बुखार तो नहीं रहता? यह टीबी हो सकती है। मलेरिया में भी ऐसा हो सकता है।

औरतों में विशेष तौर पर, पेशाब तथा 'पेल्विक' क्षेत्र के इन्फेक्शन में ऐसा हो सकता है। इसमें हल्का-हल्का बुखार हो और बेहद थकान भी रहती है। वैसे तो शरीर में किसी तरह के इन्फेक्शन के चलते भी यह हो सकता है। ध्यान दीजिए कि कहीं आपको प्यास तो बहुत ज्यादा नहीं लग रही या बार-बार पेशाब जाने की जरूरत तो नहीं महसूस हो रही? डायबिटीज का पता कई बार इसी तरह चलता है। जब थकान के साथ-साथ प्यास और पेशाब भी बार-बार लगती है। क्या साथ-साथ आपका वजन भी कम हुआ है? या कि थकान खूब लगती है और लोग यह कह रहे हैं कि 'हेल्दी' हो रहे हो बॉस! वजन का बढ़ना हाइपोथायरॉइडिज्म नाम की बीमारी, कई और इंडोक्राइन बीमारियों, डिप्रेशन तथा डायबिटीज के कारण भी

हो सकता है। डायबिटीज में वजन बढ़ भी सकता है और घट भी सकता है। इस लिहाज से यह बड़ी मायावी बीमारी है।

आपकी भूख कैसी है? क्या थकान हरदम रहती है या बस, कभी-कभी? 'डॉक्टर साहब, कभी तो एकदम बढ़िया लगता है, तो कभी सुबह थकान लगती है।' या आपको ऐसा तो नहीं लगता कि 'सुबह से ही उठकर तो बड़ी थकान रहती है, पर एक बार काम करने लग जाऊँ तो सब ठीक लगने लगता है।' यह सब मानसिक अवसाद, तनाव आदि के कारण भी हो सकता है।

आप किसी और बीमारी के लिए कोई और दवाइयाँ तो नहीं ले रहे?

हो सकता है कि आपकी थकान किसी दवा के कारण हो? ब्लड प्रेशर से लेकर सूजन कम करने की दवाइयाँ तक आपमें कमजोरी पैदा कर सकती हैं। आप यह मानकर चलें कि कोई भी दवा ऐसा कर सकती है। इसमें आयुर्वेदिक, हकीमी, यूनानी, देसी जड़ी-बूटी आदि भी शामिल हैं। यदि आप इनमें से कोई भी दवाई ले रहे हों तो डॉक्टर के पास जाते समय ये दवाइयाँ, प्रिस्क्रिप्शन आदि भी लेकर जाएँ। खुद भी इंटरनेट पर जाकर या दवाई के रैपर को पढ़कर समझने की कोशिश कर सकते हैं कि यह सब किसी दवाई का दुष्प्रभाव तो नहीं?

प्रायः ऐसी थकान का कोई गम्भीर कारण नहीं निकलता परन्तु अपनी जाँच अवश्य करा लें।

थकान लगती है तो जाँच तो आवश्यक है। एनीमिया से लेकर टीबी, कैंसर, लिवर की बीमारी—कुछ भी निकल सकता है। प्रायः तो कुछ भी नहीं निकलता। आमतौर पर यह मात्र तनाव, बहुत काम और डिप्रेशन के कारण भी हो सकता है। विशेष तौर पर मानसिक डिप्रेशन का यह एक महत्त्वपूर्ण शुरुआती लक्षण हो सकता है। आप कहेंगे कि मैं तो बिलकुल डिप्रेस नहीं। बस, यह बिना बात की थकान ही लगी रहती है। तो मित्र, यह बिना बात की थकान नहीं है। वो कहते हैं न कि यूँ ही कोई बेवफा नहीं होता।

विटामिन-डी, बी$_{12}$ विटामिन-सी की कमी आदि भी ऐसी थकान महसूस होने के कुछ बड़े कारण हैं।

ताकत की दवाओं का मायावी बाजार

हमारे किस्से, कहानियाँ, पौराणिक आख्यान, गल्प तथा लोककथाएँ ऐसी जड़ी-बूटियों, जादुई किस्म के पेय पदार्थों और चमत्कारी हकीमी नुस्खों के जिक्र से भरी पड़ी हैं जिनका सेवन करते ही कथा-नायक में सात हाथियों के बराबर ताकत आ जाती है। मनुष्य को सदियों से ऐसे जादुई नुस्खों की तलाश रही है जिनको लेते ही शरीर ताकत और जोश से भर उठे।

इसके लिए आदमी पौष्टिक भोजन, फल-फूल, हरी सब्जियों का सेवन, व्यायाम, सात्त्विक जीवन व्यवहार, खेल-कूद आदि के पेचीदे और घुमावदार रास्तों को छोड़कर चोर रास्ते तलाशता है। जिस्मानी तथा दिमागी ताकत बढ़ाने के इन शॉर्टकट्स की तलाश करनेवाले भोले लोगों के लिए सदियों से बाजार में कुछ जादुई दवाइयाँ, पेय पदार्थ, गोलियाँ आदि बिकती रही हैं। आज तो जीवन यूँ भी पूरी तरह से बाजार के कब्जे में आ चुका है। एनर्जी ड्रिंक्स, ताकत और चुस्त-दुरुस्त रखने का दावा करनेवाली कैप्सूल और गोलियों का एक बड़ा और मायावी बाजार तैयार हो गया है।

ताकत का दावा करनेवाले इन पेय पदार्थों और गोलियों तथा पाउडरों के डिब्बों ने बेहद शातिराना तरीके से अपने शिकार चुने हैं। और कौन हैं इनके शिकार? एक तो बढ़ती उम्र के बच्चे। कौन नहीं चाहता कि उसका बच्चा लम्बा और स्वस्थ हो। इतना होशियार हो कि हमेशा कक्षा में अव्वल आए! टीवी और प्रिंट मीडिया की आड़ में तैयार मोर्चों द्वारा इन शिकारों को 'सिटिंग डक' की तरह आसानी से शिकार बनाया जा सकता था। वही किया भी गया। झूठे-सच्चे दावे। दूध में 'ताकत तथा विटामिनों से ठसाठस' भरे डिब्बे से दो चम्मच पाउडर मिलाकर गटागट पी जानेवाले बच्चे, जो रातों-रात लम्बे हो रहे हैं। वे बच्चे जो कभी पढ़ाई में फिसड्डी थे, वे ही आज ऐसे किसी चमत्कारी पाउडर का सेवन करके इतने होशियार हो गए हैं कि बेचारा टीचर भी हैरान रह गया है। विज्ञापनों की दुनिया में इन चमत्कारी

ताकत का दावा करनेवाले इन पेय पदार्थों और गोलियां तथा पाउडरों के डिब्बों ने बेहद शातिराना तरीके से अपने शिकार चुने हैं।

नुस्खों वाली ताकत भरी चीजों का सेवन करके बच्चे देखते-देखते हृष्ट-पुष्ट और होशियार बने जा रहे हैं।

वास्तविकता यह है कि घर-घर में ऐसे बच्चे हैं जो दुबले हैं या कम-से-कम माँ-बाप को तो कमजोर लगते ही हैं। वैसे बच्चे भी जो पढ़ाई में ठीक-ठाक हैं परन्तु माता-पिता की अतिमहत्त्वाकांक्षाओं के अनुरूप नहीं हैं। यही माँ-बाप बाजार जाकर ये चमत्कारी डिब्बे उठा लाते हैं। माँ को पता नहीं कि ऐसे डिब्बों के सौ ग्राम पाउडर में मात्र सात ग्राम प्रोटीन होती है, दो ग्राम वसा होती है। विटामिन की सस्ती गोलियों के बराबर कुछ यहाँ-वहाँ के विटामिन होते हैं और बाकी का कार्बोहाइड्रेट यानी शक्कर जैसी चीजें। बस, अब आप इसकी दो-तीन चम्मच दूध में मिलाकर चमत्कार की उम्मीद में बैठ जाएँ तो यह आपकी मूर्खता है। तीन चम्मच में एक ग्राम प्रोटीन भी ठीक से नहीं होती है। और विज्ञापन में जो बच्चा बढ़ता दिखाया जाता है, वह? इसे नेताओं के खोखले वादों की तरह ही समझें बस। उनको वादा करने से तो नहीं रोका जा सकता। और हमारे देश में झूठे दावे करनेवाले विज्ञापनों को भी नहीं रोका जा सकता। पर सही बात तो यह है कि बच्चे का विकास इन चमत्कारों के बूते कतई सम्भव नहीं है। ये पाउडर वगैरह न दें। बच्चे को बढ़िया खाना दें। यदि बच्चा कम वजन का है तो रोज दो केले, पचास ग्राम मूँगफली के दाने दें और उसके आटे में तीन-चार चम्मच तेल मिलाकर फिर रोटी पकाएँ। यह वजन बढ़ाने का ज्यादा वैज्ञानिक तरीका है। डिब्बा बन्द ताकत के पाउडरों से किसी चमत्कार की उम्मीद न करें।

यह तो था एक उदाहरण। दूसरा उदाहरण आपकी आँखें खोलनेवाला है। जिम जाना तथा मांसपेशियाँ (डोले-सोले) बनाना आज की नौजवान पीढ़ी के लिए नशे जैसा है। वे इसके लिए कुछ भी करने को तत्पर हैं। सलमान और ऋतिक जैसा मस्कुलर शरीर बनाने के लिए एक दीवानापन फैला हुआ है चहुँओर। बाजार की ताकतों ने नौजवानों की ताकत की चाहत को खूब भुनाया है। मांसपेशियाँ बनानी हैं तो खूब अंडे खाओ और प्रोटीन ड्रिंक्स लो, ऐसी ही सलाह दी जाती है। प्रोटीन पाउडर भी बहुतायत में नये-नये नामों से कई बार जिम में ही उपलब्ध होते हैं। जिम के ट्रेनर आपको समझाते हैं कि अगर मांसपेशियाँ बनानी हैं तो खूब प्रोटीन खाओ। इस तरह प्रोटीन ड्रिंक्स का करोड़ों रुपये का बाजार खड़ा कर दिया गया है। मेडिकल दृष्टि से देखें तो यह बात स्वास्थ्य के लिहाज से बेहद डरावनी है। यदि नौजवान

प्रोटीन ही प्रोटीन खाने पर आमादा होगा तो उससे कार्बोहाइड्रेट स्वत: ही कम खाया जाएगा। आपकी भूख तो उतनी ही है—यह खा लो या वह खा लो। नतीजा? शरीर में कार्बोहाइड्रेट का 'प्रोटीन स्पेयरिंग' प्रभाव नहीं रह जाता। कार्बोहाइड्रेट ठीक मात्रा में न मिलने पर शरीर फिर प्रोटीन से ही ऊर्जा प्राप्त करने लगता है और प्रोटीन जब इतनी ज्यादा इस्तेमाल होती है तो उसके जो 'एंड प्रोडक्ट्स' बनते हैं, वे किडनी को खराब कर सकते हैं। मांसपेशियाँ फिर भी नहीं बन पातीं क्योंकि प्रोटीन ड्रिंक्स से प्राप्त अतिरिक्त प्रोटीन तो ऊर्जा बनाने में काम आ जाती है। नतीजा? न खुदा ही मिला, न विसाले सनम। यह सब बेहद अवैज्ञानिक तथा शरीर के लिए हानिकारक है। इन प्रोटीन ड्रिंक्स तथा प्रोटीन पाउडरों के जाल में बिलकुल न फँसें।

तीसरी और अन्तिम बात 'एनर्जी ड्रिंक्स' नामक पेय पदार्थों का भी बड़ा बोलबाला है आजकल। तुरन्त ताकत देनेवाले पेय, ऐसी गोलियाँ जो दिन भर आपको चुस्त-दुरुस्त रख सकती है—इस भागदौड़ से भरी जिन्दगी में किसको ऐसा चमत्कारी नुस्खा नहीं चाहिए? घर के कामों में खटती औरतें, दफ्तर और घर के बीच भागते अधेड़ लोग, थकान से भरे बूढ़े—सभी को ये एनर्जी ड्रिंक्स आकर्षित करते हैं। ये इनका तीसरा शिकार हैं। तुरन्त ताकत कौन दे सकता है? ग्लूकोज पाउडर जैसी कोई चीज या ऐसा नशीला पदार्थ जो आपका मूड बढ़िया कर दे। यही सब इन ड्रिंक्स में रहता है। कैफीन इतनी मात्रा में रहती है कि इनके एक-दो ड्रिंक से ज्यादा ले लिये तो आप इसके आदी हो जाएँगे। नशे की लत न पालें, इनसे बचें।

इनके अलावा विटामिन की गोलियों, ताकतवर बनानेवाले कैप्सूलों, टॉनिकों की भी बेहद बड़ी मार्केट है आज। उनके कई मायावी खेल हैं।

भरोसा दोनों तरफ से होता है

डॉक्टर और मरीज के बीच का सम्बन्ध एक गहरे भरोसे का ही सम्बन्ध है। यह भरोसा ही तो है जो डॉक्टर को ताकत देता है और मरीज को हिम्मत। आमिर ने अपने प्रोग्राम में इसी भरोसे के टूटने की बात कही और अपने तईं पूरी ईमानदारी से कही। ऐसे प्रोग्रामों की अच्छे डॉक्टरों को न तो चिन्ता करनी चाहिए, न ही शिकायत। परन्तु क्या बात इतनी ही सरल है? क्या खलनायक इतने ही हैं? क्या डॉक्टर ही चिकित्सा क्षेत्र में व्याप्त पूरी तरह से इस अराजकता के लिए जिम्मेदार हैं? क्या मरीज के व्यवहार और गलत अपेक्षाओं के कारण भी चालाक किस्म के चन्द धन्धेबाज डॉक्टरों को वह मौका मिल रहा है जिसके रहते अच्छे डॉक्टरों पर भी छींटे आ रही हैं?

पिछले चालीस वर्षों से मैं डॉक्टरी कर रहा हूँ। मरीजों का मेरे ऊपर ऐसा ही अगाध भरोसा रहा है। उनका यह भरोसा न टूटे, इसके लिए मैं सतत प्रयासरत रहता हूँ। यही भरोसा लगातार मुझे सतर्क भी रखता है। मरीजों के साथ विश्वास कायम रखने की अपनी जद्दोजहद के लम्बे अनुभव के निचोड़ से मैं यहाँ कुछ बातें लिख रहा हूँ। मरीज के तौर पर आप अपने डॉक्टर से बड़ी-बड़ी उम्मीद करते हैं, पर वह भी तो कुछ उम्मीद आपसे करता है। मैं एक डॉक्टर के तौर पर मरीज का भरोसा तोड़नेवाली उन बातों का यहाँ जिक्र करूँगा जिन पर मरीज का ही नियंत्रण है। डॉक्टर उसमें कुछ नहीं कर सकता और बेवजह बदनाम होता है।

तो आपसे मेरी शिकायतें और आपको इस सम्बन्ध में मेरी सलाहें ये हैं—

आप हर केस में उस इलाज तथा बीमारी की वास्तविकता और सीमाएँ समझें

न जाने क्यों, कदाचित् मीडिया तथा धन्धेबाज डॉक्टरों के विज्ञापनी हथकंडों के कारण समाज में अब यह भ्रम खड़ा हो गया है कि आधुनिक चिकित्सा-पद्धति के

पास तो अब स्वास्थ्य सम्बन्धी हर परेशानी का सटीक उत्तर आ गया है। मैं यहाँ विनम्रतापूर्वक यह कड़वी वास्तविकता आपको बताना चाहूँगा कि स्थिति प्रायः इसके ठीक विपरीत है। हर इलाज की अपनी सीमाएँ हैं जो मरीज की उम्र, आनुवंशिकता और उसके शरीर में पहले से उपस्थित अन्य रोगों से तय होती है। बाइपास सर्जरी मात्र छह माह पहले ही हुई थी और एकदम ईमानदारी और बड़ी सतर्कतापूर्वक बहुत बढ़िया की गई हो तब भी मरीज को छह माह बाद ही हार्ट अटैक हो सकता है। ऑपरेशन के अगले दिन भी हो सकता है। यह इस मर्ज के इलाज की सीमा है। 'एंजियोप्लास्टी के अगले दिन ही हार्टअटैक हो गया साहब। दो लाख रुपये भी ले लिये और काम ऐसा किया।' हाँ, अच्छी-भली की गई एंजियोप्लास्टी में भी ऐसा होना सम्भव है। कार के रिपेयर में और डॉक्टरी इलाज में यही अन्तर है। कार के इंजन से शरीर का इंजन लाख गुना जटिल है। इसलिए हर ऐसे इलाज की सीमा भी है। डॉक्टर आम तौर पर ये सीमाएँ उस तरह बताते नहीं या तो खुद के व्यस्त रहने के कारण या अपना मरीज डरकर भाग न जाए, यह सोचकर। पर वास्तविकता यही है।

कई जाँचें और इलाज तो ऐसे हैं जो वैज्ञानिक तौर पर सौ प्रतिशत स्थापित नहीं हैं परन्तु माना जाता है कि ये काम करेंगे

इनके विषय में हर डॉक्टर की राय अलग-अलग हो सकती है। आपका डॉक्टर इन जाँचों और इलाज के बारे में कुछ और कहेगा तथा दूसरा कुछ और। दोनों को विपरीत भाषा बोलते सुनकर आप परेशान हो जाते हैं कि जरूर दोनों में एक तो झूठा है। परन्तु दोनों अपने अनुभव से बता रहे हैं। आपका जिस पर भरोसा हो, उसकी ही बात मानें।

कृपया इंटरनेट से अपनी बीमारी तथा इलाज न समझें

जैसे कि इंटरनेट से हवाई जहाज चलाने के बारे में कुछ जानकारी प्राप्त करके आप पायलट के सिर पर खड़े नहीं हो जाते कि हवाई जहाज को ऐसे नहीं ऐसे चलाओ, ठीक यही बात डॉक्टरी पर भी लागू होती है। ब्रह्मांड से उतरा यह इंटरनेटी ज्ञान लेकर बहुत-से मरीज मेरे पास भी आते हैं। कहते हैं कि सर, आपने मेरा यह टेस्ट तो कराया ही नहीं जबकि गूगल पर तो साफ लिखा है कि माइग्रेन में सीटी स्केन जरूर

अपने डॉक्टर को सब कुछ बताएँ। दारू, सिगरेट, लड़कियों से नाजायज सम्बन्ध, मानसिक चिन्ताएँ, कुछ डर आदि सब आपकी बीमारी के कारण हो सकते हैं। डॉक्टर के इलाज में ये बाधा भी पहुँचा सकते हैं।

होना चाहिए। काश कि मेडिकल साइंस इतनी ही सरल और सीधी होती तथा आपका शरीर और इसकी व्याधियाँ ऐसे ही गणित के फॉर्मूले जैसी होतीं। तब तो कोई भी शख्स कम्प्यूटर में बीमारी का डाटा डालकर अपना इलाज खुद कर लेता। मानव शरीर, इसका मन, बीमारियों के कारण तथा उनकी जड़ यह सब तो अभी भी एक कुहासे में हैं। डॉक्टर इसी कुहासे या धुंध में अपना रास्ता तलाशते रहते हैं। तो कृपया गूगल को देखकर इस मशीन को खोलने का प्रयास न करें, नही करवाएँ वरना आपके पुर्जे ऐसे बिखर सकते हैं कि कोई डॉक्टर फिर बटोर भी नहीं पाएगा। चिकित्साशास्त्र इस मामले में राकेट साइंस से भी जटिल है।

मेडिकल शॉपिंग न करें

अर्थात रोज अपना डॉक्टर न बदलें। यह आशा न करें कि दस दिन में ठीक होनेवाली बीमारी दो दिन में ठीक करनेवाला कोई डॉक्टर जरूर मिल जाएगा। जितने ज्यादा डॉक्टरों की राय लेंगे, उतने ही भ्रम में पड़ेंगे। यह न करें कि ऊटी या दिल्ली घूमने निकले थे परन्तु वहाँ पर एक डॉक्टर का बड़ा नाम सुना तो उसे दिखाने भी चल दिये। अपने डॉक्टर पर भरोसा रखें।

बीमारी रातों-रात ठीक करने की जिद न करें

दस्त एक ही रोज में रुक जाए, और खाँसी दो दिन के इलाज के बाद भी क्यों नहीं रुक रही, डॉक्टर साहब? यह सब न करें। आपकी जिद में, और मरीज किसी और डॉक्टर के पास भाग न जाए, इस चिन्ता से कई बार डॉक्टर फिर आपको कुछ ऐसी दवाएँ दे देता है जो तुरन्त तो आराम दे देती हैं परन्तु लम्बे समय में नुकसानदायक साबित हो सकती हैं। हर बीमारी का एक नैसर्गिक कोर्स होता है। माना कि आप जल्दी में होंगे पर बीमारी के इलाज का कोई शॉर्टकट नहीं होता।

सन्देशों से खेती न करें

मेरे पास ऐसे मरीज भी आते हैं जो एकाध ईसीजी, फाइल या एक्स-रे लाते हैं और बताते हैं कि मरीज तो ग्वालियर में है पर आप यह देखकर सलाह दे दें कि हम उनका क्या करें? याद रखें कि जब तक डॉक्टर ने मरीज को स्वयं नहीं देखा है तब तक उसकी राय बेहद अधूरी तथा अविश्वसनीय ही होती है।

अन्त में एक महत्त्वपूर्ण सलाह

अपने डॉक्टर से कभी कुछ भी न छिपाएँ अपनी गलत आदतों को अंडरप्ले न करें अपने डॉक्टर को सब कुछ बताएँ। दारू, सिगरेट, लड़कियों से नाजायज सम्बन्ध, मानसिक चिन्ताएँ, कुछ डर आदि सब आपकी बीमारी के कारण हो सकते हैं। डॉक्टर के इलाज में ये बाधा भी पहुँचा सकते हैं। ठीक से डॉक्टर के पूछने पर भी यदि यह सब न बताया जाए तो डॉक्टर कभी आपकी गलत डायग्नोसिस भी कर सकता है। डॉक्टर पर भरोसा रखें। वह जो भी पूछे, ठीक से बताएँ। 'तम्बाकू तो बस जरा-सा ही खा लेते हैं, दारू तो बस दोस्त मिल जाते हैं तो हो जाती है' जैसे वाक्य बोलकर इसे अंडरप्ले न करें।

ऊपर कही गई बातों के अलावा और भी बहुत-सी बातें हैं पर वे फिर किसी और मौके पर।

कृपया हमारे भरोसे ही न बैठे रहें

चिकित्सा विज्ञान में नित नई खोजों की चर्चा मीडिया में भी खूब डटकर होती है। कॉरपोरेट अस्पतालों ने देश के सुदूर कस्बों तक कैंपों, एजेंटों तथा 'एग्रेसिव मार्केटिंग' के जरिये अपनी उपस्थिति दर्ज की है, तब से बहुतों को यह भ्रम हो गया है कि अब चिकित्सा विज्ञान के पास दुनिया की हर बीमारी का मुकम्मल इलाज है। लोग अब ये मानने लगे हैं कि वे दिन हवा हुए जब मौत के सामने अमीर तथा गरीब एकदम बराबर हुआ करते थे, अब तो वे सुनहरे दिन आ गए हैं जब चिकित्सा विज्ञान के 'महामृत्युंजय जाप के विशेषज्ञ' पुजारियों को समुचित पैसा चढ़ाकर कभी भी यह अमृत प्रसाद खरीदा जा सकता है। चिकित्सा विज्ञान का क्षेत्र एंजियोप्लास्टी, बाइपास सर्जरी, गामा नाइफ, अंग प्रत्यारोपण, बोनमैरो ट्रांसप्लांटेशन, इम्यूनोग्लोबिन्स, ऑटोइम्यूनिटी की दवाइयाँ, स्टेम सेल थेरेपी, जीन थेरेपी से लेकर नित नई, और-और महँगी एंटीबायटिक्स की ऐसी चकाचौंध में उजागर हुआ है कि सामान्य जन की आँखें चौंधिया गई हैं। वह इस सारे परदृश्य पर मात्र इस कारण पूरा भरोसा कर रहा है कि इतनी रोशनी में अब कुछ भी छिपा थोड़े ही रह सकता है। पर याद रहे कि चकाचौंध का भी अपना एक अँधेरा होता है और ज्यादा रोशनी भी हमें अन्धा बना देती है।

यह जान लें कि इतनी सारी खोजों के बाद भी चिकित्सा विज्ञान की स्थिति आइंस्टीन की भाँति ही है जो मानते थे कि वे सागर के अन्वेषण में निकले तो हैं पर अभी तक मात्र सागर तट की रेत की सीपियों-शंखों को ही समझने में लगे हुए हैं। मानव शरीर को जानने का किस्सा अभी अन्धों द्वारा हाथी को टटोलने के किस्से की तरह न भी चल रहा हो, पर है उसके आसपास का ही। अच्छा होगा, यदि हम इस भ्रम में न ही पड़ें कि अब हर चीज का इलाज डॉक्टरों के पास मौजूद है। इसी भ्रम के कारण आजकल हम अस्सी-नब्बे वर्ष के बूढ़े की मौत पर भी अस्पताल में हंगामा मचा देते हैं; एंजियोप्लास्टी के बाद भी हार्ट अटैक हो जाने पर डॉक्टरों को

> अच्छा होगा, यदि हम इस भ्रम में न ही पड़ें कि अब हर चीज का इलाज डॉक्टरों के पास मौजूद है। इसी भ्रम के कारण आजकल हम अस्सी-नब्बे वर्ष के बूढ़े की मौत पर भी अस्पताल में हंगामा मचा देते हैं; एंजियोप्लास्टी के बाद भी हार्ट अटैक हो जाने पर डॉक्टरों को गालियाँ देते हैं तथा लगातार यह बोलते रहते हैं कि डॉक्टर साहब, आप पैसे की चिन्ता मत करो, बस, मरीज ठीक हो जाना चाहिए हमारा।

गालियाँ देते हैं तथा लगातार यह बोलते रहते हैं कि डॉक्टर साहब, आप पैसे की चिन्ता मत करो, बस, मरीज ठीक हो जाना चाहिए हमारा। इस सन्दर्भ में कुछ बातें हमेशा याद रखें।

ज्यादातर बीमारियों में जो भी इलाज उपलब्ध हैं, वे ज्यादातर क्योर या जड़ से बीमारी हटानेवाले नहीं हैं बल्कि फौरी तकलीफ से निजात देनेवाले ही हैं। मैं कुछ बेहद पॉप्युलर इलाजों का उदाहरण यहाँ दूँगा। एंजियोप्लास्टी को ही लें। इस इलाज की बहुत-सी सीमाएँ हैं जो प्राय: आपको समझाई नहीं जातीं। 'बाइपास सर्जरी' का उदाहरण भी एकदम वही है। ज्यादातर हार्ट अटैक के मरीजों या उनके रिश्तेदारों को यह लगता है कि एंजियोप्लास्टी या बाइपास कराने से हार्ट अटैक के बाद अब इनका दिल वापस से एकदम ठीक हो गया है। उनकी इस गलतफहमी को कोई डॉक्टर प्राय: दूर भी नहीं करता। कोई भी उन्हें यह नहीं बता रहा कि एंजियोप्लास्टी तथा बाइपास केवल तात्कालिक समाधान हैं। एंजियोप्लास्टी या बाइपास के बाद भी हार्ट अटैक से जुड़ी जटिल शारीरिक चीजें तो अभी वहीं के वहीं हैं। आपका शरीर अभी भी वही है। आपका मन वही है। जेनेटिक्स वही है। इसीलिए एंजियोप्लास्टी भी बाद में जाकर बन्द हो सकती है। बाइपास में लगाए गए ग्राफ्ट ऑपरेशन के तुरन्त बाद भी बन्द हो सकते हैं। इसीलिए अभी भी हार्ट अटैक का सही इलाज तो उससे बचाव में ही है। खान-पान, व्यायाम, मानसिक शान्ति, कोलेस्ट्राल कम करनेवाली दवाइयाँ—इनसे ही आपकी आयु बढ़ेगी। आज तक चिकित्सा विज्ञान ने यह दावा नहीं किया है कि बाइपास सर्जरी या एंजियोप्लास्टी से मरीज की आयु बढ़ जाएगी। यह बात डॉक्टर इसलिए नहीं बता पाता कि वह अपने ही पेट पर लात कैसे मार सकता है?

एंटीबायटिक्स को लेकर तो मानो बहुत बड़ा कार्निवाल या उत्सव चल रहा है चिकित्सा विज्ञान में। डब्ल्यूएचओ ने इस प्रवृत्ति को रोकने के लिए यह जागरूकता अभियान भी चलाया है कि एंटीबायटिक्स देने में यदि पर्याप्त वैज्ञानिक एहतियात

नहीं बरतोगे तो ये अन्ततः काम करना बन्द कर देंगी, अभी लोगों को (जिनमें कई डॉक्टर भी शामिल हैं) यह खुशफहमी है कि हमारे पास हर इन्फेक्शन को खत्म करनेवाली दवाएँ हैं। मैं चेतावनी दूँगा कि ऐसी कोई उम्मीद न पाली जाए। एक जमाने में प्लेग या हैजे से हजारों लोग मर जाते थे। टीबी भी लाइलाज थी और इस बीमारी से भी लाखों लोग मरते थे। बाद में इन जानलेवा बीमारियों की दवाएँ (एंटीबायटिक्स) आ गईं तो इन बीमारियों का इलाज लगभग बच्चों का खेल हो गया। परन्तु धीरे-धीरे हम पुनः उसी तरफ वापस जा रहे हैं जहाँ ये दवाइयाँ काम नहीं करेंगी क्योंकि जीवाणु उनके अत्यधिक प्रयोग के कारण उनसे रेसिस्टेंट हो रहे हैं। तब? ऐसे में ये महामारियाँ पुनः जानलेवा हो जाएँगी और वापस आकर हजारों को साफ कर सकती हैं। और अकेली एंटीबायटिक तो वैसे भी सीधे असर नहीं करती। बूढ़े, कमजोर, कुपोषित, अन्य बीमारियों से ग्रसित आदमी के इन्फेक्शन में ये दवाएँ वैसे भी उतना काम नहीं कर पातीं। ये अन्ततः आपके शरीर को रोग से लड़ने में सहायता भर करती हैं। हथियार हैं यह। चलाना शरीर को ही है। इसलिए एंटीबायटिक्स को लेकर कोई अन्य खुशफहमी न पालें।

लगभग यही हाल और भी ऐसी खोजों का है जो चिकित्सा विज्ञान ने की हैं। सभी बेहद महँगी हैं। सभी में सौ प्रतिशत की गारंटी नहीं है।

तो क्या हम यह मानें कि चिकित्सा विज्ञान में जो हो रहा है, वह फालतू का तमाशा है? नहीं, ऐसा भी नहीं है। मैं सिर्फ यह कहने की कोशिश कर रहा हूँ कि बहुत बड़ी-बड़ी आशाएँ पालकर डॉक्टर के पास न जाएँ। यह समझें कि हर इलाज की अपनी सीमा है।

चिकित्सा विज्ञान के गणित में यह उलटबाँसी है कि यहाँ दो में दो को जोड़ो तो उत्तर चार से लेकर जीरो तक कुछ भी हो सकता है। सन्देश यह है कि अपना शरीर सँभालकर रखें। अपने बुजुर्गों की शिक्षा की तरफ लौटें। खान-पान, व्यायाम आदि का खूब खयाल करें क्योंकि बचाव ही सही इलाज है।

यार, कोई कब तक और कितनी दवा खाए?

मरीज चार या पाँच तरह के होते हैं। डॉक्टर तीन तरह के होते हैं। दवाइयाँ कई तरह की होती हैं। बहाने सौ तरह के होते हैं। गलतफहमियाँ तरह-तरह की होती हैं। अन्धविश्वास इतने तरह के होते हैं कि तीन क्या, तीन सौ तरह के डॉक्टर भी दूर नहीं कर सकते। और इतनी तरह की इतनी चीजें मिलकर एक और चीज पैदा करती हैं कि 'कोई कब तक दवा खाए?'

प्रश्न बेहद महत्त्वपूर्ण है। पाँच घटनाओं के माध्यम से पाँच तरह के मरीजों को जानें—

- निमोनिया हो गया था। डॉक्टर ने पाँच दिन की एंटीबायटिक दी। फिर वापस आने को भी कहा, पर वे फिर डॉक्टर के पास लौटकर नहीं गए। क्यों? क्योंकि बुखार ठीक हो गया था। थोड़ी-बहुत खाँसी जरूर बची थी पर माना कि वह भी धीरे-धीरे ठीक हो ही जाएगी। फिर? बाद में पुनः भर्ती हुए, निमोनिया बिगड़कर फेफड़ों के फोड़े (लंग एब्सेस) में तब्दील हो गया, उन्हें महीना भर महँगी एंटीबायटिक्स पर रहना पड़ा।
- पेशाब में बार-बार इन्फेक्शन हो जाता था। डॉक्टर ने इस बार कहा कि बीमारी को जड़ से मिटाने के लिए आपको महीने-डेढ़ महीने तक एंटीबायटिक्स लेनी होंगी। मरीज बाहर आकर पत्नी से कहने लगा कि ये आजकल के लौंडेनुमा डॉक्टर ऐसे बेवकूफ हैं कि महीना भर तक एंटीबायटिक देकर हमें मारना चाहते हैं। बाद में इनका क्या हुआ, यह न ही पूछें क्योंकि पेशाब का इन्फेक्शन यदि ठीक नहीं हुआ तो अच्छे-अच्छों की हालत खराब हो जाती है।
- मिर्गी का मरीज था। जहाँ भी, जिसे भी मिले, डॉक्टरों को हरदम गाली देता ही मिले। कहता कि तीन साल से ये डॉक्टर हमें दवाइयाँ खिलाए जा रहे हैं परन्तु मिर्गी का दौरा फिर से लौट-लौटकर आ ही जाता है।

पर क्या यह डॉक्टर गलत है या इस शख्स की ही कोई गलती है? क्या तुम बीच में दवाइयाँ चूक जाते हो? तो इसमें क्या! एक-दो दिन दवा न भी खाई तो पहले महीनों तक खाई है, उसका क्या कुछ भी मतलब नहीं? अब इन्हें कौन समझाए कि मिर्गी की दवा चार-पाँच साल तक, बिना एक टाइम की दवा भी मिस किए, न खाई जाए और जीवन भर, यूँ ही अनियमित दवा खाई जाए तो मिर्गी कभी ठीक नहीं होती। दवाइयाँ उस तरह खाएँ, जैसा डॉक्टर बताए। डॉक्टर से पूछकर, समझकर ही दवा खाएँ।

- कभी हमको भी ब्लड प्रेशर था साहब। बहुत ज्यादा था। हमने दवाइयाँ भी लीं। सात-आठ महीने तक तो नियमित लीं। ब्लड प्रेशर हमेशा ठीक रहने लगा। जब भी रिकॉर्ड कराया, ठीक आया। हमें कोई तकलीफ भी नहीं थी सो हमने दवाई बन्द कर दी। अब सात साल बाद आँखों और पाँव पर ये जरा-सी सूजन दिख रही है और डॉक्टर साब, आप बता रहे हैं कि ब्लड प्रेशर के कारण हमारी दोनों किडनी खराब हो गई हैं, यह तो हद हो गई साहब! हमें तब किसी ने ठीक से बताया ही नहीं था कि जिन्दगी भर ब्लड प्रेशर की दवाएँ खानी होंगी। वैसे भी, कोई आदमी बिना कोई तकलीफ हुए क्यों जिन्दगी भर बीपी की दवा खाएगा? यह तो हद हो गई साहब।
- हमने बाइपास सर्जरी करवाई थी सात साल पहले। सब कुछ ठीक-ठाक था, छह महीने पहले तक। हाँ, ऑपरेशन के बाद शुरू के दो साल दवाइयाँ भी लीं। फिर हमने दवाएँ बन्द कर दीं क्योंकि ऑपरेशन तो हमारा बढ़िया हो ही चुका था। हमें वैसे भी कोई तकलीफ नहीं हो रही थी। अब छाती में दर्द के बाद फिर एंजियो करानी पड़ी और वे दूसरी बार फिर से बाइपास सर्जरी कराने को कह रहे हैं। तो क्या पहला ऑपरेशन गलत हुआ था? हमने यह जायज प्रश्न पूछा, तो डॉक्टर साहब तो एकदम नाराज हो गए। बोले कि गलती आपकी है। बाइपास सर्जरी के बाद भी दवाएँ तो हरदम चलनी चाहिए थीं। यह भी कोई बात हुई साहब! फिर बाइपास सर्जरी कराने का मतलब ही क्या निकला?

इन पाँचों स्थितियों में मरीज ने बिना डॉक्टर की सलाह के दवाइयाँ लेनी बन्द कर दीं और नुकसान भी भुगते, पर इसके बाद भी डर है कि वह फिर से यही गलती

> इन पाँचों स्थितियों में मरीज ने बिना डॉक्टर की सलाह के दवाइयाँ लेनी बन्द कर दीं और नुकसान भी भुगते, पर इसके बाद भी डर है कि वह फिर से यही गलती दोहराए-तिहराए। क्यों होता है ऐसा? क्यों आदमी डॉक्टर के पास जाकर भी दवाओं में गफलत करता है? क्या इसके लिए मात्र मरीज ही जिम्मेदार है?

दोहराए-तिहराए। क्यों होता है ऐसा? क्यों आदमी डॉक्टर के पास जाकर भी दवाओं में गफलत करता है? क्या इसके लिए मात्र मरीज ही जिम्मेदार है?

नहीं, हरदम मरीज की ही गलती हो, यह जरूरी नहीं। फिर किसकी गलती है? इसको समझने के लिए हम तीन तरह के डॉक्टरों की बात यहाँ करेंगे।

एक तो वे होते हैं जो अपने मरीज से कोई बात ही नहीं करते। वे पकड़ा देते हैं कि ये दवाएँ ले लो। कैसे लें? यह सब फार्मेसिस्ट से पूछना। इसके बाद भी मरीज ने कुछ पूछने का दुस्साहस किया तो फटकार दिया कि आप हमारा समय खराब न करें।

दूसरे वे डॉक्टर हैं जो अमेरिकी पैटर्न पर ढेर-सी चीजें छापकर मरीज को उसकी बीमारी से सम्बन्धित इतना सारा साहित्य पकड़ा देते हैं कि आप हमसे न पूछें। बस इसे पढ़ लें, इसमें सब लिखा है। इतनी सूचनाओं में मरीज अपनी बीमारी का असली मुद्दा नहीं पकड़ पाता है। यह मरीज भी उतना ही कन्फ्यूज्ड रहता है जितना पहले नम्बर वाले डॉक्टर का मरीज।

अब बचे तीसरे डॉक्टर साहब। ये वे हैं, जो मरीज की हाँ-में-हाँ मिलाने में परम विश्वास रखते हैं। ये वैज्ञानिक कम, कलाकार किस्म के डॉक्टर ज्यादा हैं। कभी पूछो कि डॉक्टर साहब, एंटीबायटिक का इतना डोज हमें गर्म कर जाएगा, तो डॉक्टर साहब तुरन्त कह देंगे कि फिर तुम इसका आधा डोज ही खा लो यार। मरीज इन तीसरे वाले डॉक्टर से सबसे ज्यादा प्रसन्न रहते हैं।

चौथे किस्म के डॉक्टरों की समस्या है कि उनके पास समय की कमी है। अपने मरीज को वे उतना समय नहीं दे पाते कि मरीज को दवाई पूरे डोज में, पूरे समय तक लेने की शिक्षा दे सकें। फिर मरीजों के अन्धविश्वास और गलतफहमियाँ तो हैं ही। कई गलतफहमियाँ हैं। जैसे कि एलोपैथी दवा गर्मी करती है। यह भी कि जब कोई तकलीफ ही नहीं है तो जीवन भर बीपी या मधुमेह की दवा लेने का क्या मतलब? यह सोच कि यदि हम दवा की आधी डोज ही लें तो आधा असर तो मिलेगा न? कोई समझानेवाला नहीं कि बीपी को रोज कंट्रोल करने के लिए रोज

दवा लोगे तभी लकवे या किडनी फेल्योर को रोक पाओगे। बीपी, मधुमेह आदि की दवाएँ भोजन जैसी हैं। शरीर को इनकी नित्य आवश्यकता है, सो रोज ही खानी पड़ेंगी। एंटीबायटिक उसी डोज में असर करती हैं जितना मेडिकल साइंस कहता है। इनको कम डोज में ले लो तो वे कुछ भी असर नहीं करतीं। आप एंटीबायटिक की तीन की जगह दो गोली खाएँगे तो इन्फेक्शन कभी ठीक ही नहीं होगा।

ले आएँगे बाजार से जाकर दिलो-जाँ और

आदमी का सपना होता है कि वह अमर हो जाए। इधर चिकित्सा विज्ञान का भी सदियों से यही स्वप्न है कि वह जीवन और मृत्यु के रहस्य को पूरी तरह समझ ले। आयुर्वेद, यूनानी से लेकर आधुनिक चिकित्सा विज्ञान तक सदियों से यह कोशिश जारी है। पौराणिक कथाओं में भी इस तरह की कोशिशों का जिक्र है। हम भी अभी तक तो इसे मात्र किस्सा-कहानी ही मानते रहे पर अब यह सिर्फ किस्सों का हिस्सा नहीं रह गई है। बड़ी जल्दी यह एक वास्तविकता में तब्दील होनेवाली है। अजर और अमर होने की कुंजी तलाशने के विज्ञान को 'रीजनरेटिव मेडिसिन' का नाम दिया गया है। 'पुनर्नवा' करने की कला को समझने की कोशिश कर रहा है आज का चिकित्सा विज्ञान।

कोशिश हो रही है कि शरीर का जो भी हिस्सा किसी बीमारी से खराब हो जाए और काम करना बन्द कर दे, तो हम उसे प्रयोगशाला में बनाकर शरीर में फिर से फिट कर सकें, या उसे वहीं शरीर के भीतर ही भीतर किसी कारीगरी से एकदम नया बना दें। कैसा रहे कि शहर में ऐसी दुकानें हों जहाँ आपका लिवर, दिल, फेफड़े, यहाँ तक कि दिमाग भी 'शेल्फ' पर मोटर-पार्ट की भाँति उपलब्ध हो? चचा ग़ालिब ने जो शेर बेवफाई के सिलसिले में कहा था कि 'ले आएँगे बाजार से जाकर दिलो-जाँ और' उसके दूसरी ही तरह से चरितार्थ होने के दिन आ रहे हैं।

वैसे शरीर के खराब अंग को निकालकर किसी और का अंग लगाने की कोशिश तो दशकों से जारी है। किडनी प्रत्यारोपण, हृदय या पैंक्रियाज का प्रत्यारोपण इसी सोच का नतीजा हैं। पर ऐसे प्रत्यारोपण के लिए आपको किसी और शख्स की किडनी या हृदय आदि दान में चाहिए। ऐसे दानवीर बहुत कम मिलते हैं। लाखों किडनी फेल्योर के केस किडनी के लिए प्रतीक्षारत बैठे हैं। लाखों का दिल लगभग बैठा हुआ है। इन्हें प्रत्यारोपण के लिए अंग मिल जाते तो ये भी स्वस्थ जीवन जीते। अभी तो ये सब प्राय: इन्तजार करते-करते मर जाते हैं। इन्हें डोनर नहीं मिल पाते।

पर कभी ऐसा हो पाता कि हम प्रयोगशाला में ही ये सारे अंग बना पाते, तो मनुष्य के जीवन में क्रान्तिकारी बदलाव आ जाता। इसलिए शुरुआती दिनों में, जब जीवन की हमारी समझ उतनी गहरी नहीं थी अर्थात 'न्यूक्लियर बायोलॉजी' का ज्ञान उतना नहीं था, तब एक अलग ही तरह से इसका समाधान खोजने का प्रयास हुआ। यह प्रयास अब भी चल रहा है। यह माना गया कि आदमी का दिल, गुर्दे, लिवर आदि अन्ततः एक मशीन ही तो हैं; ऐसे ही आदमी का दिमाग भी एक कम्प्यूटर या कह लें कि सुपर कम्प्यूटर ही तो है। सो इन अंगों के संचालन को यदि मशीन की भाँति समझ लिया जाए तो क्यों नहीं ठीक वैसी ही एक मशीन बायोइंजीनियरिंग की वर्कशॉप में बना ली जाए? फिर जो भी अंग खराब हो, उसको हटाकर यह मशीनी अंग वहाँ फिट कर दिया जाए?

इस तरह लम्बे समय से मशीनी (मैकेनिकल) दिल आदि बनाने की कोशिशें जारी हैं। ऐसा दिल लगभग बना भी लिया गया है। उतना ही छोटा, उतना ही बढ़िया। छोटी-सी बैटरी से चलनेवाला। प्रायोगिक तौर पर मरीजों पर इसका प्रयोग भी किया गया है। शायद, वह दिन अब बहुत दूर नहीं जब दवा की दुकान पर ऐसा कृत्रिम हृदय कुछ लाख रुपये में उपलब्ध होगा। चलिए, दिल की बात तो भविष्य के गर्भ में है, पर जोड़ तो बना ही लिये गए हैं न! खूब मिल रहे हैं। वर्कशॉप में बने इन घुटनों, कूल्हों या मेरुदंड का प्रत्यारोपण तो आज इतना आम हो गया है कि हम इसे चमत्कार जैसा कुछ मानते ही नहीं। घुटना बदलना कितना सरल तथा प्रभावी हो गया है। शुरुआती दिनों के कृत्रिम घुटने आदि एक सीमा तक ही मुड़ते थे। आज वे उसी रेंज में मुड़ सकते हैं, जैसे कि सामान्य घुटने। इंसुलिन पंप आदि भी ऐसी ही मशीनें हैं। पर एक सक्षम मशीन, जिसे लिवर आदि की जगह लगाया जा सके, अभी सपना ही है। वह बहुत महँगी भी होगी। कुछ साल ही चलेगी। उसमें मेंटेनेंस भी लगेगी। मशीनें फिलहाल तो किसी भी अंग का मुकम्मल स्थान लेती नहीं दिख रही हैं।

एक तरफ तो अंग प्रत्यारोपण विज्ञान विकसित हो रहा है जिसकी राह का सबसे बड़ा रोड़ा डोनर्स अर्थात् अंगदान करनेवालों का अभाव है, तो दूसरी तरफ मैकेनिकल अंगों के निर्माण की कोशिशें हैं जो अभी भी अपने शैशवकाल में ही हैं क्योंकि मानव अंगों की रचना तथा कार्य करने की माया बेहद ही जटिल है, उसे समझे बिना मशीनी अंग बनाना असम्भव है।

इधर एक नई, तीसरी दिशा से चिकित्सा विज्ञान को बड़ी आशाएँ जागी हैं। यह है—स्टेम सेल थेरेपी यानी शरीर से ऐसी कोशिकाएँ निकालना जिनमें कोई भी अंग

बनाने की क्षमता हो। ये कोशिकाएँ ही स्टेम सेल कहलाती हैं। क्या हम शरीर से कुछ कोशिकाएँ लेकर, प्रयोगशाला में उनकी पैदावार (कल्चर) करके लाखों-करोड़ों कोशिकाएँ बना सकते हैं जिन्हें नियंत्रित तरीके से मनचाहे अंग का रूप दिया जा सके? क्या हम आपके शरीर से कुछ कोशिकाएँ निकालकर, उनसे ठीक वैसा ही दिल, किडनी, आँख, पैंक्रियाज, लिवर आदि बना सकते हैं जिनके साथ आप पैदा हुए थे? तो यदि डायबिटीज के रोगी की बीमार पैंक्रियाज को बदल लें तो डायबिटीज की बीमारी खत्म, किडनी लगा दें तो डायलिसिस का झंझट खत्म, लिवर सिरोसिस हो भी गया हो तो जाकर नया लिवर लगवाइए और ठाठ से वापस दारू पीना चालू रखिए; इस तरह जो अंग बनेंगे, वे ठीक आपके पहले अंग जैसे ही होंगे। शरीर द्वारा इन्हें अस्वीकार करने का कोई झंझट ही नहीं जिसका डर अभी दूसरे की किडनी आदि प्रत्यारोपित करने पर बना रहता है। स्टेम सेल थेरेपी का यह सारा विचार ही बड़ा रोमांचित करनेवाला है। तो क्या अमरता की कुंजी चिकित्सा विज्ञान के हाथ लग गई है?

> एक तरफ तो अंग प्रत्यारोपण विज्ञान विकसित हो रहा है जिसकी राह का सबसे बड़ा रोड़ा डोनर्स अर्थात् अंगदान करनेवालों का अभाव है, तो दूसरी तरफ मैकेनिकल अंगों के निर्माण की कोशिशें हैं जो अभी भी अपने शैशवकाल में ही हैं।

शायद, ऐसा ही है। स्टेम सेल का जो विज्ञान है, वह मानव जीवन को अमर न भी कर पाए पर उसी दिशा में एक बड़ा कदम तो जरूर है। अमरता के प्रश्न का एक बड़ा उत्तर स्टेम सेल चिकित्सा में छिपा है।

कब्जियत का रहस्यमय संसार

पेट का साफ न होना कुछ लोगों के लिए एक राष्ट्रीय समस्या से कम नहीं। 'पेट साफ नहीं होता तो दिन भर डकारें आती हैं, डॉक्टर साहब' से लेकर 'कब्जियत इतनी ज्यादा है कि दिन भर हमारा पेट फूला रहता है' तक विभिन्न शिकायतें रोज ही डॉक्टर की क्लीनिक में सुनी जाती हैं। बहुत सारी डॉक्टरी तो कब्जियत के सहारे ही चल रही है; शेष दस्तों पर टिकी है। लोगों का पेट ठीक रहने लगे तो डॉक्टरों के पेट पर लात पड़ जाए। पर ऐसा होता नहीं क्योंकि ईश्वर की डॉक्टरों पर बड़ी कृपा है। अकेले अमेरिका जैसे देश में ही (जहाँ शुद्ध पानी तथा साफ खाना मिलता ही होगा) दस्त के दस करोड़ केस होते हैं; फिर हमारे देश की और हमारी तो पूछो ही मत!

और कब्जियत या कॉन्स्टीपेशन? उसके बारे में आम राय यह है कि कब्जियत ही सारी बीमारियों की जड़ है। लोग साथ में यह भी कहते हैं कि इसका आप कुछ नहीं कर सकते; यह होती है तो होती ही है। तभी तो कब्जियत की शिकायत को डॉक्टर लोग भी बहुत लिफ्ट नहीं देते। जुलाब की गोली या शीशी देकर तथा ज्यादा सलाद खाओ, खूब पानी पियो आदि का पारम्परिक उपदेश देकर मरीजों को वापस कर देते हैं। कब्जियत वाला मरीज यहाँ से वहाँ मारा-मारा फिरता है। कोई उसे सीरियसली नहीं लेता; बल्कि उसी पर दोष मढ़ दिया जाता है कि खाने पर तो आप कोई कंट्रोल करते नहीं और कब्जियत का रोना रोते क्लीनिक-क्लीनिक फिरते हो! हमारे मित्र चौहान साहब तो ऐसे मरीजों को दुत्कार तक देते हैं कि 'यार, चीज तुम्हारे पेट में ही पड़ी है तो पड़ी रहने दो न? अरे, वहाँ कब तक पड़ी रहेगी? निकल आएगी एक दिन। परेशान क्यूँ होते हो? फ्लश का पानी बचा रहे हो, कम खा रहे हो; तुम पेट फूलने के कारण तने-तने घूमते हुए स्मार्ट भी लगते हो और क्या चाहिए यार?'

बहरहाल मैं ऐसी बेमुराद तथा बेमुरौवत कब्जियत के बारे में आज कुछ

बुनियादी बातें आपको बताऊँगा। इसी बहाने यदि पेट के बारे में आप कुछ तथ्य जान जाएँगे तो बढ़िया रहेगा। इन तथ्यों की मदद से कब्जियत जैसी आम परन्तु रहस्यमयी तकलीफ को आप ज्यादा बेहतर ढंग से समझ लेंगे तो फालतू की जाँचों, बार-बार के डॉक्टरी कंसल्टेशन तथा लेक्जेटिव मिसयूज (जुलाब के दुरुपयोग) से बच जाएँगे।

तथ्य-1

मेडिकल साइंस अभी तक यह तय नहीं कर पाया है कि कितनी बार पाखाना जाने को नॉर्मल कहा जाएगा। कोई कितनी बार हाजत की दिशा में जाता है, यह उसकी मानसिक, सामाजिक, सांस्कृतिक तथा पारिवारिक सोच तथा बचपन से लेकर आज तक की ट्रेनिंग का नतीजा होता है। जो दो बार जाते हैं, वे यदि किसी दिन एक बार ही जाएँ तो वे चिन्ता मे पड़ जाते हैं कि कहीं हगें कब्जियत तो नहीं हो रही है? परिवार में यदि माँ-बाप की आदत रोज सुबह पाँच बजे टॉयलेट जाने की है और बच्चा नौ बजे तक नहीं जाए तो उसे कब्जियत का शिकार घोषित किया जा सकता है। ऐसे में घर में यदि कोई मेहमान या बहू ऐसी पधार जाए जिसकी आदत दो दिन में एक बार ही पाखाना जाने की हो तो सारा परिवार उसे कब्जियत का बीमार मान लेगा। पर ऐसा नहीं है। यदि कोई सप्ताह में कम-से-कम तीन बार भी पाखाना जाता है तो इसे मेडिकली नॉर्मल माना जाएगा।

तथ्य-2

मात्र कम बार पाखाना जाने को ही कब्जियत नहीं कहा जाता। इलाज की दरकार के लिए मेडिकली हम कॉन्स्टीपेशन उसी स्थिति को कहते हैं जब करने में देर लगे, बहुत जोर लगाना पड़े, मल सख्त हो या गोलियों जैसा गोल-गोल हो और हो जाने के बाद भी 'पेट पूरा साफ नहीं हुआ' जैसा महसूस हो और प्राय: रोज-रोज हो, तभी वह कब्जियत की बीमारी है। कभी-कभार हो जाए तो यह अपने-आप ही ठीक हो जानेवाली चीज है। तो मल का सख्त होना, कठिनाई से होना और जोर लगाने की आवश्यकता होना तथा ये रोज-रोज होना ही कब्जियत है।

> और कब्जियत या कॉन्स्टीपेशन? उसके बारे में आम राय यह है कि कब्जियत ही सारी बीमारियों की जड़ है। लोग साथ में यह भी कहते हैं कि इसका आप कुछ नहीं कर सकते; यह होती है तो होती ही है। तभी तो कब्जियत की शिकायत को डॉक्टर लोग भी बहुत लिफ्ट नहीं देते।

तथ्य-3

कब्जियत की समस्या प्राय: खाने में सलाद या फाइबर की अच्छी मात्रा न लेने, पानी व अन्य द्रव कम लेने, भागदौड़ के कारण टॉयलेट में कम टाइम देने से होती है। ऑफिस को लेट हो रहे हैं। टॉयलेट से निकलकर बच्चों का टिफिन भी तुरन्त तैयार करना है जैसी चिन्ताओं में मुब्तिला शख्स वहाँ बैठते ही वहाँ से उठने की फिराक में रहता है। पाखाना होने का सारा सिस्टम ही आपके रिलैक्स होने से जुड़ा हुआ है। हो नहीं रही और आप घड़ी पर नजर रखकर उसे धमका रहे हैं कि तू तुरन्त नहीं निकली तो ठीक नहीं होगा! ऐसे में आपकी प्यूबोरेक्टेलिस नामक मांसपेशी तथा गुदाद्वार का स्फिक्टर और भी सिकुड़कर (जकड़न में जाकर) आती हुई को भी नहीं आने देते। तो पाखाने के लिए उचित समय दें। रिलैक्स हों। तब शायद आपको कब्जियत ही न हो। दस से पन्द्रह मिनट तक वहाँ इत्मीनान से बैठें। टॉयलेट में समय दें। जल्दबाजी न करें।

तथ्य-4

यदि जीवन भर तो बढ़िया करते रहे और अब अचानक ही पिछले दो-तीन माह से तगड़ी कब्जियत है तो फिर इसे कतई नजरअन्दाज न करें। विशेष तौर पर यदि इसके साथ ही भूख भी खत्म हो गई हो या वजन गिरने लगे या मल में जरा-सा भी खून आए तब तो एकदम से सतर्क हो जाएँ। यदि ऐसा कुछ न हो तो भी अचानक आ गई कब्जियत के लिए डॉक्टरी जाँच अवश्य करा लें। आँतों में कैंसर के ट्यूमर किसी क्रॉनिक इन्फ्लेमेटरी बीमारी आदि के कारण भी ऐसा हो सकता है। इस तरह की कब्जियत को गम्भीरतापूर्वक लेना चाहिए और पूरी जाँचें करवा लेनी चाहिए।

तथ्य-5

कब्जियत के 95 प्रतिशत मरीजों को जाँच करने पर भी कोई गम्भीर बीमारी नहीं निकलती। इनको ठीक भोजन करके, खूब पानी पीकर, ध्यान आदि करके, योग द्वारा तथा टॉयलेट में नियमित पर्याप्त समय देकर ठीक किया जा सकता है। यदि आप कब्जियत से परेशान हैं तो प्रायः सम्भावना यही रहती है कि आप इसी 95 प्रतिशत में आते होंगे। सो यह मानकर न चलें कि यह किसी गम्भीर बीमारी की शुरुआत है।

तथ्य-6

कब्जियत के मरीजों में पाँच प्रतिशत ऐसे जरूर होते हैं जिन्हें जाँचों की आवश्यकता पड़ती है। इनमें से भी एक-तिहाई की जाँचों में अन्ततः कोई कारण नहीं निकलता।

तथ्य-7

कई बेहद कॉमन दवाएँ भी कब्जियत का कारण हो सकती हैं। यदि आप कोई दवा ले रहे हों तो अपने डॉक्टर को बताकर पूछ लें या बेहतर हो कि आप स्वयं ही उस दवाई के साथ आनेवाला पर्चा (रैपर) पढ़कर उसके साइड इफेक्ट्स पढ़ लें कि कहीं यह दवा कब्जियत तो नहीं करती? एम्लोडेपिन, डिलजेम, कैल्शियम चैनल ब्लाकर नामक दवाइयाँ जो आजकल ब्लड प्रेशर तथा हृदय रोग में खूब लिखी जाती हैं, ऐसी ही कुछ दवाइयाँ हैं। डिप्रेशन स्वयं भी कब्जियत करता है पर डिप्रेशन की दवाइयाँ भी ऐसा कर सकती हैं। तो कब्जियत रहने लगी हो तो अपनी दवाइयों के साइड इफेक्ट्स जरूर देख लें।

तथ्य-8

लम्बे समय से बिस्तर पर पड़े मरीज, अस्पताल में भर्ती मरीज, गर्भवती स्त्री आदि में कब्जियत होना एक आम बात है। हाइपोथायरॉइड के

मरीज, पार्किंसंस के मरीज, अवसादग्रस्त मरीजों में भी यह होता ही है। साथ ही नाटकबाजी कर रहे व्यक्ति में भी यह हो सकता है। यदि मल-द्वार पर किसी कारण दर्द हो (फिशर, भगंदर, बवासीर आदि) तो भी कब्ज हो जाती है।

तथ्य-9

उम्र बढ़ने के साथ आदमी की पेल्विक फ्लोर (पैंदे की मांसपेशियाँ) ढीली हो जाती हैं, औरतों में तो विशेष तौर पर। ऐसे में रेक्टम (गुदा की आँत) ढीली होकर टेढ़ी हो जाती है। इस तरह उम्र के साथ कब्जियत आ सकती है। इसे पेल्विक फ्लोर मसल्स आदि के व्यायाम या ऑपरेशन द्वारा ठीक किया जा सकता है।

तो क्या समझे?

यही कि कब्जियत बड़ी उलझी हुई चीज है। यह नॉर्मल-सी चीज भी हो सकती है और सीरियस भी?

बुढ़ापा कोई बीमारी नहीं है

बुढ़ापा अपने-आपमें कोई बीमारी नहीं है लेकिन बुढ़ापे में बीमार पड़ने की आशंकाएँ बढ़ जाती हैं। 'मनुज बली नहीं होत है, समय होत बलवान' वाली बात बुढ़ापे पर भी फिट करके देख सकते हैं। बुढ़ापे को यदि मैं चिकित्साशास्त्र के हिसाब से परिभाषित करने की कोशिश करूँ तो गोलमोल-सी बात यह कहूँगा कि किसी भी जीव का बूढ़ा होना एक निरन्तर तथा सार्वभौमिक घटना है जिसमें उस जीव की कार्यक्षमता स्थूल से लेकर सूक्ष्म स्तर (यानी उसकी कोशिकाएँ) तक घटती चली जाती है; शरीर का हर कार्य, उसकी पूर्व क्षमता से नीचे चलने लगता है। कम होते-होते यह एक दिन बन्द हो जाता है, और जीवन समाप्त। इस तरह धूमधाम से चल रही यह जीवन नामक दुकान एक दिन बन्द हो जाती है।

याद रहे कि एक बार यह बुढ़ापा शुरू होता है तो बड़ी तेजी से बढ़ता ही जाता है। शरीर की पाचन-क्रिया, हड्डियाँ, रोगों से लड़नेवाला प्रतिरोधी सिस्टम—सब कुछ कमजोर होने लगता है। इसीलिए तो बुढ़ापे में बीमार पड़ने की आशंका भी बढ़ जाती है। और जो बीमार पड़े तो फिर ठीक होने में भी देरी होती है।

तो क्या हम बुढ़ापे को एक असाध्य रोग मान लें?

नहीं। हमने तो शुरू में ही कहा कि बुढ़ापा स्वयं में तो कोई बीमारी ही नहीं है। एक तो यह बताना जरूरी है कि कुछ व्याधियाँ बुढ़ापे की ही होती हैं, या कहें कि बुढ़ापे में ज्यादा होती हैं। जैसे कि चलने में लड़खड़ाना, स्मृति का कम होते जाना आदि। हम इन्हें सठियाना या बुढ़ौती कहकर नजरअन्दाज न करें। दवाइयों आदि के माध्यम से उन्हें शुरू के स्टेज में ही ठीक या नियंत्रित किया जा सकता है। हमारे देश में कई बुजुर्ग मात्र इस कारण विकलांगों जैसा जीवन जी रहे हैं कि हमने मान लिया है कि बुढ़ापे में तो नजरें कमजोर हो ही जाती हैं, कान से सुनाई देना बन्द हो ही जाता है, आदमी पगला जाता है और घुटने आदि में तो दर्द होगा ही। मोतियाबिंद का ऑपरेशन, चश्मा, कानों में सुनने की मशीन, डिमेंशिया की दवाइयाँ, घुटना

बुढ़ापे से जुड़ी एक बात सदियों से मानव जाति को आकर्षित करती रही है। वह यह कि क्या कोई ऐसी दवा, रसायन, काला जादू या जड़ी-बूटी नहीं है जो आदमी को बूढ़ा ही न होने दे? चिर यौवन—मानव मन का एक बड़ा सपना है

बदलने का ऑपरेशन—कई इलाज हैं जो बूढ़े लोगों को पुनः जीवनशक्ति दे सकते हैं। दुनिया में बूढ़ों की संख्या बढ़ रही है। ये स्वस्थ रहेंगे तो समाज में अपना कुछ योगदान भी देंगे। यदि हम ध्यान नहीं देंगे तो बुढ़ापा तथा बूढ़े लोग समाज पर बोझ तथा समस्या बनकर समाज को चुनौती देनेवाले हैं। डॉक्टरों तथा समाज को यह समझना ही होगा कि जैसे बच्चों के डॉक्टर से बच्चे तथा बच्चों की बीमारियाँ एकदम अलग नजरिया माँगते हैं, वैसे ही कदाचित् बूढ़ों का इलाज करनेवाले डॉक्टरों की भी अलग से ट्रेनिंग चाहिए।

बुढ़ापे की समस्या विकराल है। चुनौती भी बड़ी है। आदमी की औसत आयु बढ़ रही है। सन् 1900 से आज तक इसमें तीस साल का इजाफा हुआ है। पूरी दुनिया में, सन् 2050 तक पहुँचते-पहुँचते लगभग 97.4 करोड़ लोग पैंसठ साल के आसपास के होंगे। इनकी स्वास्थ्य-समस्याएँ भी एकदम अलग-सी होंगी। इनमें से ज्यादातर बूढ़े विकासशील देशों में ही होंगे क्योंकि यहाँ जनसंख्या ज्यादा है। अभी देखें तो 80 वर्ष से ऊपर की कुल आबादी का मात्र 13 प्रतिशत अमेरिका में हैं तो 40 प्रतिशत से ज्यादा एशिया में। इनमें भी औरतें आदमी से ज्यादा जीती हैं। ये बूढ़े प्रायः बीमार होकर खटिया पकड़े रहते हैं और हम भी मान लेते हैं कि यह सब तो बुढ़ापे का अनिवार्य हिस्सा है। बूढ़े अपने आखिरी दिन गिनते रहते हैं, और हम भी जाने-अनजाने उनके बचे हुए दिन ही गिनते रहते हैं। डॉक्टरों के पास इतना समय तथा धैर्य नहीं कि बूढ़ों की समस्याएँ समझें। कदाचित् उनमें उस संवेदना की भी कमी है। एक बूढ़ा मरीज तीन जवान मरीजों के बराबर समय लेता है। उससे उसकी बीमारी के बारे में पूछना ही डॉक्टर के लिए एक अग्नि परीक्षा होती है। वह ऊँचा सुनता है। डॉक्टर की बात सुनता ही नहीं। अन्दाज से समझने की कोशिश करता है। फिर वह अपनी बातें बताते हुए कभी भी बहक जाता है। अभी की बात करते-करते वह सन् छत्तीस की बातें करने लगता है। वह परीक्षण कोच पर चढ़ने, लेटने में ही दस मिनट खराब कर डालता है। बूढ़े आदमी की जाँच करने के लिए डॉक्टर में बड़ा ही धैर्य चाहिए, संवेदना भी। इसी चक्कर में बूढ़े या तो लक्षणों के आधार पर किए जानेवाले इलाज लेने को अभिशप्त होते

हैं या अस्पताल और घर, दोनों जगहों पर दुत्कारे जाते हैं...।

बुढ़ापे से जुड़ी एक बात सदियों से मानव जाति को आकर्षित करती रही है। वह यह कि क्या कोई ऐसी दवा, रसायन, काला जादू या जड़ी-बूटी नहीं है जो आदमी को बूढ़ा ही न होने दे? चिर यौवन—मानव मन का एक बड़ा सपना है जो हम नित्य ही अपनी खुली आँखों से देखते हैं। क्या वास्तव में ही कहीं कुछ ऐसा उपलब्ध है? क्या बुढ़ापे की आमद को किसी चिकित्सीय चमत्कार से रोका जा सकता है? क्या आदमी और भी लम्बा जी सकता है? आप इस सन्दर्भ में यहाँ-वहाँ ऐसे कई विज्ञापन तथा दावे पढ़ते-सुनते ही रहते हैं। पर सही बात यह है कि ऐसी कोई दवा या तरीका अभी तक तो चिकित्सा विज्ञान के हाथ नहीं लगा है। हाँ, शोध करते-करते यह जरूर पाया गया है कि आदमी के जीवन की सारी कुंडली उसकी कोशिकाओं में दर्ज है। कोशिका का मतलब? सूक्ष्मदर्शी यंत्र से ही देखे जा सकें, ऐसे सेल। इन्हें शरीर की ईंटें कह लें। हमारा शरीर सूक्ष्म स्तर पर ऐसी अनगिन कोशिकाओं से बना है। यह भी पाया गया है कि जवान आदमी की पुरानी कोशिकाएँ हटती जाती हैं और नई कोशिकाएँ बनती चली जाती हैं। बूढ़े आदमी की कोशिकाएँ यही काम बेहद धीमे-धीमे करती हैं। तो क्या 'सेल डिवीजन' द्वारा नई कोशिकाएँ न बन पाना ही बुढ़ापा पैदा करता है? क्या कोई दवा इस काम की गति को बढ़ाकर बुढ़ापा रोक सकती है? कीड़े-मकोड़ों तथा चूहों की कोशिकाओं के डीएनए को बदलकर देखा गया है कि डीएनए में प्रायोगिक कारस्तानी करने पर वे तत्काल बूढ़े हो गए। इंसुलिन जीन्स 55 पर भी काम चल रहा है, नर्व (nerve) सेल्स पर भी। इनमें छेड़छाड़ करने पर पाया गया कि कीड़ों की उम्र बढ़ गई! प्रोजेरिया नामक बीमारी से ग्रसित उन मरीजों का भी खूब अध्ययन किया जा रहा है जो बारह-तेरह वर्ष की उम्र में ही बूढ़े हो जाते हैं। क्या हो जाता है इन्हें? उन जातियों-प्रजातियों का भी अध्ययन चल रहा है जो औसतन सौ साल तक ठाठ से जीते हैं...।

तो शायद भविष्य में कभी बुढ़ापे को रोका या टाला भी जा सके। तब तक यह मान लें कि बुढ़ापा कोई बीमारी नहीं। बुढ़ापे को भी स्वस्थ रहकर गुजारा जा सकता है।

बुढ़ापे में भी स्वस्थ रह सकते हैं

सबका बुढ़ापा आना तो तय है। फिलहाल चिकित्सा विज्ञान इसे रोक पाने में असमर्थ है। पर यह कतई आवश्यक नहीं कि बुढ़ापे के साथ बीमारियाँ भी जरूर आएँगी; प्रकृति ने ऐसी कोई 'पैकेज डील' नहीं दी है। बुढ़ापे में भी स्वस्थ रहा जा सकता है बशर्ते हम इस उम्र की सीमाओं को समझें। क्या हैं वे सीमाएँ? फिर कौन-सी बीमारियाँ हैं जो बुढ़ापे में ही ज्यादा होती हैं? उनसे कैसे बचें? उनके रहते हुए भी बूढ़े कैसे स्वस्थ रहें? हम इनमें से ही कुछ बातें बताने की कोशिश करेंगे—

खानपान

अक्सर पूछा जाता है कि बुढ़ापे में क्या खाएँ, क्या न खाएँ? उम्र बढ़ने के साथ हमारे शरीर में कैलोरी की आवश्यकता कम होती जाती है इसीलिए हमारी खुराक भी कम हो जाती है। जवानी में कभी हम जितना भकोसकर खाते थे, यदि बुढ़ापे में भी उतना ही खाते रहें तो वजन बढ़ने का डर रहता है और कम खाएँ तो कुपोषण का खतरा रहता है। बुढ़ापे में प्यास भी कम हो जाती है तो डिहाइड्रेशन का भी खतरा बन जाता है। इसीलिए प्यास न लगने पर भी पानी पर्याप्त मात्रा में पीते रहें। इस उम्र में विटामिन-डी, कैल्शियम तथा बी$_{12}$ की कमी भी आम बात है। किसी आहार विशेषज्ञ की सलाह भी लेने में कोताही न करें।

व्यायाम

मानसिक और शारीरिक श्रम करना कभी न छोड़ें। रोज कम-से-कम पन्द्रह मिनट तो जरूर घूमें। साइकिल भी चला सकते हैं। तैर भी सकते हैं। कभी स्ट्रेचिंग, बैलेंस तथा सीमित भारोत्तोलन के व्यायाम भी करें। हमेशा बैठे न रहें। एक्टिव रहें। ऐसा

करेंगे तो आप बुढ़ापे में मन से भी स्वस्थ रहेंगे। अकेले न कर सकें तो अपना एक ग्रुप बनाकर सामूहिक व्यायाम किया करें।

नियमित मेडिकल जाँच

यदि आप पहले से ही बीपी, मधुमेह आदि से ग्रस्त हैं, तब तो उनकी नियमित जाँच चाहिए ही। इसके अलावा आप यदि दो विशेष टीके भी लगवा लेंगे तो ठीक होगा। आजकल इन्फ्लुएंजा वैक्सीन आती है। यह हर साल लगवा सकते हैं। न्यूमोकोकस वैक्सीन दो से चार साल में एक बार ही लगवानी है जो आपको इन्फेक्शन से बचाएगी। टिटनेस की वैक्सीन दस साल के अन्तराल पर चाहिए। हड्डियाँ कमजोर तो नहीं हो रहीं, इसके लिए डीएक्सए नामक एक्स-रे जाँच होती है। बूढ़ी औरतों में ब्रेस्ट कैंसर की आशंका 25 फीसदी बढ़ जाती है। इसीलिए बूढ़ी औरतें अपनी मेमोग्राफी भी कराएँ तथा स्वयं अपने स्तनों की जाँच सीखकर नियमित यह काम भी करें। आजकल पीएसए नाम की खून की जाँच द्वारा प्रोस्टेट कैंसर की आशंका का पता करने का ट्रेंड है। डॉक्टर कहे तो यह जाँच भी कराएँ।

गिरने की आशंका

उम्र बढ़ने के साथ-साथ आदमी का सन्तुलन गड़बड़ाने लगता है। बूढ़े शख्स की गिरने की आशंकाएँ बढ़ जाती हैं; मान लें कि 65 वर्ष वालों में 35 फीसदी तो 80 वर्ष से ऊपर वालों की लड़खड़ाकर गिरने की आशंका 50 फीसदी तक बढ़ जाती है। ऐसा कई कारणों से होता है। घुटनों में आस्टिपोआर्थाइटिस (गठिया), मांसपेशियों की ताकत का कम होना, दिमाग की नसों में रक्त प्रवाह की कमी, आँखों की रोशनी का कम हो जाना आदि कारण तो हैं ही, बहुत बड़ा कारण विभिन्न दवाइयों का सेवन भी हो सकता है।

सठियाना

मान लिया गया है कि घर में बूढ़ा आदमी है तो वह कभी तो अंट-शंट बातें भी करेगा ही। बहकी बातें, बहका-सा व्यवहार। हम इसे बुढ़ापे का ही हिस्सा मानते हैं। यह सही धारणा नहीं है। उम्र बढ़ने के साथ ऐसा कुछ नहीं है कि आदमी का

> बुढ़ापे के साथ बीमारियाँ भी जरूर आएँगी; प्रकृति ने ऐसी कोई 'पैकेज डील' नहीं दी है। बुढ़ापे में भी स्वस्थ रहा जा सकता है बशर्ते हम इस उम्र की सीमाओं को समझें।

दिमाग गड़बड़ा ही जाएगा। हाँ, इस उम्र में अकेलापन, तनाव, डिप्रेशन आदि की सम्भावना ज्यादा रहती है जो सामाजिक तथा पारिवारिक स्तर पर सक्रिय रहकर रोकी जा सकती है। सबसे मेलजोल रखें। सामाजिक कार्यों से जुड़ें। इनसे आपकी मानसिक सक्रियता बढ़ेगी। यदि घर का कोई वृद्ध सदस्य अचानक ही बहकी बातें करने लगे, आसपास की चीजें न पहचाने, मानसिक रूप से अचानक ही गड़बड़ा जाए तो यह किसी सीरियस बीमारी का लक्षण है। निमोनिया, खून में शक्कर की कमी से लेकर स्ट्रोक आदि का लक्षण भी हो सकता है। बुढ़ापे में यदि याददाश्त जाने लगे, व्यवहार बदले तब यह डेमेंशिया भी हो सकता है। इसके लिए डॉक्टरी सलाह जरूर लें। मानसिक लक्षणों को सठियाना मानकर नजरअन्दाज न करें।

पेशाब पर नियंत्रण न रह जाना

बुढ़ापे की यह एक आम तकलीफ है जिसे बूढ़े लोग संकोच तथा शर्मवश छुपाते रहते हैं। औरतों में तो विशेष तौर पर। पेशाब कपड़ों में ही हो जाना कम या ज्यादा। कई बार तो खाँसने, छींकने या हँसने पर भी ऐसा हो जाता है। घर में बूढ़ा व्यक्ति हो तो उससे इस बाबत पूछते रहना चाहिए। बूढ़े व्यक्ति को भी यह बात घर वालों से छिपानी नहीं चाहिए। यह प्रोस्टेट की बीमारी, पेशाब के इन्फेक्शन, बच्चेदानी के ढीले होने, पथरी की बीमारी, पेल्विस की मांसपेशियाँ ढीली हो जाने, न्यूरोलॉजी की समस्या आदि का भी लक्षण हो सकता है। और इन सब बीमारियों की प्रभावी दवाएँ मौजूद हैं, और ऑपरेशन भी सम्भव है।

प्रेशर की जगहों पर घाव या छाले

बूढ़े व्यक्ति प्राय: बैठे या लेटे रहते हैं। उनकी खाल भी नाजुक होती है। बैठे-बैठे या लेटे-लेटे, हड्डियों का दबाव जब खाल पर लम्बे समय तक पड़ता है तो इस प्रेशर की जगह पर घाव हो सकते हैं—पीठ पर, एड़ी पर, टखनों पर। ये घाव आसानी से भरते भी नहीं। ये बिगड़ जाएँ तो यहाँ का इन्फेक्शन फिर पूरे शरीर में फैलकर

जानलेवा सेप्टीसीमिया तक बन सकता है। पक जाने पर इनका घाव बेहद गहरा भी हो सकता है। इसलिए लगातार एक ही जगह बैठे या लेटे न रहें। घाव हो ही गया हो तो उसे पकने से बचाएँ। उसकी ड्रेसिंग आदि कराएँ।

यह दुर्घटना-सम्भावित उम्र है

उम्र बढ़ती है तो शरीर में कई बातें ऐसी होती हैं जो दुर्घटना को बढ़ावा देती हैं; सन्तुलन गड़बड़, आँखों की रोशनी कम, साथ ही शरीर तथा मस्तिष्क के 'रिफ्लेक्स' सुस्त पड़ जाते हैं जिससे ड्राइविंग करते समय 'रिएक्शन टाइम' ज्यादा हो जाता है। समय पर यह निर्णय नहीं ले पाते कि ब्रेक मारना था कि एक्सीलेटर दबाना था! बुढ़ापे में ज्यादा सतर्क रहकर ड्राइविंग करने की आवश्यकता है। हेलमेट तो अवश्य ही पहनें। इस उम्र में सिर की हल्की चोट, हल्की-सी ठनक तक भी दिमाग को गम्भीर चोट पहुँचा सकती है।

तो ठाठ से बूढ़े होइए। बस, अपना ध्यान रखिए। स्वयं को जवानों से कम मत मानें, पर उनसे ज्यादा भी मत मान बैठिए।

बीमारियों की गलतफहमियाँ और गलतफहमियों की बीमारी

यूँ तो गलतफहमियों के अन्तहीन सिलसिले का नाम ही जिन्दगी है, लेकिन कुछ गलतफहमियाँ आपकी जिन्दगी पर भारी पड़ सकती हैं। क्या ये गलतफहमियाँ मात्र अशिक्षित व्यक्तियों की गलतफहमियाँ हैं? नहीं, हम यहाँ जिन भ्रमों की बात करेंगे वे ढेरों पढ़े-लिखे लोगों में भी उतनी ही शिद्दत से व्याप्त हैं। एक बार को अनपढ़ तो शायद हमारे समझाने से समझ भी जाएँ परन्तु पढ़े-लिखे तथाकथित समझदारों को इन मामलों में सही रास्ता दिखाना नामुमकिन-सा होता है क्योंकि ज्ञान की भी अन्धविश्वासनुमा सीमाएँ होती हैं। आज हम कुछ बेहद प्रचलित गलतफहमियों को दूर करने की नादान कोशिश करके देखते हैं। गलतफहमियाँ ये हैं—

कि बाइपास सर्जरी का मतलब अमृत छकने जैसा है

आजकल कई दिल के रोगियों की बाइपास सर्जरी हो जाती है। यह काफी सामान्य-सी घटना हो गई है आजकल। लोग छाती खोलकर दिखा देते हैं कि हमारी भी हुई है। उसी छाती को ठोककर वे यह भी कह डालते हैं कि अब हमें हार्ट अटैक का कोई डर नहीं है क्योंकि हमने तो यह (बाइपास सर्जरी) कराके दिल में एकदम नई नलियाँ डलवा ली हैं। भैया, ऐसी गलतफहमी कतई न पालें। आपको डॉक्टर बताए या शायद न बताए, पर यह बात मेडिकल विज्ञान में भी सर्वसहमति से स्वीकृत है कि कुछ बेहद जटिल किस्म की स्थितियों के सिवाय (जैसे हृदय की बाईं मुख्य नली का बन्द होना) बाइपास सर्जरी से आपकी उम्र नहीं बढ़ती। यह केवल एक राहत देनेवाली विधि मात्र है। जो 'बाइपास ग्राफ्ट' लगाए जाते हैं, कुछ माह या कुछ साल बाद खराब भी हो सकते हैं।

इन बाइपास ग्राफ्टों की एक छोटी उम्र होती है जिसे बढ़ाने की जिम्मेदारी मूलत:

मरीज की है। यदि वह बाइपास के बाद डॉक्टर की बताई दवाएँ लेगा, परहेज करेगा, बताए गए व्यायाम आदि करेगा तो ये ग्राफ्ट लम्बे चलेंगे। नहीं करेगा तो ये नलियाँ कभी भी बन्द हो सकती हैं। इस तरह मरीज को दोबारा, तिबारा भी हार्ट अटैक हो सकते हैं। तब ऐसे में यह न मान लें कि हमारा तो ऑपरेशन ही डॉक्टर ने गड़बड़ कर दिया था वरना हमारे चाचाजी का तो ऐसा बढ़िया हुआ था कि पन्द्रह साल से आज तक बढ़िया चल रहे हैं। कभी चाचाजी से पूछिए तो सही बात पता चलेगी। आप सर्जरी के बाद से दवाएँ लेते नहीं, तम्बाकू लेना आपने बन्द नहीं किया, बिस्तर पर लोंदे की तरह पड़े रहते हैं—और सोचते हैं कि सारी जिम्मेदारी बाइपास सर्जरी ही उठा लेगी—तो आप यह गलत सोचते हैं। यह कोई 'फिक्स डिपॉजिट स्कीम' नहीं है कि उसमें एक बार बड़ी रकम जमा करके फिर जीवन-भर उसका ब्याज खाएँगे। स्वास्थ्य तो रोज कमाना पड़ता है। आपके बाइपास ग्राफ्ट बन्द न होने पाएँ, इसके लिए बताई गई दवाएँ लें, परहेज करें, व्यायाम करें। याद रखें कि बाइपास सर्जरी एक अस्थायी हल मात्र है।

कि ब्लड प्रेशर की दवाएँ चालू या बन्द की जा सकती हैं

उच्च रक्तचाप, जिसे हाई बीपी भी कहते हैं, इससे जुड़े भ्रम से ज्यादा भ्रम शायद ही किसी अन्य बीमारी के बारे में पाए जाते हों! हर आदमी को गलतफहमी है कि उसे इस बीमारी का सब पता है। हाई बीपी को लेकर कुछ गलतफहमियाँ आम हैं।

ब्लड प्रेशर बढ़ा था, दवाइयाँ लीं तो बीपी ठीक आ गया, फिर हमने दवाइयाँ बन्द कर दीं, क्यों? क्योंकि जितनी बार भी हमने चेक कराया, बीपी ठीक ही आता रहा। अब जब बीपी ठीक चल रहा हो, तो दवाएँ क्यों लेना?

आपका बीपी अगर एक बार ज्यादा हुआ, तो फिर इसकी दवाएँ जीवन-भर नियमित खानी ही पड़ेंगी। जब तक गोलियाँ खाएँगे, तभी तक बीपी कंट्रोल में रहेगा। दस साल दवाएँ खाने के बाद भी यदि दवाएँ दो दिन के लिए भी बन्द करेंगे, तो बीपी वापस बढ़ जाएगा। बीपी इस बात का लिहाज नहीं करता कि आप पहले दस साल दवाएँ खा चुके हैं तो आपको कोई कंसेशन दे दे!

ऐसे मरीज भी हैं जो दावा करते हैं कि उनको तो पता चल जाता है कि कब उनका बीपी बढ़ा है और कब बीपी ठीक है। कैसे? 'बस, फील हो जाता है साहब।' ये लोग फीलिंग के हिसाब से दवाएँ लेते हैं, जब लगता है कि आज हमारा बीपी ज्यादा होना चाहिए, तो दवाएँ ले लेते हैं। बस। न तो रिकॉर्ड कराने का झंझट, न

योगा बेहद लाभप्रद है पर वह वॉकिंग, जॉगिंग, तैरने, साइकिलिंग का पर्याय नहीं बन सकता। ऐसे ही टुकड़ों-टुकड़ों में दिन-भर भी भागते-दौड़ते रहें तो वह व्यायाम नहीं बन जाता।

रोज दवाएँ लेने का। इनको मेरी सलाह है कि खुद को इस तरह झाँसा न दें। जान लें कि फील करने का ऐसा कोई भी तरीका नहीं है जिससे आपको पता लग सके कि आपका बीपी कितना है। इसे रिकॉर्ड ही करवाना पड़ता है। यदि इस तरह से बीपी की दवाएँ लेंगे तो किसी दिन आपको लकवा हो जाएगा या धीरे-धीरे आपके गुर्दे खराब हो जाएँगे।

कि हम तो योगा करते हैं सो व्यायाम करना आवश्यक नहीं

व्यायाम को लेकर बड़े भ्रम हैं। कुछ लोग तो कोई भी व्यायाम सिर्फ इसीलिए नहीं करते क्योंकि 'हम तय ही नहीं कर पाते सर, कि हम कौन-सा व्यायाम करें?' कुछ लोग इसलिए टहलना, जॉगिंग या अन्य व्यायाम नहीं करते क्योंकि वे तो नियमित अनुलोम-विलोम आदि योगा करते ही हैं। कुछ लोग सुबह टाइम न मिलने के कारण फिर किसी भी टाइम व्यायाम नहीं करते क्योंकि घूमना तो सुबह का ही कहाता है, तो कुछ लोग इसीलिए व्यायाम नहीं करते क्योंकि 'दिन भर नौकरी में ही इतनी दौड़भाग हो जाती है सर, कि हमारा तो वहीं व्यायाम हो जाता है।'

योगा बेहद लाभप्रद है पर वह वॉकिंग, जॉगिंग, तैरने, साइकिलिंग का पर्याय नहीं बन सकता। ऐसे ही टुकड़ों-टुकड़ों में दिन-भर भी भागते-दौड़ते रहें तो वह व्यायाम नहीं बन जाता। दिन-भर सक्रिय रहें, यह अच्छा है। काम की जगह पर चलना पड़ता है तो जरूर चलें। लिफ्ट की जगह सीढ़ियाँ लें। यहाँ से वहाँ पैदल ही जाएँ, पास की मार्केट या दोस्त के घर पैदल ही जाएँ। पर इन सारी गतिविधियों को व्यायाम न मान लें। व्यायाम इन सबसे अलग करना होगा। व्यायाम के लिए अलग से आधा घंटा निकालें। हाँ, व्यायाम के अलावा दिन-भर भी शारीरिक रूप से सक्रिय रहें। योगा भी करें। बस, इतना याद रखें कि ये तीनों बातें अलग हैं। इनमें से कोई एक कर रहे हैं, तो और चीजें छोड़ी जा सकती हैं, ऐसा कतई नहीं है।

खत्म ही नहीं होती गलतफहमियों की फेहरिस्त

यहाँ हम स्वास्थ्य तथा विभिन्न बीमारियों को लेकर फैली आम गलत-फहमियों की चर्चा कर रहे हैं। तो कुछ और ऐसी ही गलतफहमियों की चर्चा हो जाए।

एंटीबायटिक्स 'गरम' करती हैं

आपको कोई इन्फेक्शन हो जाए तो डॉक्टरों के हाथ में 'एंटीबायटिक्स' नाम का एक बड़ा कारगर हथियार मौजूद है। वह निमोनिया, टाइफाइड, टीबी आदि हजारों बीमारियों का इलाज उचित एंटीबायटिक देकर ही करता है। और आप क्या करते हैं?

आप यह मानते हैं कि एंटीबायटिक्स तो बड़ी 'गरम' दवाइयाँ हैं। डॉक्टर ने चार गोलियाँ लेने को लिखा था, हम बस, दो ही लेते हैं। मानते हैं कि चार की जगह दो भी लेंगे तो थोड़ा कम ही सही, पर काम तो करेंगी ही। गरमी भी कम होगी। परन्तु सत्य ऐसा नहीं है।

सत्य तथा तथ्य यह है कि हर एंटीबायटिक का एक तय 'डोज' होता है। उससे कम लो तो वह असर ही नहीं करती। जब तक रक्त में दवा का वह लेवल न पहुँचे यानी कि जब तक शरीर में उसका 'मारक लेवल' न बने, दवा बैक्टीरिया को नहीं मार सकती। इसी कारण एंटीबायटिक्स की उतनी ही गोलियाँ लिखी जाती हैं जितनी लेने पर रक्त में वह 'मारक स्तर' बन सके। कम गोली खाई तो कोई असर ही नहीं होगा। इसे हम डॉक्टरी भाषा में 'ऑल ऑर नन' का खेल कहते हैं। तात्पर्य यह कि या तो गोली पूरी काम करेगी, या बिलकुल भी नहीं करेगी। ऐसा कभी नहीं होगा कि हम यदि स्वयं ही डोज कम करके एंटीबायटिक ले लेंगे तो वह थोड़ा ही सही, परन्तु कुछ-न-कुछ लाभ तो जरूर पहुँचाएगी। समझ लें और याद रखें कि एंटीबायटिक्स उसी डोज में लें, जो डॉक्टर द्वारा बताया गया हो। वरना, लेना, न लेना बराबर।

अपने इसी गरम गोली के भ्रामक सिद्धान्त पर चलकर हम प्रायः ये एंटीबायटिक्स उसी दिन बन्द कर डालते हैं, जिस दिन बुखार उतरा या जो तकलीफ थी, वह कम हुई। यह तो और भी खतरनाक बात है। हम उस बैक्टीरिया को अधमरा छोड़े दे रहे हैं। उसकी आधी-पौनी फौज को ही मारकर हमने अपने एंटीबायटिक के हथियार वापस धर दिये। तो जो दुश्मन अभी भी जीवित बचे रह गए, वे अब नई तैयारी से, प्रतिरोध (एंटीबायटिक रेजिस्टेंस) के रक्षा कवच पहनकर वापस हम पर आक्रमण करेंगे और तब ये सामान्य एंटीबायटिक्स से काबू भी नहीं आएँगे। याद रहे कि हर इन्फेक्शन में दवाएँ देने की समय-अवधि अलग-अलग होती है। उस पूरी अवधि तक दवाई जरूर लें। इस मामले में खुद का दिमाग न चलाएँ। डॉक्टर की मानें।

यह भी खूब याद रहे कि एंटीबायटिक तो मात्र एक हथियार है। उसे चलानेवाला तो आपका शरीर है। शरीर की प्रतिरोधी शक्तियाँ यदि पहले ही बुढ़ापे, मधुमेह, एड्स, कुपोषण आदि के कारण कमजोर होंगी, तब एंटीबायटिक्स भी प्रभावी सिद्ध नहीं होंगे। कमजोर शरीर यदि हथियार उठा ही न सके तो हथियार क्या कर पाएगा? हमें दवा की यह सीमा समझनी ही चाहिए और उचित खानपान, व्यायाम आदि द्वारा शरीर को मजबूत रखने की कोशिश करनी चाहिए।

हमारी तो सारी जाँचें ठीक निकली हैं सो अब हमें कुछ भी नहीं हो सकता

बहुत-से मरीज अपनी जाँच रिपोर्टों को बड़े गर्व से तमगे की भाँति छाती से लगाए घूमते हैं। उन्हें तब बड़ा धक्का पहुँचता है जब 'सब ठीक' रहते हुए भी वे किसी बड़ी बीमारी की चपेट में आ जाते हैं। तब उन्हें अपनी जाँच-रिपोर्ट की सत्यता पर भी शक होने लगता है। 'जब हमारी इतनी बढ़िया रिपोर्ट थीं, फिर हमें यह बीमारी कैसे?' वे पूछते हैं।

याद रखें कि हर जाँच-रिपोर्ट की 'सेंसिटिविटी' तथा 'स्पेसिफिसिटी' होती है। हर जाँच की सीमा होती है। कोई भी जाँच सौ प्रतिशत पूरी नहीं होती। रिपोर्टों को हमेशा मरीज के हाल से जोड़कर ही डॉक्टर द्वारा समझा जाता है। एक उदाहरण देता हूँ। जिस टीएमटी जाँच के ठीक निकल आने पर हम बड़े खुश होकर सोचते हैं कि इसका मतलब है कि हमारा दिल तो एकदम बढ़िया है, उसकी विश्वसनीयता की भी अपनी सीमा होती है। मान लें कि यदि आपके दिल की बस एक ही नली बन्द हो रही है तो हार्ट अटैक तो आगे-पीछे कभी आएगा ही, पर टीएमटी की जाँच लगभग साठ प्रतिशत ऐसे केसों में हमेशा ठीक ही रहेगी। मेरी अपनी प्रैक्टिस में

> बहुत-से मरीज अपनी जाँच रिपोर्टों को बड़े गर्व से तमगे की भाँति छाती से लगाए घूमते हैं। उन्हें तब बड़ा धक्का पहुँचता है जब 'सब ठीक' रहते हुए भी वे किसी बड़ी बीमारी की चपेट में आ जाते हैं।

कभी-कभी मैंने ऐसा होते हुए भी देखा है कि जिसका टीएमटी मैंने पन्द्रह दिन पूर्व नॉर्मल (निगेटिव) बताया था, वही हार्ट अटैक के बाद भर्ती हो गया। ऐसे लोग यही शिकायत करते हैं कि जब हमारी जाँच में सब ठीक था तो फिर ऐसा कैसे हुआ? जवाब फिर से यही होगा कि कोई भी जाँच प्रायः सौ प्रतिशत सेंसिटिव नहीं होती। ईसीजी की जाँच नॉर्मल बताकर 'इमरजेंसी' से घर वापस भेज दिया था पर दो घंटे बाद ही हार्ट अटैक हो गया क्योंकि शायद डॉक्टर को भी ईसीजी जाँच की यह सीमा ठीक से नहीं पता थी कि ईसीजी हार्ट अटैक के लगभग 40 प्रतिशत केसों में शुरू में नॉर्मल हो सकता है।

फिर तो मर गए साब? जब जाँच पर भी भरोसा नहीं किया जा सकता हो तो आदमी फिर कहाँ जाए? इसका उत्तर यही है कि हर जाँच बस डॉक्टर को अपना क्लीनिकल निर्णय लेने में सहायता के लिए बनी है। एक अच्छा डॉक्टर कभी भी केवल रिपोर्ट से इलाज नहीं करता। वह हर जाँच को मरीज की बीमारी से जोड़कर ही तय करता है कि जाँच-रिपोर्ट को कितना महत्त्व दिया जाए। एक अच्छा डॉक्टर रिपोर्टों की सीमा को खूब समझता है। सो अपनी हर रिपोर्ट को उसी को समझने दें। स्वयं वह रिपोर्ट पढ़कर अपने खुद के नतीजे न निकालें।

कई मरीज आकर डॉक्टर से बस यही कहते हैं कि आप तो हमारी हर सम्भव जाँच करा दें डॉक्टर साहब, क्योंकि 'वी वांट टू बी वेरी श्योर।' मेरा निवेदन है कि आप कभी, किसी भी जाँच के बाद भी ऐसा श्योर नहीं हो सकते। भ्रम में न रहें। ऐसी कोई भी मशीन अभी तक तो नहीं बनी है जिसमें से होकर आपके शरीर को गुजार दें तो दूसरी तरफ से अदालत द्वारा प्रमाणित शपथपत्र निकल आए कि आप एकदम ठीक हैं। रिपोर्ट सही आने पर ये मीठे भ्रम पालकर न बैठ जाएँ। यात्री अपने सामान की रक्षा स्वयं करें।

पीलिया के मरीज को हल्दी तथा अन्य मसाले नहीं खाने देना चाहिए।

बीमारी में क्या खाएँ और क्या न खाएँ—इस पर बहुत बहस होती है। इस विषय में गलतफहमियाँ तो इतनी हैं कि क्या कहें! कुछ खाने गरम होते हैं और कुछ

ठंडे—ऐसा भी सोचा जाता है। दूध लेने से कफ बढ़ जाएगा, यह भी माना जाता है। जितनी गलतफहमियाँ हमें भोजन को लेकर हैं, उतनी कदाचित् किसी और चीज को लेकर नहीं। ऐसी ही एक गलतफहमी है कि पीलिया के मरीज को केवल उबला खाना ही दिया जाना चाहिए। क्योंकि मसाले, हल्दी आदि देने से यह बीमारी बढ़ सकती है। पर वास्तविकता क्या है? क्या हमारी यह धारणा सही है या कि एक और गलतफहमी?

मैं कहूँगा कि यह आपकी गलतफहमी है। पीलिया (वायरल हेपेटाइटिस) के मरीज को सब खिलाइए बशर्ते कि उसे वह खाने की भूख तथा इच्छा हो। मसालों या हल्दी से पीलिया नहीं बढ़ता है। मरीज को मात्र उबला खाना खिलाकर उसके कष्टों को न बढ़ाएँ।

दारू-विमर्श तथा अन्य स्वास्थ्यवर्धक बातें

'क्या शराब स्वास्थ्य के लिए लाभदायक भी हो सकती है? क्या शुगर-फ्री टाइप की चीजें या जीरो कैलोरी ड्रिंक्स वगैरह लेने से भी वजन नहीं घटता? एंटीऑक्सीडेंट्स क्या होते हैं, क्योंकि कहते हैं कि स्वस्थ रहने में इनका भी बड़ा रोल होता है, साहब!'

अक्सर लोगों ने मुझे फोन करके ये बातें पूछी हैं, विशेष तौर पर अल्कोहल को लेकर।

हाँ, शराब आपके लिए लाभदायक भी हो सकती है

दारू से हमारा तात्पर्य है—बियर, वाइन और व्हिस्की जैसी अन्य कोई भी शराब।... परन्तु हमने सुना तो यही था कि शराब पीना बुरी बात है। कहते हैं कि इससे अल्सर, लिवर सिरोसिस और न जाने क्या बीमारियाँ हो जाती हैं। हमें तो यही पता था। लोग पी के नाली में घुस जाते हैं, यह तो हमने स्वयं देखा भी है, बल्कि एकाध बार तो हम स्वयं ही दारू पीकर नाली में घुस गए थे। फिर? यार, यह बात आखिर कोई कैसे कह सकता है कि यह स्वास्थ्य के लिए लाभदायक भी हो सकती है, कि यह मेटाबॉलिक सिंड्रोम कंट्रोल करती है, कि यह डायबिटीज, हार्ट अटैक आदि के खतरों को भी कम कर सकती है?

परन्तु हाँ, यह एक सत्य है

दारू को यदि कंट्रोल डोज में लिया जाए तो हमें ये सारे फायदे मिल सकते हैं। ऐसा कई वैज्ञानिक अध्ययनों से सिद्ध हो चुका है। पर यह कंट्रोल डोज आखिर है क्या? फिर इसे कब लेना ठीक कहलाएगा? यह माना गया है कि रात के खाने से ठीक पहले यदि दो (पुरुषों के लिए) या डेढ़ (महिलाओं के लिए) ड्रिंक्स लिए जाएँ तो यह फायदा पहुँचाएगी। अब आप पूछोगे कि एक ड्रिंक का आखिर क्या मतलब?

तो सुनिए। एक ड्रिंक मतलब है 360 मिलीलीटर वाइन या फिर 45 मिलीलीटर तथाकथित हाई ड्रिंक्स (व्हिस्की, रम आदि।) अब इसे डेढ़ से दो ड्रिंक्स के हिसाब से अन्दाजा लगा लें। बस, इतना ही लें। वाइन में भी रेड वाइन ठीक रहेगी।

हाँ, कभी आपने इस डोज को पार किया तो फिर दारू के उलटे असर शुरू हो जाएँगे। वे सारी बीमारियाँ शुरू हो जाएँगी जिनके कारण दारू बदनाम है। यदि दारू को नशे या किक प्राप्त करने के लिए न पीकर स्वास्थ्यवर्धक दवाई के तौर पर पीना चाहते हैं तो इस सीमित डोज में जरूर पी सकते हैं। पर नशे के लिए इसे पीनेवाला शख्स कुछ समय बाद ही इस सुरक्षित डोज को पार कर जाता है और फिर वह कहीं का नहीं रह जाता। गड़बड़ बस इतनी है, पर है तो। वरना इस सुरक्षित डोज में दारू आपको क्या-क्या लाभ पहुँचा सकती है, इसकी लिस्ट बड़ी लम्बी है।

क्या आप जानते हैं कि इस मात्रा में दारू एक बेहतरीन इंसुलिन सेंसिटाइजर है?

तात्पर्य यह कि दारू का डोज इंसुलिन के प्रभाव को बढ़ाता है जिसके कारण ब्लड शुगर बेहतर कंट्रोल होता है। देखा गया है कि रात में खाने से ठीक पहले यदि 'रेड वाइन' का एक गिलास पी लें तो एक स्वस्थ व्यक्ति में भोजन के बाद का 'ब्लड शुगर लेवल' 30 प्रतिशत तक कम हो सकता है। यही प्रभाव डायबिटीज और मेटालॉजिक सिंड्रोम में भी देखा गया है। बियर और अन्य दारुओं से भी यह 20 प्रतिशत तक तो कम हो ही सकता है। पर यह सब तभी जब आप इसे 75 मिलीलीटर या 90 मिलीलीटर से अधिक न लें। यदि यह खाना खाने के बाद की शुगर कम करता भी है तो खाना खाने के बाद की ब्लड शुगर कम होने से क्या फायदा है? फायदा है न! फायदा समझने के लिए पहले यह वैज्ञानिक तथ्य समझें कि जब हम भोजन करते हैं तो खाने के बाद का 'ब्लड शुगर' लेवल बढ़ता ही है जो शरीर चलाने के लिए जरूरी भी है। पर यह बढ़ा हुआ लेवल शरीर में 'फ्री रेडिकल्स' नामक हानिकारक पदार्थ भी पैदा करता है। अचानक बढ़ी शुगर से पूरे शरीर के ऊतकों में 'इन्फ्लेमेशन' (एक किस्म की सूजन कह लें) भी हो जाता है। यह होता बहुत कम समय के लिए है पर होता तो है। ये फ्री रेडिकल्स और यह 'सिस्टेमिक इन्फ्लेमेशन' हार्ट अटैक, स्ट्रोक, डायबिटीज, हार्ट फेल्योर और डेमेंशिया आदि खतरनाक बीमारियों की जड़ माने जाते हैं। कई स्टडीज से यह सिद्ध हुआ है कि यदि रात के खाने से ठीक पूर्व, बताए गए डोज में दारू ली जाए तो डायबिटीज होने का खतरा 30 प्रतिशत से 40 प्रतिशत तक कम किया जा सकता है। कहा

तो यहाँ तक जाता है कि इससे हार्ट अटैक का खतरा भी लगभग 30 प्रतिशत और 'ओवरऑल' मृत्यु को लगभग 20 प्रतिशत तक कम किया जा सकता है। अब आपको और क्या चाहिए, यार?

दारू के साथ दिक्कत यही है कि आदमी तय डोज पर रुकने को राजी नहीं होता। यही वह खतरा है, जिसकी वजह से डॉक्टर इस इलाज का कभी जिक्र ही नहीं करते जिसकी चर्चा मैंने अभी ऊपर विस्तार से की। अब 'आर्टिफिशियल स्वीटनर्स' पर कुछ चर्चा—

दारू के साथ दिक्कत यही है कि आदमी तय डोज पर रुकने को राजी नहीं होता। यही वह खतरा है, जिसकी वजह से डॉक्टर इस इलाज का कभी जिक्र ही नहीं करते।

'आर्टिफिशियल स्वीटनर्स' भी आपका वजन बढ़ा सकते हैं। हम प्राय: या तो मिठाइयाँ भकोसते रहते हैं या फिर एकदम से सैकरीन-एस्पार्टेम आदि कृत्रिम मिठास वाली चीजों पर उतर आते हैं। याद रखें कि हमारी जीभ को मीठा स्वाद पता ही तब चलता है जब 200 में से 1 पार्ट भी शक्कर का हो। इधर कृत्रिम स्वीटनर्स मिठास का इतना 'स्ट्रांग सेंसेशन' पैदा कर सकते हैं कि हमारी जीभ को 1,000 में से एक पार्ट भी पता चल जाएगा। नतीजा? नतीजे दो हैं। विशेष तौर पर ऐसी 'जीरो कैलोरी' ड्रिंक्स जो मीठी तो हैं पर कैलोरीज से खाली हैं, इन्हें पीने, पीते रहने से हमारे शरीर में एक अनोखा बदलाव आ जाता है। अब हमारा शरीर मिठास और कैलोरी भक्षण के सम्बन्ध को समझना ही बन्द कर देता है। यह महाखतरनाक है। इससे हार्मोंस तथा दिमाग के 'न्यूरोबिहेवियर' कनेक्शनों में गड़बड़ पैदा हो जाती है। ज्यादा खाते हैं तो दिमाग के सेटइटी (तृप्ति) सेंटर को इसका पता ही नहीं चलता। तृप्ति का भाव ही दब जाता है। इससे आदमी पतले के बजाय मोटा हो सकता है। स्टडीज से पता चला है कि ये 'कृत्रिम मिठास' किसी नशे की तरह लत लगानेवाले पदार्थ हैं। इनकी जीरो कैलोरी ड्रिंक्सके आप आदी भी हो सकते हैं।

खाँसी की प्रश्नावली

अगर कभी हमें खाँसी हो तो हमारी प्रतिक्रिया दो तरह की होती है। या तो हम उसकी परवाह ही नहीं करते और कहते हैं कि ये तो बस यूँ ही सीजन बदलने के कारण, ठंडा खाने से या कि बस, यूँ ही हो गई है। इसके ठीक विपरीत कभी हम खाँसी होते ही सीधे कैंसर, टीबी आदि की सोच-सोचकर दुबले होना शुरू हो जाते हैं। पर सही बात क्या है? सही बात इन दोनों के बीच कहीं है।

अत: खाँसी हो तो डॉक्टर को जरूर दिखाएँ। और दिखाने का बाकायदा एक प्लान होना चाहिए। डॉक्टर पूछे, न पूछे, उसे कुछ बातें जरूर बताएँ। कुछ प्रश्न और उनके उत्तर तैयार करके ले जाएँ। प्रश्न है—

- खाँसी कब से है? दो सप्ताह या कम से? क्या यह दो से चार सप्ताह से है? या उससे भी ज्यादा समय से है? हर तरह की खाँसी का एक समय होता है। इससे डॉक्टर को खाँसी के कारण का अन्दाजा लगेगा।
- खाँसी की शुरुआत कैसे हुई? क्या शुरू में वायरल फीवर जैसा कुछ हुआ और फिर ठीक होने के बाद अब खाँसी चलती जा रही है? क्या छींकों और जुकाम आदि के साथ शुरू हुई थी? या बहुत धीरे-धीरे शुरू हुई?
- क्या ऐसी खाँसी मौसम बदलने पर हर सीजन में आती है आपको? दमे की खाँसी तथा एलर्जी की खाँसी ऐसी ही हो सकती हैं।
- खाँसी सूखी है या खखार के साथ आती है?
- खखार है तो वह सफेद है या पीली? मात्रा बहुत ज्यादा है या जरा-सी? खखार में खून या बदबू तो नहीं?

- क्या खाँसी किसी विशेष करवट बाएँ या दाएँ लेटने पर ज्यादा आती है?
- क्या खाँसने पर छाती में किसी एक जगह पर तेज दर्द होता है कि उस जगह को पकड़कर या दबाकर खाँसना पड़े? ऐसा निमोनिया प्लूरिसी या और भी सीरियस बीमारी (पल्मोनरी एम्बोलिज्म) में हो सकता है।
- क्या खाँसी के साथ गले में भी दर्द है? गटकने में तकलीफ होती है?
- क्या खाँसने का ऐसा तेज दौरा आता है कि खाँसी आती ही चली जाती है? क्या ऐसी खाँसी के दौरान आपको चक्कर या आँखों के समक्ष अँधेरा जैसा आ जाता है?
- क्या खाँसते समय छाती से 'चूँ चूँ' की आवाजें आती हैं?
- क्या साथ में बुखार भी है?
- क्या आप सिगरेट या बीड़ी पीते हैं?
- क्या आप ब्लड प्रेशर की 'इनाम' या ऐसी कोई और दवाएँ ले रहे हैं?
- क्या लम्बी खाँसी के साथ आपका वजन भी गिर रहा है?

आप इन प्रश्नों का 'हाँ', या 'न' में जवाब लिखकर डॉक्टर के पास लेकर जाएँ। यहाँ मैं उस खाँसी की चर्चा कर रहा हूँ जो ठीक नहीं हो रही हो और सामान्य इलाज के बावजूद चली आ रही हो। हो सकता है कि कोई डॉक्टर आपके लिखे पर्चे को एक तरफ फेंककर कहे कि इतना पढ़ने का वक्त नहीं है उसके पास, पर ज्यादातर जिम्मेदार डॉक्टर आपके इस लिखे हुए को पढ़कर किसी नतीजे पर पहुँचने में आसानी महसूस करेंगे। उनका समय बचेगा और बीमारी के विषय में कोई सूचना उनसे छूटेगी भी नहीं।

खाँसी अपने-आपमें कोई बीमारी नहीं है। यह पचास तरह की बीमारियों का एक लक्षण मात्र है। अत: खाँसी को कभी यूँ ही लापरवाही से न बरतें। यह टीबी, कैंसर, अस्थमा से लेकर गले तथा नाक के सामान्य इन्फेक्शंस या एलर्जी (सायनोसाइटिस/फेरिंजाइटिस आदि) से भी हो सकती है। छह महीने या साल से आनेवाली खाँसी मात्र ब्लड प्रेशर की किसी दवा से भी हो सकती है जिसे बदल देने पर खाँसी बन्द

हो जाएगी। अस्थमा या दमा का मतलब हम हमेशा मात्र साँस फूलने से ही समझते हैं। ऐसा नहीं है। कई बार, इसमें मात्र खाँसी ही आ सकती है। तो ऐसी खाँसी, जो ठीक नहीं हो रही हो, दमे की शुरुआत भी हो सकती है। खासकर, यदि आपके रक्त सम्बन्धियों में दमे के मरीज हों, तब इसकी आशंका और ज्यादा है।

खाँसी के इलाज में सबसे महत्त्वपूर्ण है, उसके कारण का निदान। दवाइयाँ तो गिनी-चुनी ही हैं। पता चल जाए कि खाँसी का कारण क्या है? प्रायः खून की जाँचों, छाती, सायनस आदि के एक्स-रे, खखार की जाँच आदि से ही डॉक्टर किसी नतीजे पर पहुँच जाते हैं। हाँ, कुछ केसों में सीटी स्केन या ब्रोंकोस्कोपी जैसी बड़ी जाँचों की आवश्यकता भी पड़ती है। खाँसी की सारी डायग्नॉसिस, खाँसी के बारे में विस्तार से पूछी जानेवाली कुछ सूचनाओं में छुपी होती है। मेरे बताए पन्द्रह प्रश्नों में ये सारी सूचनाएँ निहित हैं। हो सकता है कि आपका डॉक्टर ये सब न पूछे सो बेहतर है कि आप ही लिखकर इनको साथ में ले जाएँ। खास कर तब, जब आप ऐसी खाँसी से परेशान हों जो ठीक ही नहीं हो रही हो।

खाँसी की बात आई है तो मन कर रहा है कि आपको एक सलाह यूँ ही दे डालूँ। खाँसी हो या न हो, यदि आप धूम्रपान के आदी हैं तो इसे आज से ही बन्द कर दें। बीड़ी, सिगरेट, हुक्का—कुछ भी लेते हों, तो समझ लीजिए कि आप पैसे खर्च करके बीमारी खरीद रहे हैं।

भूख का सिस्टम

'डॉक्टर साहब, भूख के लिए कोई बढ़िया-सा टॉनिक लिख दें'—डॉक्टरों के कमरे में यह प्रार्थना इतनी बार की जाती है कि यदि कभी झाड़ू मारकर प्रार्थनाओं को बुहारने की कोई तकनीक निकल आए तो उनके चेम्बर से रोज एक बड़ा-सा ढेर इसी प्रार्थना का निकले। यदि चिकित्सा क्षेत्र में बहते, लहराते हुए टॉनिकों के इस दरिया को कभी नापा जा सके तो मामला अरबों रुपये का निकलेगा; इनमें से ज्यादातर वे टॉनिक होंगे जिनकी मरीज को जरूरत ही नहीं। टॉनिक के चक्कर में न पड़ें। यदि भूख खत्म है तो पहले डॉक्टर से अपनी पूरी जाँच कराएँ। वरना तो इन टॉनिकों के चक्कर में मरीज डॉक्टर के पास आते-आते इतनी देर कर देता है कि उसकी बीमारी बहुत बढ़ चुकी होती है। याद रहे कि भूख न लगना, स्वयं में किसी तरह की बीमारी नहीं है लेकिन यह अन्य बीमारियों का लक्षण जरूर है। भूख खत्म करनेवाली इतनी सारी बीमारियाँ हैं कि कोई सहृदय, सक्षम और चुस्त डॉक्टर ही उसकी जड़ तक पहुँच सकता है। भूख अर्थशास्त्रियों के लिए जितना जटिल विषय है, उससे जटिल यह चिकित्साशास्त्र के लिए है।

पहले तो यह समझ लें कि हमें भूख लगती क्यों है?

आप जीवन में जो भी काम करते हैं (इसमें श्वास और हृदय का लगातार चलते रहना भी शामिल है), उसके लिए ऊर्जा की जरूरत होती है। आप रात-दिन कुछ-न-कुछ शारीरिक ऊर्जा खर्च कर रहे हैं जिसे आपको पाना भी है। इसे आप पाएँगे कहाँ से? भोजन से। इससे आपको ऊर्जा मिलेगी और यह जीवन चलेगा।

मनुष्य मूलत: आलसी प्राणी है। ईश्वर को पता है कि यदि इसे भूख न लगे तो यह पाँव फैलाकर लेटा ही रहेगा। भूख एक जीवनरक्षण प्रणाली है। हर जीव में यह अपनी तरह से काम करती है।

याद रहे कि चिकित्सा विज्ञान को अभी भी इस बात का अन्तिम उत्तर नहीं मिला है कि हमें भूख क्यों लगती है। कुछ मोटा-मोटी बातें जरूर पता हैं। वही

वास्तव में भूख मन और मस्तिष्क का खेल है; आपका मस्तिष्क ही भूख पैदा करता है, पेट नहीं। भरपेट भोजन के बाद मस्तिष्क ही आपको तृप्ति महसूस कराके आगे खाने से भी रोकता है। और मन का खेल तो एकदम अलग है।

मैं यहाँ आपको बताता हूँ। भूख को समझेंगे तो मेरी आगे आनेवाली बाकी बातें आपकी समझ में आएँगी।

वास्तव में भूख मन और मस्तिष्क का खेल है; आपका मस्तिष्क ही भूख पैदा करता है, पेट नहीं। भरपेट भोजन के बाद मस्तिष्क ही आपको तृप्ति महसूस कराके आगे खाने से भी रोकता है। और मन का खेल तो एकदम अलग है। वह अपनी पर आ जाए तो मस्तिष्क का भी उस पर बस नहीं चलता। मन का मतलब है आपका चेतन तथा अवचेतन मानसिक जगत। यह मनोवैज्ञानिक पथ है भूख का। तभी तो पचासों ऐसी मनोवैज्ञानिक समस्याएँ हैं जिनमें भूख लगनी बन्द हो सकती है। शरीर स्वस्थ और मन बीमार है तो भी भूख लगनी बन्द हो सकती है। भूख मन के कब्जे में भी है। हाँ, इसका कंट्रोल स्टेशन बना है मस्तिष्क के हाइपोथैलेमस नामक हिस्से में।

मस्तिष्क एक बेहद जटिल-सा कम्प्यूटर है। इसके हाइपोथैलेमस नामक ड्राइव में दो प्रोग्राम बने हुए हैं। एक हिस्से में भूख महसूस होने का प्रोग्राम है तो दूसरे में तृप्ति का। इन्हीं को चिकित्सा की तकनीकी भाषा में क्रमशः 'हंगर' (Hunger) और 'सेटाइटी' (Satiety) सेंटर्स कहा जाता है। मस्तिष्क में भूख तथा तृप्ति को महसूस करने के ये केन्द्र एक जटिल सन्तुलन में काम करते हैं।

यहाँ प्रश्न यह भी उठता है कि इन केन्द्रों को कंट्रोल करने का खटका आखिर किसके हाथ में है? कौन है जो इनको चलाता, बन्द करता या कम-ज्यादा करता है?

सच तो यह है कि यह रहस्य अभी भी पूरी तरह से खुला नहीं है। शरीर में बहुत-से हार्मोंस हैं। मेटाबॉलिक पदार्थ हैं, तंत्रिकाएँ हैं, मस्तिष्क के अन्य हिस्से भी हैं। कंट्रोल का काम ये सब मिलकर करते हैं। इतने सारे कंट्रोल हैं साहब तब तो बहुत छीनाझपटी का माहौल रहता होगा हाइपोथैलेमस के आसपास! कोई खटका दबा रहा है तो कोई उसे उलटा-सीधा घुमा रहा है। पर ऐसा नहीं होता। सब नियम से चलता है। हर कंट्रोल सिस्टम को पता है कि उसे क्या और कितना कंट्रोल करना है। इसीलिए वहाँ कोई आपाधापी नहीं होती। जब होती है तब शरीर बीमार हो जाता है।

हाइपोथैलेमस को अपनी तरह से कंट्रोल करनेवाले ये सारे हार्मोंस आदि कहाँ से आते हैं? दरअसल ये विभिन्न स्थानों से पैदा होकर रक्त में प्रवेश करते हैं। मैं

इनके तकनीकी नाम लेकर यहाँ कोई भ्रम पैदा नहीं करूँगा। ऐसा समझ लें कि कुछ हार्मोंस आमाशय में बनते हैं, कुछ छोटी आँत में, कुछ पैंक्रियाज आदि में, कुछ तो आपकी चर्बी से पैदा होते हैं। पेट खाली होने पर आमाशय तथा आँतें पिचक जाती हैं। अन्दर से खाली होने का यह एक सन्देश वेगस नामक तंत्रिका द्वारा मस्तिष्क को भेजा जाता है कि साहब, पेट खाली पड़ा है, तनिक इस आदमी को याद दिलाओ कि यह कुछ खा ले। भूख लगना आपको यह याद दिलाता है कि पेट खाली है।

भूख पर असर डालनेवाले ये सारे पदार्थ तथा तंत्रिकाएँ दो तरह से काम करते हैं। वे या तो हाइपोथैलेमस का भूख बढ़ानेवाला खटका दबा देते हैं या फिर तृप्ति पैदा करनेवाला। इधर मन भी अपना काम करता रहता है। मन के अलावा फिर आपकी आदतें, भोजन को लेकर बचपन से आज तक का सांस्कृतिक-पारिवारिक माहौल भी अपना असर डालता है। माँ की बनाई कोई पसन्दीदा डिश क्योंकर जीवन भर में कभी भी आपकी भूख बढ़ा देती है? ये सारे असर हाइपोथैलेमस पर पड़ते हैं जो भूख पैदा करते हैं या भूख मारते हैं।

और आप हैं कि इस हाइपोथैलेमस नामक ताकतवर घोड़े पर अपनी टॉनिक की कमजोर लगाम लगाना चाहते हैं? है न मजेदार!

भूख न लगे, तो कारण पचासों!

'डॉक्टर साहब, मुझे भूख क्यों नहीं लगती?'—इस प्रश्न के दसों उत्तर हो सकते हैं।

एक साहब तो यही पूछने लगे कि खाना खाने के बाद मुझे भूख लगती ही नहीं—क्या करूँ? खा लोगे तो कैसे लगेगी? याद रहे कि पेट यदि पहले ही खुशी, विषाद, चिन्ता या खाने से भरा हुआ हो, तो भूख के लिए उसमें जगह ही नहीं बचेगी। बहरहाल, भूख न लगने के कारण पेट में तो हो ही सकते हैं, परन्तु शरीर में अन्यत्र शुरू हो रही कोई छोटी-बड़ी बीमारी भी हो सकती है, और कारण मन में भी हो सकते हैं। भूख के लिए सीधे ही टॉनिक-वॉनिक खरीदकर पीने से पहले तनिक इन कारणों को ठीक से जान लें। ऐसा न हो कि हम टॉनिक पीते रह जाएँ और डॉक्टर बाद में हमें बताए कि आपको तो दिल का पंप फेल (कार्डियक फेल्योर) होने से, आँतों तथा लिवर पर सूजन आ जाने के कारण भूख खत्म थी; आप टॉनिक पीकर बस, बीमारी बढ़ाते रह गए। जी हाँ, भूख न लगना एकदम सामान्य, अस्थायी-सा लक्षण भी हो सकता है और कैंसर से लेकर किडनी फेल्योर तक की निशानी भी।

अब हम थोड़ा विस्तार से चर्चा करेंगे

भूख न लगे तो हमारा ध्यान सबसे पहले पेट पर ही जाता है। 'पेट में कुछ गड़बड़ है सर! आजकल मुझे भूख ही नहीं लग रही।' मात्र एक-दो दिन से भूख न लगे तो यह 'पाचन तंत्र' की ऊँच-नीच से भी हो सकता है पर यह कभी भी लम्बा नहीं चलेगा। पेट के कारण ही भूख गड़बड़ हो रही हो, तब भी डॉक्टर को कारण की तलाश तो करनी ही होगी। यदि भूख खत्म हुए लम्बा समय हुआ है, या यह एकदम ही पूरी खत्म है तो फिर यह कोई सामान्य बात नहीं। आपका पाचन तंत्र आमाशय (stomach) से आँतों तक फैला हुआ है। फिर इसमें पाचन रस मिलानेवाले अंग लिवर, पित्ताशय (gall bladder) और पैंक्रियाज भी महत्त्वपूर्ण हैं। इन सभी अंगों में खून

पहुँचानेवाली नलियाँ हैं। इनसे रस ले जानेवाली नलियाँ भी हैं। पाचन रस तो बने पर रुकावट के कारण नलियाँ इसे आँतों तक पहुँचा न सकें, यह पहुँचे पर आँतों में ही कोई बीमारी पल रही हो, तो भी भूख चली ही जाएगी। आमाशय सूख रहा हो (जिसे हम क्रॉनिक गेस्ट्राइटिस कहते हैं) तो खाना पचाने का एसिड ही ठीक से नहीं बनेगा। खाना खाओगे और पाचन की बिस्मिल्लाह ही नहीं होगी। शुरुआत तो स्टमक से ही होती है न! उम्र बढ़ जाने पर, दारू के आदी लोगों को या अन्य कारण से (जैसे कि विटामिन बी$_{12}$ की कमी से) आमाशय की कोशिकाएँ सूखने लगती हैं। उनसे पाचन के लायक एसिड ही नहीं बनता। दो कौर खाते ही पेट भरा-भरा लगने लगता है। कभी आमाशय में कैंसर पल रहा हो, तब भी यह सब हो सकता है। डॉक्टर्स ऐसी स्थिति में प्रायः 'इंडोस्कोपी' कराने की सलाह देते हैं। यह मात्र पन्द्रह-बीस मिनट की जाँच होती है। सो घबराएँ नहीं। 'मुँह से नली डालेंगे तब तो बड़ा कष्ट होगा।'—ये न सोचें। आजकल बहुत लचीले किस्म के इंडोस्कोप आ गए हैं। डॉक्टर इंडोस्कोपी की सलाह दें तो जरूर करा लीजिए। प्रायः इंडोस्कोपी तथा पेट के अल्ट्रासाउंड से बहुत सारी बीमारियों का पता चल जाता है। यदि भूख लम्बे समय से बन्द है, और साथ में वजन भी गिर रहा है, या पेट-दर्द भी रहता है—तब ये सारी जाँचें कराने को आपका डॉक्टर कहेगा ही और आप भी अवश्य ही करा लें।

भूख खत्म होना किसी और ही बीमारी का लक्षण भी हो सकता है। मान लें कि पेट एकदम ठीक है, पाचनतंत्र भी बढ़िया हो, परन्तु शरीर में कोई इन्फेक्शन है। पेशाब में जलन है। बुखार है।

यदि भूख लम्बे समय से गायब है, मान लें कि एकाध माह या उससे ऊपर हो गए हों तब तो सतर्क हो जाएँ। यह कोई सामान्य चीज नहीं। टीबी, कैंसर, लिवर सिरोसिस से लेकर गुर्दे या हार्ट के फेल्योर की निशानी भी हो सकती है यह। इसे गम्भीरता से लें। जाँचें कराएँ, उत्तर खोजें कि ऐसा क्यों हो रहा है? खुद को टॉनिकों से बहलाने न बैठ जाएँ।

भूख खत्म होना किसी और ही बीमारी का लक्षण भी हो सकता है। मान लें कि पेट एकदम ठीक है, पाचनतंत्र भी बढ़िया हो, परन्तु शरीर में कोई इन्फेक्शन है। पेशाब में जलन है। बुखार है। तो भी भूख नहीं लगेगी। बुखार के रोगी प्रायः शिकायत करते हैं कि भूख एकदम खत्म है डॉक्टर साहब! ऐसे में धैर्य रखें। बुखार उतरने पर ही भूख लगेगी। कुछ अन्य बीमारियों में भी भूख खत्म हो सकती है। उदाहरण के लिए गुर्दों का खराब हो जाना (किडनी फेल्योर) एक अत्यन्त गम्भीर बीमारी

है। कई बार इसमें शुरुआत में न तो पेशाब की कोई तकलीफ होगी, न ही शरीर पर सूजन ही आएगी—बस, भूख गिर जाएगी। ऐसे में डॉक्टर भी धोखा खा सकते हैं।

अब एक बेहद महत्त्वपूर्ण सलाह

भूख खत्म हो तो सबसे पहले यह पड़ताल कर लें कि आप किसी भी तरह की कोई अन्य गोलियाँ तो नहीं ले रहे हैं? एलोपैथी से लेकर आयुर्वेद तक की बहुत-सी दवाइयाँ भी आपकी भूख पर असर डाल सकती हैं। डॉक्टर को इन दवाओं के बारे में बताकर इस बाबत उससे पूछें।

एक आखिरी बात जो रोचक भी है

भूख मन का भी खेल है। दिमाग का हाइपोथैलेमस वाला हिस्सा ही भूख का नियंत्रण केन्द्र है। मन, इच्छा, मूड, सोच, अवचेतन—ये सब इस केन्द्र पर अपना असर डालते हैं। इसलिए कई मानसिक बीमारियों में भी भूख घट-बढ़ सकती है। खासकर, कोई व्यक्ति हर वक्त यदि अपना वजन कम करने की ही फिक्र करता हो तो उसे 'एनोरेक्सिया नर्वोसा' जैसी बीमारी उसे हो सकती है। ऐसी बीमारी में स्वस्थ व्यक्ति खाना बन्द कर देता है, और व्यायाम, जिम खूब करता है। दुबले ऐसे हो रहे हैं कि हड्डियाँ निकल आई हैं, अपनी फिगर से सन्तुष्ट नहीं हैं। फिगर ठीक रखनी है। आप अपने दुबलेपन के लिए जान देने को राजी हैं।

लड़कियों की तो माहवारी भी बन्द हो सकती है। हड्डियाँ कमजोर हो जाती हैं। इनमें से पाँच प्रतिशत मर भी सकती हैं। पर मन कहता है कि खाओगी तो मोटी हो जाओगी। कुछ तो खाने के बाद उँगली डालकर उल्टी कर देती हैं, या जुलाब लेकर खाना बाहर निकाल देती हैं। ये गम्भीर मानसिक रोग हैं। इनका इलाज फिजिशियन तथा मनोरोग विशेषज्ञ मिलकर करते हैं। घर में ऐसा कोई हो तो उसे यूँ ही अकेला न छोड़ दें। उसे डॉक्टर के पास ले जाएँ।

मैं फिर कहूँगा कि टॉनिकों के धोखे में न पड़ें। पहले जानें कि भूख क्यों खत्म हो रही है?

चक्कर का चक्कर

'चक्कर' आना एक बेहद आम-सी तकलीफ है। यह कहने के बाद मैं इसमें यह बात जोड़ना चाहूँगा कि 'चक्कर' आनेवाले कई मरीजों को कई बार 'चक्कर' होता ही नहीं, फिर भी वह न केवल यही कहता फिरता है कि मुझे चक्कर आ रहे हैं बल्कि डॉक्टर भी उसे चक्कर की दवाएँ देते रहते हैं। यह विरोधाभास की स्थिति है, पर है। ऐसा क्यों है, पहले यह बात जान लें, फिर हम वास्तविक 'चक्कर' की बात करेंगे। दरअसल, हम स्वयं भी 'चक्कर आने' का बयान बेहद गैरजिम्मेदारी से देते हैं और डॉक्टर भी उतनी ही गैरजिम्मेदारी से उसी को सच मानकर, बिना आगे पूछताछ-पड़ताल किए चक्कर की दवा पकड़ा देता है। कुछ ठीक-सा न लगना, कमजोरी लगना, थका होना, मन न लगना, आँख के सामने अँधेरा-सा छाना, लड़खड़ाना, बुखार-सा लगना, सिर में सनसनाहट-सी होना, जिन्दगी में मजा न आना, भूख न लगना आदि कुछ भी हो रहा हो, हम यही कहते हैं कि डॉक्टर सा'ब, चक्कर-से आ रहे हैं। 'चक्कर' शब्द का यह निहायत गलत इस्तेमाल है जो डॉक्टर को भटका सकता है। यदि 'घूमने या चकराने का एहसास' हमें नहीं है तो फिर यह चक्कर नहीं, कुछ और ही बीमारी है। तब जिसे आप चक्कर कहते हैं वह 'स्यूडो वर्टिगो' (झूठा चक्कर) है।

मैं आपको चक्कर के बारे में थोड़ी जानकारी देना चाहूँगा। इससे आप 'चक्कर विशेषज्ञ' हो जाएँगे, यह तो नहीं कहता, परन्तु यह अवश्य जान जाएँगे कि 'सही चक्कर' क्या तथा क्यों होता है। जैसाकि मैंने कहा, चक्कर का मतलब है—'घूमने' या 'चकराने' की अनुभूति। जैसी कभी-कभी आपको झूले में बैठकर हो जाती है न, वैसी ही। आसपास की वस्तुएँ घूमती-सी लगेंगी। ऐसा लगे, तभी यह सही मायने में चक्कर है। कमजोरी लगती है तो उसे चक्कर न कहें। यही बताएँ कि कमजोरी लगती है।

यह जो घूमने की अनुभूति होती है, वह शरीर के 'बैलेंसिंग मैकेनिज्म' के

> चक्कर का मतलब है—'घूमने' या 'चकराने' की अनुभूति। जैसी कभी-कभी आपको झूले में बैठकर हो जाती है न, वैसी ही। आसपास की वस्तुएँ घूमती-सी लगेंगी। ऐसा लगे, तभी यह सही मायने में चक्कर है। कमजोरी लगती है तो उसे चक्कर न कहें। यही बताएँ कि कमजोरी लगती है।

गड़बड़ा जाने से होती है। इसीलिए जब भी आप 'चक्कर आना' कहते हैं, डॉक्टर का दिमाग तुरन्त उस चक्कर की तरफ चला जाता है जो आपके 'बैलेंसिंग मैकेनिज्म' की खराबी से पैदा हो सकता है। डॉक्टर फिर उसी की दवाई भी दे देता है। अब मान लो कि यदि वह सही मायनों में चक्कर था ही नहीं, तो? आप तो फालतू ही 'बैलेंसिंग' ठीक करनेवाली दवाइयाँ खाते चले जाएँगे न? तब 'मर्ज बढ़ता गया, ज्यों-ज्यों दवा की' वाली स्थिति हो जाएगी न आपकी!

तब तो शरीर के 'बैलेंसिंग मैकेनिज्म' के बारे में भी यदि थोड़ी जानकारी हमें मिल जाए तो कितना अच्छा हो। देखिए, 'चक्कर' क्या है? बैलेंस की गड़बड़ी ही न! आपके शरीर का बैलेंस बिगड़ते ही तो चक्कर-सा लगता है न? शरीर अपना बैलेंस कैसे बनाए रखता है?

बैलेंस ठीक रखने, उस पर नियंत्रण रखने के लिए दो तरह के सिस्टम बने हैं हमारे शरीर में। एक सिस्टम तो हमारे मस्तिष्क के अन्दर है और दूसरा मस्तिष्क से बाहर, हमारे कान के अन्दर। यह बात का अतिसरलीकरण तो लगता है पर जटिल बात जितनी सरल हो सके, उतना ही अच्छा। तो कान में स्थित 'आन्तरिक कान' की अतिसंवेदनशील पतली नलियों में बह रहे द्रव्य के कण चौबीसों घंटे शरीर के पोजिशन तथा बैलेंस पर निगाह रखकर मस्तिष्क में स्थित हेड ऑफिस को खबर देते रहते हैं। पूरे शरीर से बैलेंस की दूसरी सूचनाएँ भी दिमाग के हेड ऑफिस में पहुँचती रहती हैं। हेड ऑफिस का मेडिकल नाम 'सेरीबेलम' मस्तिष्क का हिस्सा है। सोते, जागते, नशे में, होश में यही सिस्टम आपको गिरने नहीं देता, ये कभी साथ छोड़ दे तो आप नाली में घुस सकते हैं।

आप कहेंगे कि बात पूरी समझ में नहीं आई। करें क्या? बड़ा घिचपिच वाला सिस्टम ही है यह। इतना ही समझ सकें तो बड़ी बात कहलाएगी कि चक्कर या तो कान के 'बैलेंसिंग मैकेनिज्म' के खराब होने से आएगा, या फिर मस्तिष्क की बीमारी से। कान की बीमारियों, आन्तरिक कान के वायरल इन्फेक्शन आदि से जो चक्कर आएगा, उसमें बहरापन, कान की सनसनाहट आदि भी साथ में होंगे। ब्रेन

के कारण जो चक्कर आएँगे, उसमें चक्कर के साथ एक चीज का दो-दो दिखना (डबल विजन), गटकने में तकलीफ, लड़खड़ाहट, लकवा आदि भी हो सकते हैं। तो सही मायने में कभी चक्कर हो तो ध्यान दें कि साथ में इन तकलीफों में से भी कुछ हो रहा है क्या? यदि यह सूचना डॉक्टर को बता देंगे तो वह सतर्क हो जाएगा। वरना एक अच्छा डॉक्टर तो वैसे भी स्वयं ही यह सब आपसे पूछेगा ही।

तो अन्त में कुछ जरूरी बातें हैं—

- मेडिकल की भाषा में चक्कर आने का अर्थ है—घूमने की अनुभूति। आपके चारों तरफ की चीजें घूम रही हैं, जब तक यह न लगे, तब तक डॉक्टर को यह न कहें कि चक्कर आ रहा है...।
- यदि घूमने की अनुभूति न लगे पर 'चक्कर-सा' लगता है तो सोचकर बताएँ कि वह क्या चीज है जिसे आप 'चक्कर-सा' कह रहे हैं।
- चक्कर के साथ और भी क्या-क्या तकलीफें आपको हो रही हैं, इस पर भी ध्यान दें। डॉक्टर को बताएँ।
- प्राय: चक्कर स्वयं में सीमित बीमारी है, परन्तु कई बार यह ब्रेन आदि की किसी अत्यन्त सीरियस बीमारी का द्योतक भी हो सकता है। यह ब्रेन ट्यूमर से लेकर लकवे जैसी स्थिति का संकेत भी हो सकता है। इसलिए चक्कर हो, और सही में चक्कर ही हो, तो डॉक्टर को अवश्य दिखा लें।

कुल लब्बोलुबाब यह कि 'चक्कर आ रहा है' कहने से पहले सोच लें कि आप कह क्या रहे हैं और उसका मतलब भी डॉक्टर को समझा पा रहे हैं कि नहीं?

हर्पीज और एलर्जी अलग बीमारियाँ हैं

हर्पीज या 'हर्पीज जॉस्टर' के बारे में बताऊँगा तो चिकनपॉक्स की बात भी साथ-साथ निकलेगी। दोनों ही बीमारियों में बदन पर दाने निकल आते हैं। चिकनपॉक्स में पूरे शरीर पर आते हैं, और 'हर्पीज' में शरीर के किसी एक छोटे-से हिस्से पर ही। दोनों ही बीमारियाँ एक ही तरह के कीटाणु (वायरस) से होती हैं जिसे 'वेरिसेल्ला जॉस्टर वायरस' कहा जाता है। इसे यूँ समझें कि वायरस दोनों में ही वही चिकनपॉक्स वाला ही है पर बीमारियाँ अलग हैं। कभी यह न समझें कि हर्पीज जॉस्टर चिकनपॉक्स जैसा है। दोनों एकदम अलग बीमारियाँ हैं। हाँ, दाने चिकनपॉक्स जैसे ही निकलते हैं। पर दोनों इस साम्यता के बाद भी यहीं से एकदम अलग हो जाते हैं। यूँ समझें कि यदि आपको बचपन में कभी चिकनपॉक्स हुआ था, या मात्र उस बीमारी से आप एक्सपोज भी हुए थे, तो वर्षों बाद, बल्कि दशकों बाद, कभी आपको हर्पीज जॉस्टर नामक बीमारी भी हो सकती है। इस बीमारी में होता यह है कि आपके शरीर में दशकों पूर्व प्रवेश कर गए चिकनपॉक्स वायरस (वेरिसेल्ला वायरस) चुपके से जाकर आपकी तंत्रिका नसों (नर्व्स) की गाँठों में छुप जाते हैं। वे वहीं पर वर्षों तक छुपे रहते हैं। फिर कभी एक दिन, उस गाँठ से निकलकर, त्वचा के उस पूरे टुकड़े पर छा जाते हैं जिसे यह नस, स्नायुतंत्र तथा सेंसेशंस सप्लाई करती है। नस के साथ-साथ रेंगते ये वायरस त्वचा में पहुँचकर उस छोटे-से इलाके में चिकनपॉक्स जैसे दाने पैदा कर देते हैं। चूँकि एक नर्व (तंत्रिका) में यह बीमारी हुई है तो इसीलिए आपको इस नस के पूरे क्षेत्र में बेहद दर्द भी होता है।

मरीज डॉक्टर के पास मूलत: यही कहता हुआ आता है कि सर, देखिए (छाती, हाथ, पाँव, पीठ, नितम्ब, चेहरे आदि में कहीं भी) ये दाने निकल आए हैं और पूरे एरिया में बड़ा तेज दर्द भी हो रहा है। मरीज प्राय: समझता है कि शायद किसी एलर्जी की वजह से ये दाने हो गए हैं। वह बताता है कि शायद उसे किसी कीड़े ने काट लिया है, या शायद सोते में 'मकड़ी दबकर कुचल गई' और उसका द्रव

निकलकर त्वचा में लग गया, सो यह एलर्जी हो गई है।

याद रहे, यदि शरीर के एक छोटे-से हिस्से में अचानक ही चिकनपॉक्स जैसे दाने निकल आएँ तो यह हर्पीज जॉस्टर हो सकता है। यदि दानों के साथ उस इलाके में तेज जलन जैसा या चमक वाला दर्द भी हो रहा है तो यह जरूर ही हर्पीज हो सकता है। यदि शरीर के एक ही तरफ (बाएँ या दाएँ दाने आए हों), पर मध्य के हिस्से को पार करके दूसरी तरफ बिलकुल भी न हों तब तो पक्के से यह हर्पीज की बीमारी ही है। चिकनपॉक्स की भाँति इसमें बुखार नहीं होता। फिर यह बच्चों की बीमारी भी नहीं है। प्राय: यह पाँचवें-छठे दशक के बाद के बुढ़ापे में कदम रखते लोगों या अधेड़ों की बीमारी है। ऐसे दानों को कभी एलर्जी न मानें। इन दानों पर फालतू में एलर्जी की दवाई या क्रीम पोतने न बैठ जाएँ क्योंकि यह एकदम अलग ही बीमारी है। इसका इलाज भी एलर्जी से एकदम अलग है। और खराब बात यह है कि दाने सूख जाने के बाद भी महीनों तक चमड़ी के उस इलाके में आपको इतना तेज दर्द बना रह सकता है कि वह आपकी जिन्दगी दूभर कर डाले। यदि उम्र ज्यादा हो गई हो, और तब 'हर्पीज जॉस्टर' हो जाए तो इस दर्द के बने रह जाने का डर और भी ज्यादा हो जाता है। इसे 'पोस्ट हर्पिटिक न्यूरेल्जिया' कहते हैं। इस दर्द की कुछ विशिष्ट दवाइयाँ होती हैं। कभी वे भी काम नहीं करती हैं। कभी इस न्यूरेल्जिया के कारण लोग आत्महत्या तक कर लेते थे। वैसे यह बीमारी किसी भी उम्र में हो सकती है, सो यह न मान लें कि जवानी में हुई है तो 'हर्पीज' हो ही नहीं सकती। हाँ, प्राय: यह बाद की उम्र की बीमारी है।

याद रहे, यदि शरीर के एक छोटे-से हिस्से में अचानक ही चिकनपॉक्स जैसे दाने निकल आएँ तो यह हर्पीज जॉस्टर हो सकता है। यदि दानों के साथ उस इलाके में तेज जलन जैसा या चमक वाला दर्द भी हो रहा है तो यह जरूर ही हर्पीज हो सकता है।

यदि यह चेहरे पर हो जाए तो आँख की पुतली पर दाने भी बन सकते हैं। आँख की रोशनी भी जा सकती है। जुबान तथा कान के अन्दर तक भी दाने हो सकते हैं। ऐसा होने पर हो सकता है कि आधी जीभ में आपको फिर किसी तरह का स्वाद का ही पता न चले। चेहरे की 'हर्पीज' में यदि चेहरे की नस खराब हो जाए अर्थात् फेसियल पाल्सी हो जाए तो चेहरा टेढ़ा भी हो सकता है।

प्राय: जब तक ये दाने आएँ, दर्द उससे पूर्व ही चालू हो जाता है। ऐसा आदमी दर्द से तड़पकर अस्पताल जाता है तब दाने तो होते नहीं। ऐसे में उस दर्द को कुछ

भी समझकर कुछ भी जाँचें तथा इलाज शुरू हो सकता है। मैंने छाती की 'हर्पीज' के ऐसे रोगियों को देखा है जिनका 'हार्ट अटैक' की लाइन पर इलाज चल पड़ा और फिर एक-दो दिन में जब छाती पर दाने निकल आए तब जाकर पता चला कि असली मामला क्या है! हाँ, एक अलर्ट डॉक्टर दर्द के विवरण से ही जरूर जान जाता है कि शायद यहाँ 'हर्पीज' हो रहा है।

क्या 'हर्पीज' वाला मरीज दूसरे को 'हर्पीज' कर सकता है? नहीं। 'हर्पीज' तो वर्षों का मामला है। अलबत्ता, कमजोर बूढ़ों या जिनको चिकनपॉक्स का टीका न लगा हो और कभी चिकनपॉक्स भी न हुआ हो वे यदि 'हर्पीज जॉस्टर' के मरीज के सघन सम्पर्क में रहें तो उनको इससे चिकनपॉक्स अवश्य हो सकता है। एचआईवी, बहुत ज्यादा उम्र, बहुत कमजोर लोग, कैंसर की कीमोथेरेपी ले रहे लोगों में 'हर्पीज' बिगड़ भी सकती है। तब यह बीमारी पूरे शरीर में भी फैल सकती है। वरना, प्राय: यह दो-तीन सप्ताह में ठीक हो जानेवाली बीमारी है।

इसका इलाज क्या है?

इलाज है। इसका कोई घरेलू इलाज करने न बैठ जाएँ। न ही, केमिस्ट से लेकर खुद एलर्जी की कोई गोली खा लें। खास कर, बहुत ज्यादा दाने हों तब तो पक्का ही इलाज लें। यदि एकदम शुरुआत में एंटी वायरल दवाइयाँ दे दी जाएँ तो बाद में आप दर्दरहित रहेंगे, वरना दाने ठीक हो जाने के बाद भी उस इलाके में बेहद तेज दर्द बना रह सकता है जिसका ठीक से इलाज किसी के पास भी नहीं। तुरन्त किसी अच्छे डॉक्टर की सलाह लें! एंटी वायरल, ड्रग दी जाएगी। वह लें।

अवचेतन मन की निराली कथाएँ

मानव-मन और मानव-जीवन कितना बहुरंगी है। मानव-मन के कितने विचित्र पहलू हैं! 'हिस्टीरिया' से जुड़ी ये कथाएँ रोचक परन्तु मन की जटिलता से आपको परिचित करानेवाली हैं।

हिस्टीरिया हमारे अवचेतन मन का बड़ा ही पेचदार खेल है। इसे 'ट्रेजिकॉमेडी' कह लें। ऐसा समझें कि डॉक्टर के पास आया हुआ यह ऐसा मरीज है जिसे वास्तव में कोई बीमारी नहीं है परन्तु वह फिर भी या तो बेहोश पड़ा है या पेट-दर्द से तड़प रहा है। उसके साथ आए लोग चिन्तित खड़े हैं। इसे क्या हो गया डॉक्टर सा'ब? डॉक्टर भी प्राय: ठीक से बता ही नहीं पाता कि यह कोई बीमारी नहीं—बस, हिस्टीरिया है। वह प्राय: आधा-अधूरा-सा कुछ समझता है जिसका अर्थ कई बार यह निकाल लिया जाता है कि इसे बीमारी तो कुछ है नहीं—बस, फालतू ही नाटक कर रही है। पर ऐसा सोचना गलत होगा। दरअसल यह ऐसा विचित्र मरीज है जो बेहोश तो नहीं है, परन्तु वह कोई नाटक भी नहीं कर रहा, न ही बहाना बनाकर बेहोश पड़ा है। उसे कोई बीमारी नहीं है परन्तु उसका अवचेतन मन उसे विश्वास दिला रहा है कि तू बेहोश है। उसे लग रहा है कि वह बेहोश है। नाटक करके बेहोश हुआ आदमी जानता है कि वह बेहोशी का नाटक कर रहा है जबकि हिस्टीरिया वाले को विश्वास है कि वह बेहोश है। हिस्टीरिया अवचेतन मन का खेल है जबकि नाटकबाजी चेतन मन का। क्यों कर रहा है अवचेतन मन ऐसा खेल? क्योंकि वह आपका ध्यान अपनी किसी और समस्या की तरफ खींचना चाहता है। हिस्टीरिया अवचेतन मन का ध्यान खींचने की (अटेंशन सीकिंग) विधि है। वह कह रही है कि हमारी तरफ ध्यान देने का समय तो तुम्हारे पास नहीं है तो फिर यूँ ही सही—बेहोश हो जाऊँगी तब तो मेरे लिए दौड़ते फिरोगे न?

इसीलिए यदि कोई डॉक्टर मरीज के बारे में यह कहे कि 'इसे कोई बीमारी नहीं है, 'हिस्टीरिया' है, बस' तो मरीज से सहानुभूति से पेश आएँ। जानने की

हिस्टीरिया अवचेतन मन का खेल है जबकि नाटकबाजी चेतन मन का। क्यों कर रहा है अवचेतन मन ऐसा खेल? क्योंकि वह आपका ध्यान अपनी किसी और समस्या की तरफ खींचना चाहता है। हिस्टीरिया अवचेतन मन का ध्यान खींचने की (अटेंशन सीकिंग) विधि है।

कोशिश करें कि क्या मानसिक परेशानी है उसकी। कारण को तलाश कर उसे ठीक करें जिसकी तरफ ध्यान खींचने के लिए वह बार-बार बेहोश हो जाता है। उसे डाँटें मत। यह न कहें कि तेरे को है तो कुछ भी नहीं और तू फालतू ही परेशान करती/ता है सबको। हिस्टीरिया के मरीज को डॉक्टर की नहीं, आपकी और सिर्फ आपकी सहानुभूति की जरूरत होती है।

पहली कथा

मुझे बताया गया कि एक बेहद इंटरेस्टिंग 'न्यूरोलॉजिक केस' वार्ड में भर्ती हुआ है। मैं गया। देखा। आठ साल का बच्चा। हमारा इकलौता बच्चा है। बेहद होशियार है। हमेशा टॉप करता है—बाप ने बताया। माँ बदहवास-सी बोली कि पिछले पन्द्रह दिनों से इसकी खोपड़ी की त्वचा इतनी ज्यादा सेंसिटिव हो गई है कि कंघी तो दूर, सिर पर किसी की उँगली भी छू जाए तो दर्द के मारे बिलबिलाता जाता है। इसी कारण स्कूल तक नहीं भेज पा रहे; पन्द्रह दिनों में कितना पीछे रह गया होगा स्टडीज में!—बाप ने चिन्ता जताई। इतनी जाँचें हो चुकीं—ब्लड टेस्ट, सीटी स्कैन, एक्स-रे। पता नहीं, ऐसा क्या हो गया मेरे बेटे को? मैंने उसे देखा। पहले पाँच मिनट तक बच्चे से उसकी बीमारी की बात ही नहीं की। मैंने उससे पूछा कि तुमको कौन-सा खेल पसन्द है? कौन-सा वीडियो गेम? ऐसी ही बातें। बच्चा जब इन बातों में तल्लीन था और बता रहा था कि कैसे उसने दोस्त की बॉल पर जोरदार छक्का मारा था, तभी मैंने शाबाशी देते हुए उसकी पीठ पर हाथ रखा और फिर बातें करते हुए हाथ को उसके सिर तक ले आया। कोई दर्द नहीं हुआ उसे। बातों में लगाकर मैं उसकी खोपड़ी को यहाँ-वहाँ दबाता भी रहा। कुछ नहीं कहा उसने। बीमारी सामने थी—हिस्टीरिया। कोई दर्द नहीं था सिर पर, कोई हाइपरसेंसटिविटी नहीं। कुछ भी ऐसा नहीं था बच्चे को। वह तो

वास्तव में अपने बाप से परेशान था जो अपने सपनों को उसके जरिये साकार करने की जिद में उसका बचपन छुड़ाने पर तुला हुआ था। वह उसे हर चीज में फर्स्ट देखना चाहता था। इस सब्जेक्ट में आधा नम्बर कम कैसे? म्यूजिक सीखो। मैथ की कोचिंग को चलो। उसी का नतीजा थी वह बीमारी। मैंने माँ-बाप को समझाया कि डॉक्टरों के चक्कर में न भटकें। अगर बाप ठीक हो जाए तो बेटा खुद ही ठीक हो जाएगा। बाद में वही हुआ भी।

दूसरी कथा

वे चाहे जब पत्नी को उठाए अस्पताल ले आते हैं। शिकायत करते हैं कि ये तो आज फिर से बेहोश होकर गिर पड़ीं डॉक्टर साहब। वे चाहे जब, चाहे जहाँ बेहोश हो जाती हैं। हर बार घर वाले लेकर अस्पताल भागते हैं। गिर जाती हैं परन्तु गिरकर कभी भी उनको चोट नहीं लगती। ऐसा गिरती हैं कि सीधे पलंग या सोफे पर ही गिरें। सौ जाँचें करा चुके, दो सौ तरह के डॉक्टरों को दिखा चुके। हर बार बताया जाता है कि यह हिस्टीरिया वाली 'बेहोशी' है साहब, अस्पताल न लाएँ। 'बेहोश' ही छोड़ देंगे तो कुछ देर में खुद उठ जाएँगी। पर वे मानते नहीं। पत्नी की पिटाई करते हैं कि तू यह नाटक सबको परेशान करने के लिए करती है। पत्नी का ध्यान रखते नहीं। 'हिस्टीरिया' को नाटक मानते हैं। मूल बात समझते नहीं। वह बेहोश होकर उनका ध्यान खींचती रहती है।

अस्पताल में पति महोदय झक मारकर उसके आसपास रहते हैं। दोनों की नासमझी में 'हिस्टीरिया' बढ़ता जाता है और डॉक्टर परेशान रहता है।

पुनश्च

फिर कहूँगा कि 'हिस्टीरिया' नाटकबाजी नहीं है। मरीज पर नाराज न हों और न ही उसे लेकर डॉक्टरों के पास भटकें। मरीज के मन को समझें। मानसिक तनाव का कारण खोजें और उसे दूर करें।

दस जगह भटके तब पता चला कि थायरॉइड है

'हाइपोथायरॉइडिज्म', इस बीमारी का नाम सुना है आपने?

मरीज मुझसे अक्सर यह पूछते हैं कि क्या यह बीमारी आजकल ज्यादा ही होने लगी है? पहले तो हमने इसका कभी नाम ही नहीं सुना था और आजकल तो साहब, जिसे देखो, उसी को यह बीमारी!

चक्कर क्या है, सर? वे जानना चाहते हैं

हाइपोथायरॉइड का मतलब यह हुआ कि उस मरीज की थायरॉइड नामक ग्रंथि ने काम करना बन्द-सा कर दिया है। उसके शरीर में अब उतनी मात्रा में थायरॉइड हार्मोन नहीं बनते। कुछ वर्षों पूर्व तक, थायरॉइड हार्मोन का स्तर जाँचने की सुविधा केवल महानगरों तक ही सीमित थी। बीमारी तो तब भी होती थी परन्तु उसका पता इतनी आसानी से नहीं चल पाता था। मरीज इधर-उधर भटकता फिरता था। बस, लक्षणों का इलाज लेता फिरता था। जोड़ दर्द है थायरॉइड की कमी से और खा रहे हैं दर्द की गोली। आज इसकी जाँच की सुविधा छोटे कस्बों तक उपलब्ध है। बीमारी जल्दी पता लग जाती है तो हमें भ्रम होता है कि शायद यह बीमारी बढ़ गई है।

क्या होता है थायरॉइड हार्मोन? क्या होता है शरीर में इसकी कमी होने से?

ये हार्मोन, जिन्हें तकनीकी तौर पर हम T_3 तथा T_4 कहते हैं, शरीर की हर कोशिका में प्रवेश करके उसके कंट्रोल स्टेशन अर्थात् न्यूक्लियस को काम करने में मदद करते हैं। विशेष तौर पर मस्तिष्क, मांसपेशियों, गुर्दे, प्रजनन अंगों, हृदय तथा लिवर में। यह हार्मोन न मिले तो शरीर की कोशिकाओं में चल रहा जीवन का कारखाना बेहद धीमी गति से चलने लगता है। शरीर की कोशिकाओं में पर्याप्त ऊर्जा नहीं बनती।

ये हार्मोन मनुष्य की गर्दन में, टेंटुवे के पास स्थित थायरॉइड ग्रंथि में पैदा होते

हैं। थायरॉइड स्टिमुलेटिंग (T_{SH}) नामक एक हार्मोन है जो पिट्यूटरी नामक ग्रंथि से पैदा होता है। यह थायरॉइड पर असर डालकर T_3 तथा T_4 हार्मोन पैदा करने में मदद करता है। यदि थायरॉइड में ये T_3, T_4 यानी थायरॉइड हार्मोन कम पैदा हो रहे हों तो पिट्यूटरी ज्यादा थायरॉइड स्टिमुलेटिंग (T_H T_{SH}) पैदा करके थायरॉइड को पर्याप्त हार्मोन पैदा करने की कोशिश करने को कहता है। इसलिए तो हाइपोथायरॉइडिज्म में T_{SH} का लेवल काफी ज्यादा हो जाता है जबकि T_3-T_4 कम हो जाते हैं। T_3-T_4 पैदा करने के लिए थायरॉइड को आयोडीन की आवश्यकता होती है जो हमें यह अपने भोजन से मिलता है। इसलिए, आयोडीन की कमी भी हाइपोथायरॉइड पैदा करने में महत्त्वपूर्ण कारक होती है। यह सब तो इस बीमारी के बारे में कुछ बातें हुईं।

एक मरीज है जिसकी चमड़ी रूखी-सूखी रहने लगी है, बाल झड़ते हैं, चमड़ी पतली-सी होती प्रतीत हो रही है, पसीना बहुत ही कम आता है। वह कहाँ जाएगा? या तो स्वयं ही तेल, मायस्चराइजर्स आदि बदल-बदलकर लगाएगा या फिर त्वचा विशेषज्ञ की सलाह लेगा। पर मामला त्वचा में नहीं, थायरॉइड की कमी का है, मित्र।

पर हमें यह सब समझने की जरूरत ही क्या है, साहब? कौन-सी हमें थायरॉइड की गोली बेचनी है कि हम यह सब ग्राहक को समझाते फिरेंगे! समझने की जरूरत इसीलिए है क्योंकि यह बीमारी इतने भेस बदलकर आती है कि आपको कभी होगी भी तो पता नहीं चलेगा। हाइपोथायरॉइड का मरीज सही डायग्नोसिस से पहले दस तरह के विशेषज्ञ डॉक्टरों के पास भटक सकता है और फिर भी असली बीमारी छिपी रह सकती है। ऐसा इसलिए होता है कि थायरॉइड (T_3-T_4) हार्मोन की कमी से शरीर के हर सिस्टम पर असर पड़ता है। थायरॉइड की कमी से आदमी में शरीर के किसी भी सिस्टम की खराबी के लक्षण शुरू हो सकते हैं। और यदि शुरू में बीमारी का सही निदान न किया गया हो तो अन्ततः सारे सिस्टम ही गड़बड़ा सकते हैं। कैसे? चलिए, वह भी समझ लेते हैं।

एक मरीज है जिसकी चमड़ी रूखी-सूखी रहने लगी है, बाल झड़ते हैं, चमड़ी पतली-सी होती प्रतीत हो रही है, पसीना बहुत ही कम आता है। वह कहाँ जाएगा? या तो स्वयं ही तेल, मायस्चराइजर्स आदि बदल-बदलकर लगाएगा या फिर त्वचा विशेषज्ञ की सलाह लेगा। पर मामला त्वचा में नहीं, थायरॉइड की कमी का है, मित्र। हो सकता है कोई मरीज जल्दी थक जाता हो, उसकी साँस जरा-सी मेहनत

में भारी हो जाती हो, उसके हाथ-पाँव ठंडे रहते हों, उसे 'धड़कन टाइप' कुछ लगता हो और इन सबके इलाज के लिए वह साँस के डॉक्टरों की गोलियाँ खा रहा हो, और ताकत की दवाइयाँ टॉनिक भी ले रहा हो पर ठीक नहीं हो रहा। हो सकता है कि उसे हाइपोथायरॉइड हो! एक मरीज ऐसा भी हो सकता है जिसे पाँवों पर सूजन-सी लगे, चेहरे पर सूजन-सी लगे, वजन बढ़ रहा हो, आँखों के पपोटे सूजे-सूजे लगें और वह अपनी किडनी की जाँचें कराता फिरे, वजन कम करने के लिए किसी वजन कम करने का दावा करनेवाली महँगी क्लीनिक में हजारों रुपये खर्च करता रहे पर बीमारी की मूल जड़ में T_3-T_4 मात्रा की कमी हो। एक मरीज वह भी हो सकता है जिसे अपने जोड़-जोड़ सूजे-से लगे, जोड़ों में दर्द रहता हो, जोड़ जकड़े-से लगें। यह मरीज शायद कई हड्डी रोग विशेषज्ञों के चक्कर काटकर भी इसीलिए ठीक न हो पा रहा हो कि मामला जोड़ों की बीमारी का है ही नहीं। यह सब भी हाइपोथायरॉइडिज्म के कारण हो रहा है।

इस बीमारी का मरीज किसी भी विशेषज्ञ डॉक्टर के पास पहुँच सकता है। वह कान से कम सुनने के कारण कान विशेषज्ञ के पास बैठा मिल सकता है। माहवारी कम या ज्यादा होने के कारण, बाँझपन के इलाज के लिए, बार-बार गर्भपात हो जाने के कारण स्त्री रोग विशेषज्ञ के चक्कर में घूम सकता है। सेक्स की इच्छा खत्म या कम हो जाने के कारण वह नीम-हकीम या अन्य विशेषज्ञों से इलाज या शर्तिया काम करनेवाले तेल खरीदता मिल सकता है। आवाज बैठी-सी हो जाए या मोटी खुरदरी-सी हो जाए तो वह गले के डॉक्टर से गले का इलाज कराता मिले। हो सकता है, वह खून की कमी का इलाज करवा रहा है। याददाश्त कमजोर होने, मन न लगने, लड़खड़ाने, पगलाने तथा जानलेवा बेहोशी हो जाने पर उसे न्यूरोलॉजिस्ट या मानसिक रोग विशेषज्ञ के पास भी जाना पड़ सकता है।

औरतों में यह बीमारी ज्यादा पाई जाती है। इसके साथ गले में थायरॉइड की गाँठ या सूजन दिखे। यह कतई आवश्यक नहीं कि बिना थायरॉइड ग्रंथि के बढ़े भी यह बीमारी हो सकती है। परिवार में यह आपके भाई-बहनों या अन्य रक्त सम्बन्धियों में भी हो सकती है क्योंकि यह आनुवंशिक भी होती है।

मान लो कि यह हो ही जाए, तो फिर क्या करें?

किसी अच्छे डॉक्टर की सलाह लें। वह आपको थायरॉइड हार्मोन की गोलियाँ देगा जो सुबह-सुबह एकदम खाली पेट लेनी पड़ती हैं। डोज आपका डॉक्टर ही तय

करेगा। हो सकता है कि वह कम डोज से शुरू करके बाद की रिपोर्टों के आधार पर यह डोज बढ़ाए और तब तक बढ़ाता जाए जब तक कि आपकी रिपोर्ट ठीक न आ जाए। एक बार यह रिपोर्ट ठीक आ जाए और आपका T_{SH} दो-तीन के आसपास होने लगे तो फिर थायरॉइड की जाँच साल या दो साल में ही कराएँ। क्या रिपोर्ट ठीक आने पर मैं दवाई लेना बन्द कर दूँ? नहीं, यह दवाई तो जीवन भर चलेगी। इसे भोजन जैसा मानकर खाएँ। थायरॉइड की यह कमी जीवन भर के लिए है तो दवा द्वारा आपूर्ति भी जीवन भर ही चलानी होगी। दवा बन्द न करें। हाँ, जो करें, अपने डॉक्टर की सलाह पर ही करें।

मेटाबॉलिक सिंड्रोम—ये है क्या बला?

आजकल डॉक्टर कई लोगों को यह बताते हैं कि आपको दरअसल 'मेटाबॉलिक सिंड्रोम' है। वे प्राय: यह कभी साफ नहीं करते हैं कि यह 'मेटाबॉलिक सिंड्रोम' आखिर क्या बला है? मरीज के पूछने पर भी डॉक्टर अक्सर यही जवाब दे देते हैं कि इसके होने से आगे जाकर आपको कई अन्य बीमारियों का खतरा दो से पाँच गुना बढ़ जाता है। इससे आपको हार्ट अटैक या लकवे का स्ट्रोक भी पड़ सकता है।

कभी इससे ज्यादा बताया भी तो वे इंसुलिन रेजिस्टेंस, पेरिटोनियल फैट जैसी तकनीकी शब्दावली का हौवा, जिसे समझना नामुमकिन होता है, खड़ा कर देते हैं। मुझे लगता है कि हर व्यक्ति को 'मेटाबॉलिक सिंड्रोम' का थोड़ा सिर-पैर पता तो होना ही चाहिए। ऐसा माना जाता है कि लगभग 24 प्रतिशत वयस्कों तथा 44 प्रतिशत साठ वर्ष से ऊपर की उम्र वालों में यह विकार मौजूद हो सकता है। सम्भव है कि अभी उन्हें कोई तकलीफ न हो रही हो, लेकिन इसके बारे में जानकारी होगी तो वे इसे कंट्रोल कर लेंगे। कंट्रोल कर लेंगे तो हार्ट अटैक और स्ट्रोक की रिस्क भी बहुत हद तक कम कर सकेंगे।

यह 'मेटाबॉलिक सिंड्रोम' आखिर है क्या बला?

इस विकार में शरीर के अन्दर ही अन्दर खुद के शरीर के विरुद्ध मानो एक षड्यंत्र-सा चल पड़ता है। आपके लिवर और पेट के अन्दर की चर्बी में बेतहाशा वृद्धि हो जाती है। यह बात ऊपर से पता भी नहीं चलती। जरूरी नहीं कि इससे आप मोटे लगें पर अन्दर चर्बी खतरनाक तौर पर बढ़ ही जाती है। यह चर्बी अन्तत: खून में घुलकर दिल और दिमाग की नलियों में जमा होकर उन्हें अवरुद्ध करती रहती है। ऐसे लोगों में शरीर में इंसुलिन बनती अवश्य है परन्तु शरीर पर उसका वांछित असर ही नहीं होता। इसी को डॉक्टर लोग 'इंसुलिन रेजिस्टेंस' की स्थिति कहते

हैं। नतीजा? ऐसे शख्स की ब्लड शुगर बढ़ी रहती है। अन्ततः उसे डायबिटीज भी हो सकती है। खून की नलियों को तनावमुक्त रखने का गुण भी समाप्त हो जाता है। वे अब 'रिलैक्स' नहीं हो पातीं। इससे आपका रक्तचाप बढ़ा रह सकता है। रक्त में खराब किस्म के कोलेस्ट्राल बढ़ जाते हैं। खराब कोलेस्ट्राल का खोटा सिक्का चलता है और अच्छे कोलेस्ट्राल के खरे सिक्के की कीमत कम हो जाती है। यह सारा उत्पात उस आदमी के शरीर में चल रहा होता है जो ऊपर से एकदम स्वस्थ महसूस कर रहा है। जब स्वस्थ महसूस हो रहा है तो फिर कोई जाँच भी क्यों कराना? वह कुछ नहीं कराता। फिर एक दिन उसे हार्ट अटैक आ जाता है या डायबिटीज निकल आती है या ऐसा ही कुछ हो जाता है जो उसके हिसाब से एकदम अनपेक्षित था, पर डॉक्टर की नजर में इतना अपेक्षित था कि यह तो होना ही था। न होता तो जरूर आश्चर्य कहाता।

> कोई दवाई बताइए न, कैसे इस 'मेटाबॉलिक सिंड्रोम' नामक छिपे हुए दुश्मन को कंट्रोल में किया जाए? क्या करें, यदि जाँच में ऐसा कुछ निकल आए? और कुछ भी न करूँ तो? यदि इसका पता चल जाए तो इसे नजरअन्दाज मत करें। ऐसा किया तो यह रास्ता अन्ततः आपको उच्च रक्तचाप, डायबिटीज, हार्ट अटैक तथा स्ट्रोक की तरफ ले ही जाएगा।

मुझे कैसे पता चले कि मुझे 'मेटाबॉलिक सिंड्रोम' है अथवा नहीं?

डॉक्टर के पास जाएँ। रूटीन मेडिकल चेकअप कराएँ। डॉक्टर की सलाह पर ब्लड शुगर तथा कोलेस्ट्राल आदि की जाँच करा लें। इसके बाद इस सबसे यदि यह पता चले कि :

- आप औरत हैं और आपकी कमर 35 इंच से ज्यादा है या आप आदमी हैं आपकी कमर 40 इंच से ज्यादा है।
- आपका अच्छा कोलेस्ट्राल (HDL) कम है (औरतों में 50 mg/dl से कम और आदमी में 40 mg/dl से कम)।
- आपका खराब कोलेस्ट्राल (ट्राइग्लिसराइड्स) 140 mg/dl से ज्यादा है।

- आपका रक्तचाप 130/80 से ज्यादा है।
- खाली पेट ब्लड शुगर 100 mg/dl से ज्यादा है।

तो जान लें कि आपको 'मेटाबॉलिक सिंड्रोम' है। आप ऊपर से तो स्वस्थ दिखते हैं परन्तु आपका मेटाबॉलिज्म, आपका ऊर्जा पैदा करने का सिस्टम, आपका इंजन खराब चल रहा है। यह किसी दिन जरूर बैठ जाएगा। आप तेजी से डायबिटीज, उच्च रक्तचाप, हार्ट अटैक तथा स्ट्रोक की दिशा में जा रहे हैं। सतर्क हो जाएँ। तो मैं अब क्या करूँ, डॉक्टर साहब? मैं तो जाँच कराके फँस गया, साहब। चिन्ता में डाल दिया आपने तो। कोई दवाई बताइए न, कैसे इस 'मेटाबॉलिक सिंड्रोम' नामक छिपे हुए दुश्मन को कंट्रोल में किया जाए? क्या करें, यदि जाँच में ऐसा कुछ निकल आए? और कुछ भी न करूँ तो? यदि इसका पता चल जाए तो इसे नजरअन्दाज मत करें। ऐसा किया तो यह रास्ता अन्ततः आपको उच्च रक्तचाप, डायबिटीज, हार्ट अटैक तथा स्ट्रोक की तरफ ले ही जाएगा। इसे कंट्रोल करने के लिए यह सब करें जो मैं बता रहा हूँ—

- सबसे महत्त्वपूर्ण बात है कि ज्यादा न खाएँ। भकोसना, आवश्यकता से अधिक कैलोरी ही इसकी जड़ है। अपनी भूख से एकाध रोटी कम ही खाएँ।
- हाई कैलोरी बम टाइप के भोज्य पदार्थ विशेष तौर पर शक्कर, घी और तेल में बने हुए खाने-पीने के पदार्थ बहुत कम कर दें।
- शक्कर बन्द करके शुगर-फ्री सेकरीन टाइप कुछ खा लूँ क्या? स्वाद के स्तर पर पूरी सन्तुष्टि हो जाएगी। नहीं, बनावटी मीठापन पैदा करनेवाली चीजें अन्ततः वजन तथा कैलोरी बढ़ाती ही हैं।
- खाना खाने के बाद फल खाएँ और साथ में सलाद भी। फलों को भोजन के तुरन्त बाद खाने से एंटी-ऑक्सीडेंट वाला लाभ मिलता है जो खाली पेट खाए गए फल से बहुत नहीं मिलता।
- वैज्ञानिक अध्ययन बताता है कि खाने से ठीक पूर्व यदि 300 ml बियर या 140 ml वाइन या 45 ml शराब ले ली जाए तो यह 'मेटाबॉलिक सिंड्रोम' को ठीक करने में बेहद मददगार है। परन्तु याद रहे कि बस इसी मात्रा में। यदि इससे ज्यादा ली तो इसका बेहद खराब असर भी होता है। यदि आप इस मात्रा पर रुकने की

इच्छाशक्ति रखते हैं तो यह सलाह आपके लिए है। यदि आप मेरी इस सलाह के बहाने दारू पीना चाहते हैं तो कृपया क्षमा करें।

- कॉफी पीने से भी इसमें फायदा होगा। कॉफी, चाय, मछली और मछली का तेल आदि भी 'मेटाबॉलिक सिंड्रोम' में फायदा करते हैं।
- अपना वजन कम करें।
- नियमित व्यायाम करें।

आप कहेंगे कि मैं जब चाहे, जिस बहाने से वजन कम करने और व्यायाम करने की सलाह को बीच में घसीट ही लाता हूँ। क्या करूँ? ये दो बातें आपकी बहुत सारी स्वास्थ्य समस्याओं का शर्तिया समाधान हैं। कभी करके देखें।

नजर पर भी रखें एक नजर

हम कहते जरूर हैं कि आँखें हैं तो जहान है वरना दुनिया वीरान है परन्तु शायद ही हम अपनी आँखों की कभी रूटीन जाँच कराते हों। हम तो नेत्र विशेषज्ञ के पास तभी जाते हैं जब आँखें दर्द करें, लाल हों या नजर एकदम ही जवाब देने लग जाए। बहुत सारे भ्रम हैं नजर को लेकर। ऐसे ही कुछ भ्रमों को दूर करने की कोशिश करते हैं।

पहली कथा

लड़के की आँखें बचपन से ही भेंगी थीं। स्थानीय डॉक्टर ने कभी स्क्विंट विशेषज्ञ को दिखाने को कहा भी था, पर इन्होंने दिखाया नहीं। ऐसे ही बड़ा होता गया लड़का। 'तिरछी नजर' के साथ 'तिरपट' कहलवाते हुए वह जवान हो गया तो पिताजी चेते। शादी की मार्केट में भेंगा दूल्हा लेकर उतरे तो लड़के को इतना दहेज भी नहीं मिलना है जो बिरादरी के नालायक दूल्हे भी ले आते हैं। तय किया कि पहले इसका भेंगापन ठीक करा लें। तब नेत्र विशेषज्ञ ने जाँचकर बताया कि भेंगापन ठीक करके मैं इसकी तिरछी आँखें तो ठीक कर दूँगा पर आपको इसका यह इलाज बचपन में ही करा लेना चाहिए था क्योंकि सालों तक भेंगापन बने रहने से इसकी एक आँख की नजर बेहद कमजोर हो चुकी है जो अब ठीक नहीं की जा सकेगी।

ऐसा क्यों?

पूछा गया तो विशेषज्ञ ने जो बताया, वह जानना सबके लिए जरूरी है। नॉर्मल

(स्वस्थ) आँखों में दुनिया की हर वस्तु को देखने पर उस वस्तु की एक-एक तसवीर दोनों आँखों के पर्दे (रेटिना) पर एक ही कोण पर बनती है जो फिर दिमाग में चली जाती है। अन्तत: एक ही कोण पर बनी ये दो तसवीरें 'सुपरइंपोज' होकर दिमाग द्वारा एक बन जाती है, फिर हम आँखों से वह देखते हैं जिसे विज्ञान की भाषा में 'बाइनोकुलर विजन' कहते हैं—एक चीज को, दो आँखों द्वारा, एक ही देखना। भेंगापन हो तो दोनों आँखें दो अलग कोणों से एक ही चीज को देखती हैं। तब दोनों आँखों के पर्दे पर दो अलग कोणों पर तसवीरें बनती हैं। दिमाग फिर दोनों को मिलाकर एक नहीं कर पाता। इस तरह दिमाग में एक ही चीज की दो तसवीरें बनती हैं जो देखनेवाले को भ्रमित करेंगी। इससे बचने के लिए दिमाग धीरे-धीरे तिरछी आँख को कोई भी तसवीर बनाने से ही रोकने की कोशिश करता है। इस तरह धीरे-धीरे, पैदाइशी भेंगे व्यक्ति में, कुछ सालों में, उसकी भेंगी आँख की तसवीर बनाने की शक्ति (न्यूरो सेंसटिविटी) खत्म हो जाती है। तब वह आँख बेहद धुँधली तसवीर ही बनाती है ताकि दूसरी आँख की बनी तसवीर में कोई भ्रम न पैदा हो और देखने का काम चल जाए।

पैदाइशी भेंगे व्यक्ति में, कुछ सालों में, उसकी भेंगी आँख की तसवीर बनाने की शक्ति (न्यूरो सेंसटिविटी) खत्म हो जाती है। तब वह आँख बेहद धुँधली तसवीर ही बनाती है ताकि दूसरी आँख की बनी तसवीर में कोई भ्रम न पैदा हो और देखने का काम चल जाए।

यदि भेंगापन बचपन से ही है तो कम उम्र में ही इलाज करा लें वरना एक आँख की नजर खराब हो सकती है।

शिक्षा

उम्र बढ़ने पर आँख के तिरछेपन का तो इलाज हो जाएगा पर गई नजर वापस नहीं मिलेगी। भेंगेपन का इलाज किसी भेंगापन विशेषज्ञता वाले नेत्र विशेषज्ञ से ही कराएँ। यह इलाज केस की गम्भीरता के अनुसार, ऑपरेशन से भी होता है और दवाइयों द्वारा भी।

डालनी होंगी। अस्सी प्रतिशत मरीज दवाइयाँ ठीक से नहीं डालते, या कभी-कभी ही डालते हैं या बन्द ही कर देते हैं। यह अन्धत्व को खुला निमंत्रण है।

नेत्र विशेषज्ञ यदि इसके लिए कोई छोटा या बड़ा ऑपरेशन बताए जिससे आँख का प्रेशर कंट्रोल होता हो तो करा लें। ये ऑपरेशन जरूरी होते हैं और आसानी से हो जाते हैं।

30 प्रतिशत भारतीयों की आँख का कोण 'नैरो एंगल' होता है जो भविष्य में ग्लॉकोमा होने की निशानी है। इसको ठीक करने के लिए, पाँच मिनट में ही एक छोटा-सा ऑपरेशन (आइरिडेक्टमी) किया जाता है जो करा ही लिया जाना चाहिए।

कहना यह है कि दूसरों पर नजर रखने के अलावा अपनी नजर पर भी नजर रखे रहें तो नजर इस काबिल बनी रहेगी कि दूसरों पर भी नजर रखी जा सके।

कम्प्यूटर की बुरी नजर से बचें

आज के हाइटेक समय में अगर किसी से यह पूछा जाए कि हमें जो आँखें मिली हैं उनके क्या फायदे हैं तो उनसे शायद ज्यादातर का जवाब होगा कि इनसे हम कम्प्यूटर देख सकते हैं। वास्तव में कम्प्यूटर इतना ही अहम हिस्सा बन गया है हमारे जीवन का। कल के दिन शायद मेरे बच्चों के बच्चे यह विश्वास ही न करें और यह सुनकर हँसें और हैरान हो जाएँ कि कोई ऐसा भी समय था जब आदमी बिना कम्प्यूटर के भी जीता था।

हमारा जीवन इतना कम्प्यूटरमय तथा कम्प्यूटरग्रस्त हो चुका हो कि शरीर के अंगों में सबसे ज्यादा दबाव यदि किसी पर आया है तो वे हैं—हमारी आँखें। कम्प्यूटर की स्क्रीन पर देखना किसी अन्य चीज को देखने की तरह कोई आम कार्य नहीं है। यह किताब पढ़ने या टाइपिंग मशीन पर टाइप करने जैसा काम भी नहीं है। आँखें इन सब कामों में भी लगातार काम में लाई जाती रही हैं। हम कई बार घंटों तक लिखा-पढ़ी करते ही हैं। पर कम्प्यूटर पर लिखी इबारत को पढ़ना कागज पर लिखे को पढ़ने से एकदम अलग किस्म का 'मैकेनिज्म' है। कैसे? वह ऐसे कि कम्प्यूटर स्क्रीन पर जो भी आकृतियाँ बन रही हैं, वे बहुत सारे बिन्दुओं को मिलाकर बन रही हैं और ये 'इलेक्ट्रॉनिक बिन्दु' लगातार हिल रहे हैं। आँखों को इन निरन्तर दोलायमान बिन्दुओं का पीछा करना पड़ता है। आँखें लगातार हिलकर इन बिन्दुओं की गति के साथ तालमेल बनाए रखती हैं ताकि हम कम्प्यूटर पर ठीक से देख सकें। नतीजा? आँखें घूम-घूमकर थक जाती हैं। इससे हमारे अन्दर नेत्र-तनाव के लक्षण उभर आते हैं। इसी को 'कम्प्यूटर विजन सिंड्रोम' कहते हैं।

लगातार कम्प्यूटर पर काम करके हमारी आँखें थक जाती हैं। कम्प्यूटर के स्क्रीन के आसपास 'स्टेटिक इलेक्ट्रिकल चार्जेज' भी पैदा होते हैं जो आसपास के धूल के कणों को अपनी तरफ खींचते हैं। यह धूल भी आपके नेत्रों में जा

सकती है। फिर प्रायः कम्प्यूटर छोटे-छोटे दड़बेनुमा केबिनों में रखे होते हैं। छोटे केबिन में खुली हवा नहीं होती। इस सबसे हमारी आँखें सूखने लगती हैं। आँखों में दर्द होता है। आँखों में खुजली होती है। एलर्जी भी औरों की तुलना में ज्यादा होने लगती है। आँखें थकी-थकी रहती हैं। नींद बिगड़ जाती है। मन बेचैन रहता है। कन्धे दर्द करने लगते हैं। गर्दन दर्द करती है। सिरदर्द भी हो सकता है। आदमी चिड़चिड़ाने लगता है। वह बिना बात के गुस्सा होता है। थका रहता है।

बच्चे का चिड़चिड़ा होना, लड़ाकू होना, किसी की बात को बर्दाश्त करना आदि लक्षण भी अन्ततः 'कम्प्यूटर विजन सिंड्रोम' के ही भाग हैं। कम्प्यूटर के सामने बैठकर उसने जो समय बिताए, खराब किए, वह तो एक अलग विषय है परन्तु उसके असर की चपेट में उसका शेष बचा समय भी आ जाता है।

बच्चों में ये नेत्र-तनाव के लक्षण और भी कई गुल खिला सकते हैं। उनकी आँखें कम्प्यूटर की मद्धिम रोशनी की ऐसी आदी हो जाती हैं कि उन्हें सूर्य की रोशनी नहीं भाती। वह बाहर नहीं रहना चाहता। उसके दोस्त कम हो जाते हैं। बाहर नहीं खेलेंगे तो दोस्त कहाँ रह जाएँगे? आँखों के निरन्तर तनाव से वह इस कदर थक सकता है कि उसका खाना खाने का मन ही न करे। बच्चे का चिड़चिड़ा होना, लड़ाकू होना, किसी की बात को बर्दाश्त करना आदि लक्षण भी अन्ततः 'कम्प्यूटर विजन सिंड्रोम' के ही भाग हैं। कम्प्यूटर के सामने बैठकर उसने जो समय बिताए, खराब किए, वह तो एक अलग विषय है परन्तु उसके असर की चपेट में उसका शेष बचा समय भी आ जाता है। यहाँ हम यह चर्चा तो कर ही नहीं रहे हैं कि कम्प्यूटर पर जो अनाप-शनाप चीजें बच्चा देखता/देख सकता है, उसका बच्चे के व्यक्तित्व पर क्या दुष्प्रभाव पड़ते हैं। वह तो एक अलग ही विषय है। अभी तो हम लगातार कम्प्यूटर पर काम करनेवाले बच्चे में मात्र कम्प्यूटर देखने से ही होनेवाले बदलावों की चर्चा कर रहे हैं जो नेत्र-तनाव से पैदा होते हैं।

तो हम क्या कम्प्यूटर पर काम करना ही छोड़ दें? कम्प्यूटर आधुनिक जीवन की अपरिहार्य बुराई है जिसे छोड़कर काम नहीं चल सकता। परन्तु कुछ बातों का खयाल रखकर यदि हम कम्प्यूटर पर काम करेंगे तो नेत्र-तनाव से जरूर बचा जा सकता है।

ये बातें इस प्रकार हैं—

- कम्प्यूटर का स्क्रीन अपनी आँखों के लेवल से छह से आठ इंच नीचा रखें।
- कम्प्यूटर को सूरज की रोशनी में रखकर काम न करें, न ही तेज रोशनी में कहीं अन्यत्र बैठकर भी। सिर के ऊपर से भी तेज, तीखी रोशनी न हो। चमकदार रोशनी में कम्प्यूटर पर काम करना नेत्र-तनाव पैदा करता है।
- कभी भी लगातार कम्प्यूटर पर काम न करें। आधे घंटे बाद पाँच-सात मिनट का 'ब्रेक' अवश्य ले लें। चिन्ता न करें। इन पाँच मिनट में कोई पहाड़ न टूट पड़ेगा।
- कम्प्यूटर स्क्रीन से अपनी आँखें (लगभग) कम-से-कम बीस इंच की दूरी पर रखकर ही काम करें।
- नेत्रों का 'कनवर्जेंस' व्यायाम किया करें। 'त्राटक क्रिया' इसी तरह का एक व्यायाम है। किसी भी नेत्र विशेषज्ञ के पास जाकर आप 'कनवर्जेंस एक्सरसाइज' समझ सकते हैं। यह व्यायाम विशेष तौर पर 'मायोपिक' चश्मा लगानेवाले तो जरूर ही करें।
- यदि किसी लिखित दस्तावेज के साथ आप कम्प्यूटर पर काम कर रहे हों तो दस्तावेज को भी कम्प्यूटर स्क्रीन के लेवल पर ही लाकर काम करें। दोनों के लेवल यदि अलग-अलग होंगे तो आँखों को बार-बार दस्तावेज तथा स्क्रीन के बीच घुमानी होंगी, जो नेत्र-तनाव पैदा करेगा।
- कुछ 'एंटी ग्लेयर' चश्मे भी बाजार में उपलब्ध हैं—उनसे भी कुछ फायदा मिल सकता है।
- आँखें सूखी लगें, या उनमें खुजली लगे तो किसी नेत्र विशेषज्ञ की सलाह पर ही उनमें कोई 'आई ड्राप्स' डालें।

चश्मे पर बारीक नजर

चश्मे को लेकर पचासों तरह के भ्रम हैं तथा हजारों सलाहें चलती हैं। मैं अपने अनुभव से जानता हूँ। मुझे भी दी गई हैं—लानतें भी, सलाहें भी। बचपन में जो शख्स मुझे चश्मा लगाए देख लेता, ढेरों सलाह दे डालता। लानतें तो यूँ कि तेरे को इतनी कम उम्र में चश्मा लग गया क्योंकि तू फालतू ही इतना पढ़ाकू है, हरी सब्जियाँ नहीं खाता है और भी पता नहीं क्या-क्या। मैं जब सातवीं या आठवीं कक्षा में था तब से ही चश्मा लगा रहा हूँ। पूरा जीवन चश्मे के बारे में ऊल-जलूल बातें सुनते गुजारा है मैंने। 'चश्मा हटा देने' के हजारों टोटके अभी भी गाँव-कस्बों में बताए जाते हैं। मऊरानीपुर में मेरी दादी तथा अन्य रिश्तेदार दुखी थे कि ज्ञान को इत्ती कम उम्र में चश्मा लग गया है। उन्होंने सामने की दुकान पर बैठनेवाले गोपी का उदाहरण दिया कि देखो, उनका तो 'चश्मा हट गया' है। दादी के कहने पर मैं भी चश्मा हटने का रहस्य जानने के लिए गोपी से जाकर मिला। मैंने उनसे पूछा कि चश्मा तो हट गया, पर दिखता ठीक-ठाक है कि नहीं? गोपी ने बताया कि 'चश्मा तो हट गया है' परन्तु ठीक से दिखता नहीं है!

चश्मे और नजर से जुड़े कुछ सवालों पर विचार करते हैं—

क्या लेटकर पढ़ने, ज्यादा पढ़ने, हरी सब्जियाँ न खाने या अन्य कमजोरी के कारण ही नजर का चश्मा लग जाता है?

नजर का चश्मा मायोपिया, हाइपरमेट्रोपिया, प्रेसवायोपिया आदि नेत्र-रोगों के कारण लगता है जो प्राय: आनुवंशिक कारणों से होते हैं। इन लोगों की आँख की बनावट कुछ ऐसी होती है कि रेटिना पर साफ तसवीर नहीं बनती। चश्मे का लेंस 'फोकल लेंथ' को ठीक करके सही तसवीर बनाने का काम करता है जिससे ठीक दिखने लगता है। लेटने आदि से आँख की बनावट पर तो कोई असर नहीं होता, फिर भी

> नजर का चश्मा मायोपिया, हाइपरमेट्रोपिया, प्रेसवायोपिया आदि नेत्र-रोगों के कारण लगता है जो प्रायः आनुवंशिक कारणों से होते हैं। इन लोगों की आँख की बनावट कुछ ऐसी होती है कि रेटिना पर साफ तसवीर नहीं बनती। चश्मे का लेंस 'फोकल लेंथ' को ठीक करके सही तसवीर बनाने का काम करता है जिससे ठीक दिखने लगता है।

लेटकर पढ़ना, कम रोशनी में पढ़ना आदि 'विजन हाइजीन' के विरुद्ध तो है ही। 'विजन हाइजीन' क्या है? चश्मा लगे, न लगे, पर आँखों में दर्द, आँखों का थक जाना, आँखों का सूखा लगना या उनसे पानी आना जैसे नेत्र-तनाव के लक्षण तो पढ़ने-देखने के गलत तरीकों से होते ही हैं। ये गलत आदतें शायद चश्मा लगने का कारण न बने, पर आँखें थकेंगी जरूर, यह तय है।

ये भी कहा जाता है कि यदि छुटपन में ही चश्मा लग गया तो फिर आगे नम्बर बढ़ता ही जाएगा, इसीलिए छोटे बच्चों को चश्मा नहीं लगवाना चाहिए। यह सोच ही गलत है। यदि ऐसा करेंगे तो सम्भव है कि बाद में चश्मा भी काम न करे। ऐसी गलती कभी न करें। बच्चे को चश्मे का हल्का नम्बर भी दिया गया हो तो भी उसका चश्मा जरूर लगवाएँ। ऐसा नहीं करेंगे तो बाद में उसकी आँखें चश्मे लायक भी नहीं बचेंगी।

कॉन्टेक्ट लेंस बेहतर हैं कि चश्मा लगाना?

चश्मे की अपनी सीमाएँ तथा परेशानियाँ हैं। चश्मा लग जाने से कई बार आदमी खामख्वाह ही बुद्धिजीवी तथा विद्वान्-सा नजर आने लगता है। लड़कियों को लगता है कि चश्मे से उनकी खूबसूरती तथा लुक पर गलत असर पड़ता है। फिर चश्मे की सँभाल भी जरूरी है। चश्मा आपकी पूरी दृष्टि को समेट भी नहीं पाता। आपका 'पेरीफेरल विजन' या कह लें कि परिधि की दृष्टि धुँधली ही बनी रहती है। कॉन्टेक्ट लेंस इस सबसे मुक्ति दिलाते हैं। वे पूरी दृष्टि के दायरे को साफ करते हैं क्योंकि वे आँख (की कॉर्निया) पर ही सीधे धरे जाते हैं। कॉन्टेक्ट लेंस खूबसूरती तथा दृष्टि के व्यापक पैनेपन के हिसाब से बेहद कारगर हैं। फिर भी, चश्मे ही ज्यादा चलते हैं तो क्यों? क्योंकि कॉन्टेक्ट लेंस लगाना बहुत ज्यादा सँभाल का काम है। उन्हें बहुत साफ रखना होता है। कई लोग उन्हें साधारण पानी से धो डालते हैं जो ठीक नहीं। लेंस को बार-बार, ठीक से साफ न करो या उसे ठीक से न बरतो तो कॉर्निया

पर छाले (कॉर्नियल अल्सर) हो सकते हैं, जो आपको अन्धा भी बना सकते हैं। यही वजह है कि बच्चे या लापरवाह किस्म के बड़े लोगों के लिए कॉन्टेक्ट लेंस लगा पाना कठिन काम है और खतरनाक भी।

'लेसिक सर्जरी' से चश्मा हट सकता है न?

सौ प्रतिशत तो नहीं, लेकिन हट सकता है। परन्तु लेसिक की भी अपनी सीमाएँ हैं। इस ऑपरेशन में आपकी कॉर्निया की सतह से झिल्ली निकालकर (फ्लैप बनाकर), नीचे की बची सतह को लेजर द्वारा सर्जरी करके, कॉर्निया के आकार को (पूर्वनिर्धारित नाप-तौल द्वारा) ऐसा कर देते हैं कि उससे गुजरनेवाली प्रकाश किरणें फिर से रेटिना पर सही जगह पड़ें और आँखों में तसवीर साफ बनने लगे। यहाँ तक तो सब बढ़िया प्रतीत होता है परन्तु ऐसे ऑपरेशन के सम्भावित खतरे भी होते हैं। बिगड़ जाए या इन्फेक्शन हो जाए तो आँख ही चली जाए। कॉर्निया को पतला करने और उसके आकार को बदलने में बिगाड़ की आशंका तो रहती ही है। परन्तु बहुत हाई पावर के मायोपिक लेंस लगानेवालों के लिए यह सचमुच उपयोगी है। नम्बर पूरा ठीक हो सकता है या काफी कम हो सकता है, पर हर आँख लेसिक के लायक नहीं होती। डॉक्टर से पूछताछ कर ही लेसिक कराएँ।

माहवारी के दिन 'कठिन दिन' नहीं हैं

स्वास्थ्य तथा चिकित्सा का संसार बहुत सारी गलतफहमियों और अफवाहों का शिकार रहा है। इसी के चलते बहुत-से नीम हकीमों की दुकानदारी चलती है। झाड़-फूँक वाले बाबाओं-ओझाओं की हलवा-पूरी भी इसी से चलती है और अवैज्ञानिक चमत्कारी दवाइयों का बड़ा बाजार भी चलता है। मिर्गी, दमा, मनोरोगों से लेकर गुप्त रोग तथा अनेकानेक स्त्री रोगों के इलाज का एक बड़ा चोर-बाजार खूब चल रहा है। खैर, आज मैं आपको स्त्री की माहवारी (मेंट्रुएशन) या रजस्वला होने के बारे में फैली गलतफहमियों तथा अज्ञान के बारे में बताऊँगा। सही बात क्या है, यह तो बताऊँगा ही।

माहवारी का होना स्त्री की विलक्षण शारीरिक बनावट का हिस्सा है। दुर्भाग्यवश मीडिया, विज्ञान-जगत तथा समाज ने माहवारी वाले दिनों को 'स्त्री के कठिन दिन' के रूप में पेश किया और उस पर बातचीत की। इसके विपरीत माहवारी तो स्त्री के मातृत्व से जुड़ा विषय है। माँ बनना और मातृत्व की क्षमता स्त्री का ऐसा गुण है जिसे प्राय: पुरुष समझ ही नहीं पाते। माँ बन सकने की यह क्षमता स्त्री में बहुत-से हार्मोनों के प्रभाव, अंडाशय से हर माहवारी के बीच गर्भारोपण की तैयारी के लिए अंडा निकलने तथा इन सबके प्रभाव से गर्भाशय (बच्चेदानी) की झिल्ली के तैयार होने की कहानी है।

माहवारी होना स्त्री के स्वास्थ्य की निशानी है।

मस्तिष्क में स्थित पिट्यूटरी ग्रंथि इस सारे तामझाम की बॉस ग्रंथि है। उसके द्वारा ही इस्ट्रोजन, प्रोजेस्टेरोन आदि हार्मोनों का बनना कंट्रोल होता है। फिर आता है अंडाशय। यहाँ अंडा बनता है और हर माह यह अंडा बच्चेदानी के अन्दर तक पहुँचता है। वहाँ पहुँचकर यह बच्चेदानी के अन्दर की झिल्ली पर विराजमान होकर शुक्राणु या स्पर्म की प्रतीक्षा करता है। यदि सम्भोग के बाद स्खलित वीर्य से निकलकर स्पर्म आया और संयोगवश अंडे से मिल गया तो गर्भ ठहर जाएगा।

माहवारी का होना स्त्री की विलक्षण शारीरिक बनावट का हिस्सा है। दुर्भाग्यवश मीडिया, विज्ञान-जगत तथा समाज ने माहवारी वाले दिनों को 'स्त्री के कठिन दिन' के रूप में पेश किया और उस पर बातचीत की। इसके विपरीत माहवारी तो स्त्री के मातृत्व से जुड़ा विषय है।

यदि ऐसा नहीं हुआ, तब? उस स्थिति में गर्भधारण के लिए जो तैयारी हर माह होती है, वह बेकार चली जाती है। तब हार्मोनों के प्रभाव में तैयार हुई झिल्ली बच्चेदानी से उखड़कर निकल जाती है। बच्चेदानी की इस लाइनिंग का टूटकर निकलना ही माहवारी है।

माहवारी खत्म होने के बाद शरीर फिर से अगले माह बच्चेदानी की झिल्ली तैयार करेगा। फिर से सारे हार्मोन काम करेंगे। फिर गर्भधारण होने की तैयारियाँ महीने भर तक चलेंगी। फिर यदि कुछ नहीं हुआ तो फिर से इन सारी तैयारियों को नेस्तनाबूद करके माहवारी द्वारा बच्चेदानी (गर्भाशय) को अगली साइकिल या चक्र के लिए साफ कर दिया जाएगा। और यह सिलसिला जीवन भर, मेनोपॉज होने तक चलता रहेगा। यही स्वस्थ नारी की निशानी भी है। नियमित माहवारी से पता चलता है कि अन्दर सब ठीक चल रहा है।

जीवन में पहली बार माहवारी के शुरू होने को हम मेनार्के कहते हैं। बच्ची जब किशोरी हो रही है, तब तेरह-चौदह वर्ष की आयु तक पहुँचते-पहुँचते माहवारी शुरू हो जाती है। शुरू में यह अनियमित-सी हो, कम-ज्यादा हो, या दर्द के साथ हो तो बच्ची को समझाएँ कि यह सब ठीक हो जाएगा, यह सबको हो सकता है और शीघ्र ही सब नॉर्मल हो जाएगा।

ऐसा भी सम्भव है कि बिटिया को शुरुआत में तो माहवारी ठीक रहे, पर दो-तीन वर्ष बाद कुछ माहवारियों में उसे दर्द होने लगे। क्या कहीं कुछ गड़बड़ हो रही है? नहीं। यह इस बात का लक्षण है कि आपकी बेटी पूर्ण स्वस्थ है और भविष्य में माँ बन सकेगी। इसलिए बच्ची को न डराएँ। अपनी बिटिया के मन में माहवारी के प्रति अनावश्यक भय का भाव पैदा न कर दें। कुछ लोग इन दिनों में अपनी बच्चियों को स्कूल नहीं जाने देते या आराम करने को कहते हैं। यह एकदम गलत है। बच्ची को समझने दें कि यह एकदम सामान्य-सी बात है। ये 'कठिन दिन' नहीं हैं। यह तो उसके नॉर्मल स्वास्थ्य की निशानी है।

जितनी गलतफहमियाँ और बेकार के भय मेनार्के को लेकर है, उससे कहीं ज्यादा मेनोपॉज (रजोनिवृत्ति) को लेकर है। मेनोपॉज के आसपास स्त्री में ऐसे कई लक्षण दिखाई पड़ सकते हैं जो उसे परेशान करें। अचानक ही उसे लग सकता

है कि उसके स्त्रीत्व में अधूरापन पैदा हो गया है क्योंकि उसकी माहवारी बन्द हो गई है। एक असुरक्षा का भाव। अपनी पहचान खो जाने का डर। उम्र बढ़ने की चिन्ता। और इन मानसिक तनावों के साथ बहुत-से शारीरिक लक्षण भी। समस्या हो और आप जाँच कराएँ तो डॉक्टर आपकी रिपोर्ट देखकर कहे कि आपकी तो सारी जाँचें ठीक हैं। मेनोपॉज होने के करीब पहुँचो तो शुरू में माहवारी कई माह के लिए अनियमित भी हो सकती है। कम आने लगे। देर से आए। फिर अन्ततः वह बन्द हो जाती है। पर हम इसे मेनोपॉज तभी कहेंगे जब लगातार एक साल तक फिर माहवारी न आए। मेनोपॉज के आसपास स्त्री को पति तथा परिवार का बहुत मानसिक सहारा चाहिए। उसे परिवारजन समझें। उसे आश्वस्त किया जाए। अनार तथा सोयाबीन में बहुत 'एंटी-ऑक्सीडेंट' होते हैं। अनार खिलाएँ। दस किलो गेहूँ के आटे में एक किलो सोयाबीन मिलाकर उसकी रोटियाँ खाने को दें। मेनोपॉज के बाद हड्डियाँ ऑस्टोपोरोसिस के कारण कमजोर हो सकती हैं। कैल्शियम दें। विटामिन-डी दें। डॉक्टर से बात करके यह सब तो करें, पर मेनोपॉज को भी जीवन का बस एक और पड़ाव ही मानें। इसे सहज स्वीकारें। हाँ, यह अवश्य याद रखें कि मेनोपॉज के बाद यदि कभी भी, थोड़ी भी माहवारी जैसी या कोई भी ब्लीडिंग हो, रक्तस्राव हो—तुरन्त डॉक्टर से मिलें। मेनोपॉज के बाद जरा-सी भी, एक बार भी ब्लीडिंग होना कतई सामान्य बात नहीं है। ऐसा हो तो तुरन्त अपनी जाँच कराएँ। इसे बिलकुल भी नजरअन्दाज न करें।

गर्भवती होने पर

गर्भवती होना स्त्री के जीवन की कुछ महत्त्वपूर्ण घटनाओं में से एक है। लेकिन इसको लेकर जो ज्ञान आम जन को है, उसमें पचासों सलाहों, गलतफहमियों, अन्धविश्वासों, मूर्खताओं तथा सामाजिक जिद का ऐसा घालमेल हो गया है कि चाहे जब गर्भवती स्त्री तथा उसके गर्भ में पल रहे शिशु दोनों की जान खतरे में आ जाती है। यहाँ गर्भवती स्त्री की देखभाल से जुड़ी गलतफहमियों की बातें करेंगे—

- पहली गलतफहमी तो यह है कि जब डॉक्टर ने एक बार देख लिया और सब ठीक बता ही दिया है तो अब डिलिवरी के समय ही तो डॉक्टर के पास आएँगे, याद रहे कि गर्भ के इन नौ माहों में, अन्दर ही अन्दर बहुत कुछ घट तथा बदल सकता है। उसे बस डॉक्टर ही जाँच करके समय पर पकड़ सकता है कि कहीं बीपी तो नहीं बढ़ रहा है, गर्भाशय में बच्चा ठीक पोजिशन में है कि नहीं, माँ के पेशाब में कहीं प्रोटीन तो नहीं आ रहा, इत्यादि। तो घर में न बैठे रहें। पहले छह महीने में हर माह, सातवें व आठवें महीने में हर 15 दिन पर तथा आखिरी माह में हर सप्ताह डॉक्टर को दिखाकर उसकी बताई सारी जाँचें कराएँ।
- दूसरी गलतफहमी यह रहती है कि डॉक्टर तो गर्भवती स्त्री की अल्ट्रासाउंड इत्यादि जाँचें पैसा कमाने के लिए कराते रहते हैं। अरे, पहले के जमाने में बिना इन जाँचों के भी हमारी माताजी ने छह बच्चे पैदा किए थे कि नहीं? तब तो डॉक्टर मात्र नाड़ी पकड़कर ही सब जान लेता था...। लेकिन ऐसा नहीं है। पता है न कि पुराने जमाने में कितनी सारी डिलिवरी बिगड़ जाया करती थीं—बच्चे पेट में ही मर जाते थे या विकृत पैदा हो जाते थे? आज अल्ट्रासाउंड मशीन द्वारा डॉक्टर देख सकता है कि बच्चा ठीक साइज का बन रहा है, प्लासेंटा ठीक जगह पर है तथा उचित साइज का है, माँ के गर्भाशय में उचित मात्रा में 'एमनिओटिक' द्रव है या नहीं, आदि-आदि;

> गर्भवती होना स्त्री के जीवन की कुछ महत्त्वपूर्ण घटनाओं में से एक है। लेकिन इसको लेकर जो ज्ञान आम जन को है, उसमें पचासों सलाहों, गलतफहमियों, अन्धविश्वासों, मूर्खताओं तथा सामाजिक जिद का ऐसा घालमेल हो गया है कि चाहे जब गर्भवती स्त्री तथा उसके गर्भ में पल रहे शिशु दोनों की जान खतरे में आ जाती है।

ये सूचनाएँ स्वस्थ बच्चा पैदा होने की आश्वस्ति होती हैं। पाँचवें माह का अल्ट्रासाउंड (जिसे टारगेट स्कैन कहते हैं) बताता है कि गर्भ में पल रहे बच्चे में कोई पैदाइशी विकृति तो नहीं है? इसी तरह पहले तीन माह में, फिर छह माह तथा आठ माह पर यदि ब्लड शुगर जाँच कराने को कहा जाए तो यह न सोचें कि मुझे या मेरे खानदान में तो आज तक किसी को कभी डायबिटीज नहीं रही तो मैं यह सब क्यों कराऊँ? गर्भ के दौरान होनेवाली 'गेस्टेशनल डायबिटीज' ऐसे ही पता चलती है और न पता चले तो माँ और बच्चे, दोनों को मुसीबत में डाल सकती है।

- तीसरी गलतफहमी गर्भावस्था में खानपान को लेकर है। खानपान को लेकर तो पचासों गलतफहमियाँ हैं। यह खाओ, इतना खाओ, यह कतई मत खाओ से लेकर स्पेशल किस्म के भोजन तक। इस विषय में कुछ बातें याद रखें। एक तो यह कि भूखे कभी न रहें। तनिक-सी भी भूख लगे तो तुरन्त ही खा लें। थोड़ा-थोड़ा करके बार-बार खाते रहें। दो-दो घंटे पर खाएँ। अलग से भूख लगेगी तो अन्दर पल रहा शिशु भी बेचैन होकर घूमता है जिसे आप लात चलाना कहते हैं। आम तौर पर एक घंटे में शिशु बस एक-दो बार ही पेट में घूमता है। यानी बच्चा जब भी घूमे तो तुरन्त कुछ खा लें। कुछ न हो तो ग्लूकोज ही घोलकर पी लें। यदि बच्चा तब भी बार-बार घूमे तो डॉक्टर को जरूर दिखाकर आएँ। न घूम रहा हो तब तो जरूर। शुरुआत में उल्टियाँ होने के बावजूद खाना खाते रहें। फल-सब्जियाँ पर्याप्त लें। दूध भी। हमारे यहाँ खाने को लेकर असली परेशानी तो डिलिवरी के बाद होती है। घर वाले ताकत वाले मैर के लड्डू खिलाने पर पूरा जोर देते हैं और बाकी का पूरा खाना रोक देते हैं। हमारी सलाह है कि डिलिवरी के बाद उसी दिन से वही सब खाना खाएँ जो हम सब खाते हैं।
- चौथी गलतफहमी को हम गलतफहमी न मानकर एक प्रश्न मानते हैं। आजकल प्राय: कामकाजी महिलाएँ जब माँ बननेवाली होती हैं तो प्रश्न

उठता है कि वे अपने काम का क्या करें? क्या न करें? इसका जवाब यह है कि जहाँ तक हो सके, पहले तीन माह तक दो पहिया वाहन से न जाएँ। कार, आरामदायक बस आदि से आखिरी सप्ताह तक भी काम पर जा सकेंगी। हाँ, चौथे-पाँचवें माह के बाद स्वयं कार न चलाएँ क्योंकि स्टियरिंग में फँसकर आपके बढ़े हुए पेट में चोट लग सकती है। दोपहर का खाना खाकर अपने पाँव दूसरी कुर्सी पर रखकर दो घंटे दफ्तर में ही आराम करें। हाँ, बॉस को आपके आराम की जरूरत को समझना होगा।

- पाँचवीं गलतफहमी यह है कि पोंछा, झाड़ू तथा जमीन पर बैठकर ऐसे ही अन्य काम करने से पेल्विस की (कमर की) हड्डी में लचक आएगी जिससे नॉर्मल डिलिवरी की सम्भावना बढ़ जाएगी। यह बात एकदम गलत है। ऐसे कामों में उलटा गर्भ को नुकसान ही पहुँच सकता है। हाँ, खड़े होकर या किचन के प्लेटफार्म के पास कुर्सी लगाकर बैठे-बैठे सारे काम किए जा सकते हैं।
- छठी गलतफहमी यह है कि गर्भ के दौरान सहवास (सेक्स) नहीं करना चाहिए। ऐसा नहीं है। बस, शुरू के तीन महीने तक सम्भोग बिलकुल भी न करें। फिर आराम से कर सकते हैं। हाँ, उचित तथा आपके पेट पर दबाव न डालनेवाले आसन में ही सम्भोग करें। सातवीं गलतफहमी यह है कि आजकल तो डॉक्टरों से बचकर ही चलना चाहिए वरना वे ऐसे ही सीजेरियन ऑपरेशन कर डालते हैं। ऐसा नहीं है। ज्यादातर डॉक्टर जिम्मेदार और ईमानदार सलाह ही देते हैं। यदि बच्चा गर्भाशय में सिर की जगह 'ब्रीच प्रेजेंटेशन' या 'तिरछा-आड़ा' फँसा हो, यदि आपकी पेल्विस की हड्डी सँकरी हो, यदि बच्चा बड़े साइज का हो, यदि बच्चा अन्दर किसी तकलीफ में होने के संकेत दे रहा हो या प्लासेंटा बच्चेदानी के मुँह के पास होने के कारण नॉर्मल डिलिवरी में बहुत खून बहने का डर हो, तो सीजेरियन ऑपरेशन ही करना होगा।

स्त्रियों की स्वास्थ्य समस्याएँ

स्त्री का शरीर और शरीर का सिस्टम कई मायनों में पुरुषों से इतना अलग है कि सही कहा जाए तो मेडिकल साइंस भी अब तक इसको गहराई से नहीं जान पाई है। स्त्री की शारीरिक, मानसिक और इंडोक्राइन बनावट में इतने पेच होते हैं कि उसकी स्वास्थ्य समस्याएँ एकदम अलग किस्म का विमर्श माँगती हैं। यदि मुझसे यह पूछा जाए कि ऐसी पाँच स्वास्थ्य समस्याएँ बताएँ जो स्त्री को पता होनी ही चाहिए तो मैं ये पाँच बीमारियों के बारे में बात करूँगा—

स्त्रियों में हृदयाघात (हार्ट अटैक)

कई डॉक्टरों को भी यह भ्रम रहता है कि स्त्रियों को प्राय: हार्ट अटैक नहीं होता या बहुत कम होता है। रजस्वला स्त्री में अर्थात् जब तक उसकी माहवारी की उम्र होती है तब तक इस्ट्रोजन तथा अन्य हार्मोन उसे हार्ट अटैक से बचाकर रखते हैं, यह एक सिद्ध तथ्य है। अलबत्ता रजोनिवृत्ति के बाद, जो प्राय: स्त्रियों में 45 से 50 वर्ष की उम्र तक हो जाती है, औरतों को भी हार्ट अटैक होने के उतने ही खतरे होते हैं बल्कि कई अर्थों में और भी ज्यादा। औरतों का हार्ट अटैक पुरुषों से ज्यादा खतरनाक क्यों होता है? इसका एक कारण तो यही है कि खुद कई डॉक्टर तक मानते हैं कि यदि औरत को छाती में दर्द हो रहा है तो यह हार्ट अटैक के कारण न होकर अन्य किसी दूसरी वजह से होगा। इसी चक्कर में कई बार इनकी बीमारी पकड़ी ही नहीं जाती। एक अन्य तथ्य यह भी है कि औरतों का हार्ट अटैक कहीं ज्यादा खराब किस्म का होता है। ऐसे में उनकी मृत्यु की आशंका अपेक्षाकृत ज्यादा होती है। स्त्रियों में दिल की रक्त नलिकाएँ (कोरोनरी) सँकरी हो सकती हैं। ऐसे में कोरोनरी में बीमारी या रुकावट निकले भी तब भी वह एंजियोप्लास्टी या बाइपास सर्जरी के लिए प्राय: वैसा फिट केस नहीं निकलेगा क्योंकि पतली नलियों

में यह सब ठीक से नहीं किया जा सकता। हाँ, एक और बात। यदि किसी स्त्री को मधुमेह की बीमारी हो तो फिर रजस्वला स्त्री में भी हार्ट अटैक की आशंका पुरुष के समकक्ष ही होती है। कुल बात यह है कि स्त्री को भी हार्ट अटैक हो सकता है और जब होता है तो ज्यादा खराब ही होता है।

ऑस्टियोपोरोसिस (हड्डियाँ कमजोर होना)

हड्डियाँ एक उम्र तक तो लम्बाई तथा मोटाई ग्रहण करती हैं पर युवावस्था के बाद हड्डियाँ बनती तो हैं पर साथ-साथ गलती भी जाती हैं। जहाँ-जहाँ हड्डियाँ दबावों के कारण छोटी-छोटी चोटें खाती हैं, वहाँ वे बनती जाती हैं या रिपेयर होती रहती हैं। यह तो हुआ बनना। और गलना कैसे? वह यूँ कि हड्डियाँ कैल्शियम का भंडार हैं। यदि रक्त में कैल्शियम कम हो तो वह हड्डी से निकलकर रक्त में जाता है। पैंतीस वर्ष की उम्र के बाद यह गलना बढ़ता जाता है और मेनोपॉज के बाद बहुत तेज हो जाता है। इससे स्त्री की हड्डियाँ इतनी कमजोर हो सकती हैं कि कूल्हे, मेरुदंड आदि में बिना किसी बड़ी चोट के ही फ्रैक्चर हो सकते हैं। कई बार फ्रैक्चर पता चल जाता है, कई बार पता भी नहीं चलता। ऐसे में बिना किसी बड़ी चोट के ही हड्डी टूट जाती है। आपको कमर-दर्द, पेट फूलना, कब्जियत रहना आदि आपकी कमर की हड्डी के टूटने से भी हो सकते हैं। छाती के मेरुदंड में यदि मेरुदंड हड्डी टूटे तो साँस फूल सकती है। मेरुदंड में बहुत-सी बर्टीब्रा (मेरुदंड की हड्डियाँ) टूट जाएँ तो औरत की ऊँचाई कम हो जाती है। यानी कि हड्डी टूटी है पर तकलीफ कुछ और ही हो रही है और उसी तकलीफ का इलाज भी चल रहा है जबकि इलाज ऑस्टियोपोरोसिस का होना था। क्या इलाज है इसका? दोपहर की धूप में बैठना, दूध-दही-पनीर का पर्याप्त सेवन, घूमना, कैल्शियम, विटामिन-डी लेना आदि कई इलाज हैं।

मेनोपॉजल सिंड्रोम रजोनिवृत्ति

पैंतीस वर्ष की आयु से ही स्त्री की ओवरी (अंडाशय) की साइज तथा कार्यक्षमता कम होने लगती है। मेनोपॉज के चार-पाँच वर्ष पूर्व ही उसके आगमन की छाया स्त्री जीवन पर पड़ने लगती है। रजोनिवृत्ति से, दो से लेकर आठ वर्ष पूर्व ही 'पेरीमेनोपॉजल

> स्त्री की शारीरिक, मानसिक और इंडोक्राइन बनावट में इतने पेच होते हैं कि उसकी स्वास्थ्य समस्याएँ एकदम अलग किस्म का विमर्श माँगती हैं।

सिंड्रोम' शुरू हो सकता है। स्त्री को अचानक ही तेज गर्मी (हॉट फ्लश), रात में तेज पसीना, योनि का सूखापन, अनियमित माहवारी, नींद की समस्याएँ, डिप्रेशन, मूड का बनना-बिगड़ना, हाथ-पाँव टूटना, अजीब-अजीब-सी तकलीफें महसूस होना—यह सब शुरू हो जाता है। इस सबको प्रायः न तो पति ही समझ पाते हैं, न ही परिवार में कोई और समझता है। मान लिया जाता है कि उम्र बढ़ने तथा पारिवारिक जिम्मेदारियों के दबाव में यह सब तो होना ही है। स्त्री तो होती ही है 'कमजोर जात'। है न! कोई भी उस पर ध्यान नहीं देता। ऐसे में स्त्री स्वयं को और भी उपेक्षित महसूस करने लगती है। एक दुश्चक्र-सा शुरू हो जाता है। फिर एक दिन माहवारी पूरी तरह से बन्द हो जाती है। पूरे एक वर्ष तक जब यह बन्द रहे तो इसे चिकित्सीय भाषा में 'मेनोपॉज' कहते हैं। मेनोपॉज में ये सारी तकलीफें और भी बढ़ सकती हैं। इन सबका इलाज है पर यहाँ उसे बता पाने का अवसर नहीं है। अभी तो कुल मुद्दा यह जानने-समझने का है कि मेनोपॉज के करीब आती स्त्री में बहुत-सी उपर्युक्त बातें हो सकती हैं जिन्हें हम स्त्री के 'नखरे करने की नैसर्गिक आदत', 'ये आजकल हर बात पर चिड़चिड़ाने की ठाने रहती हैं' आदि कहकर न टालें। यह भी एक बीमारी है। किसी हद तक इसका इलाज भी है। बस, समझने की बात है। इसे समझें।

स्त्रियों में रक्त की कमी (अनीमिया)

खून की कमी अर्थात अनीमिया पुरुषों में भी हो सकता है। फिर स्त्रियों के अनीमिया में ऐसा क्या विशेष है? भारतीय स्त्रियाँ घरेलू कामों में ऐसी खटती रहती हैं कि उनको न तो प्रायः अपने खाने का ही होश रहता है और न ही अपने स्वास्थ्य का। घर में वह सबके भोजन का ध्यान रखती है, स्वयं को सबसे आखिरी नम्बर पर रखकर। तो न्यूट्रीशनल अनीमिया अर्थात् ठीक से भोजन न लेना ही प्रायः एनीमिया का सबसे बड़ा कारण है। थकान रहना, चिड़चिड़ापन रहना, चक्कर-सा लगना, काम करने पर साँस फूलना आदि अनीमिया से हो रहे हैं पर आम धारणा यह है कि यह सब तो औरतों में होता ही रहता है। नहीं, यह सही नहीं। यदि ऐसी कोई तकलीफ हो तो हीमोग्लोबिन की सामान्य-सी एक रक्त जाँच से ही पता चल जाएगा। यदि

हीमोग्लोबिन का स्तर कम निकले तो डॉक्टर आपको उचित दवाइयाँ तथा भोजन सम्बन्धी सलाह देगा। यह मानकर न बैठ जाएँ कि औरतों में तो हीमोग्लोबिन कम होता ही है।

ऐसे कई कारण होते हैं जो खासकर स्त्रियों में खून की कमी पैदा कर सकते हैं। बार-बार बच्चे पैदा होना, माहवारी में बहुत दिनों तक बहुत रक्त बह जाना आदि बेहद आम कारण हैं। फिर गर्भाशय या गर्भाशय के मुख के कैंसर में भी कई बार अनीमिया ही प्रमुख लक्षण हो सकता है। स्त्री में यदि रक्त की कमी है तो उसकी विस्तृत जाँच आवश्यक है। विशेष तौर पर डॉक्टरी चेकअप तो होना ही चाहिए।

बच्चेदानी, ओवरी तथा स्तन कैंसर

यूँ तो कैंसर किसी को भी हो सकता है। लेकिन कुछ विशिष्ट कैंसरों के विषय में औरतों को इसलिए जानना चाहिए कि वे सिर्फ औरतों में ही होते हैं और जानलेवा होते हैं। इन्हें कुछ नियमित जाँचों (स्क्रीनिंग टेस्टों) द्वारा एकदम शुरुआत में पकड़ा भी जा सकता है। पहले पकड़ में आ जाएँ तो इनका पूरा इलाज भी हो सकता है। स्तन कैंसर को एकदम शुरू में पकड़ा जा सकता है।

स्त्री को अपने स्तनों की स्वयं नियमित जाँच करनी चाहिए। हर माह यह जाँच करते रहना चाहिए। एक बार दोनों स्तनों को सब तरफ से दबाकर देख लें। नहाते समय आराम से इसे किया जा सकता है। कोई भी चिकित्सक आपको इसकी विधि समझा देगा। दबाकर देखें कि कहीं कोई छोटी-मोटी गाँठ तो महसूस नहीं हो रही जो वहाँ पहले नहीं थी। यदि ऐसा लगे तो तुरन्त अपने डॉक्टर को दिखाएँ। उन स्त्रियों को तो इस मामले में बेहद सतर्क रहना चाहिए जिनकी माँ, नानी, मौसी आदि को कभी स्तन का कैंसर हुआ हो। एक और जाँच होती है, मेमोग्राफी। एक तरह का, स्तन का एक्स-रे जैसा ही मान लें। यह वैसे आम राय तो नहीं है परन्तु पचास वर्ष की उम्र से ऊपर की स्त्री में इसे भी सालाना स्क्रीनिंग जाँच में रखा गया है। वे स्त्रियाँ तो इसे करा ही लें जिनके ननिहाल में यह बीमारी किसी को हुई हो। एक कैंसर बच्चेदानी का भी होता है। यह औरतों का सबसे कॉमन कैंसर है। यह प्रायः मेनोपॉज के बाद होता है। बायोप्सी, डी एंड सी आदि छोटे ऑपरेटिव तरीकों से इस बीमारी का पता लगाया जाता है। दुर्भाग्यवश फिलहाल इसके कोई स्क्रीनिंग टेस्ट उपलब्ध नहीं हैं। एक जमाने में बच्चेदानी के मुख के कैंसर से सबसे ज्यादा मृत्यु होती थी। आज ऐसा नहीं है। एक टेस्ट होता है, पैप स्मीयर। यह आउटडोर

में मिनटों में किया जा सकता है। सहज-सा टेस्ट है। आमतौर पर 20 वर्ष की आयु के बाद, जब स्त्री सेक्स गतिविधि में संलग्न हो जाए तब से हर तीन साल में एक बार यह जाँच हर स्त्री को करानी ही चाहिए। एकदम शुरुआती कैंसर सर्विक्स को यूँ ही पकड़ा जा सकता है। आजकल तो इसे रोकने की वैक्सीन भी उपलब्ध है। यह माना जाता है कि यह सेक्स गतिविधि से पहुँचनेवाले एचआईवी वायरस से होता है। इसी की वैक्सीन है यह। पर यह काम तभी करेगी जब 9 से 26 वर्ष की उम्र में ही, सेक्स गतिविधि शुरू होने से पहले, दे दी जाए। महँगी वैक्सीन है। पर अपनी बेटी को जरूर लगवा दें। पैप स्मीयर जाँच किसी भी गायनेकोलॉजिस्ट से करा लें। नियमित कराते रहें। यदि सहवास के बाद रक्त आए, यदि दो माहवारी के बीच भी रक्त आए, यदि मवाद जैसा पीला योनि-स्राव हो, यदि लगातार पीठ-दर्द बना रहे तब तो खासकर जाँच कराएँ।

स्तन कैंसर के बारे में कुछ निहायत जरूरी बातें

औरतों में सबसे ज्यादा होनेवाला कैंसर है। औरतों में पाए जानेवाले सभी कैंसरों में से एक-तिहाई स्तन के कैंसर ही होते हैं। क्या पुरुषों में भी स्तन कैंसर हो सकता है? जी हाँ, हो सकता है। कई बार डॉक्टर भी भूल जाते हैं कि पुरुषों के स्तन में भी कैंसर सम्भव है। बहुत कम होता है पर हो सकता है। वैसे तो स्त्रियों की तुलना में, इसकी सम्भावना पुरुषों में 150 गुना कम होती है। इसीलिए किसी भी पुरुष के स्तन में (खासकर एक ही तरफ) कोई गाँठ हो, जिसमें कोई दर्द न हो रहा हो तो यह कैंसर की गाँठ हो सकती है। इस गाँठ की सारी जाँचें उसी गम्भीरता से की जानी चाहिए, जैसे कि एक स्त्री में की जाएँगी।

महत्त्वपूर्ण कैंसर तिथियाँ

स्तन कैंसर के लिहाज से स्त्रियों के जीवन में तीन तिथियाँ बेहद महत्त्वपूर्ण हैं :

- उसे पहली बार माहवारी कब शुरू हुई? यदि माहवारी बहुत कम उम्र में ही (ग्यारह-बारह साल) शुरू हो गई थी तो बाद में, इनमें स्तन कैंसर की आशंका ज्यादा होती है।
- माहवारी कब बन्द हुई? यदि माहवारी जल्दी बन्द हो गई हो (मेनोपॉज कम उम्र में ही हो गया हो), तो ऐसी स्त्रियों में स्तन कैंसर होने का खतरा काफी कम होता है।
- आप पहली बार कब गर्भवती हुईं? तब आपकी उम्र क्या थी? यदि कोई स्त्री 18 से 20 साल के बीच में गर्भवती हुई हों तो ब्रेस्ट कैंसर का खतरा कम होता है।

ऐसा क्यों?

दरअसल माहवारी का कंट्रोल इस्ट्रोजन, प्रोजेस्ट्रोन हार्मोंस के हाथ होता है। स्तन कैंसर में इन हार्मोंस की बड़ी अहम भूमिका है क्योंकि स्तन का कैंसर हार्मोन आधारित कैंसर माना जाता है।

स्तन कैंसर के अन्य सम्भावित कारण

क्या इन हार्मोंस के अलावा कुछ और कारण भी स्तन के कैंसर का खतरा बढ़ाते हैं? हाँ, और कई कारण भी हैं—

- बहुत ज्यादा कैलोरी और घी-तेल वाली डाइट।
- अल्कोहल का नियमित सेवन।
- मेनोपॉज के बाद किसी 'हार्मोन रिप्लेसमेंट थेरेपी' का नियमित सेवन।
- ओरल कंट्रासेप्टिव भी कैंसरकारक हो सकते हैं, ऐसा कई स्टडीज में गर्भ निरोधक गोलियों पर सन्देह किया गया है।

अन्तिम तौर पर कोई भी स्टडी इन सन्देहों को कन्फर्म नहीं कर पाई है। अभी भी ये गोलियाँ या थेरेपी दी जाती हैं। ऐसे में याद रखें कि इसके पूरी तरह सुरक्षित होने पर अभी भी कुछ सन्देह हैं।

स्तन कैंसर को शुरुआती स्टेज पर ही कैसे पकड़ा जाए?

शुरुआती दौर में ही यदि इस कैंसर का पता चल जाए तो इसका पूरा इलाज सम्भव है। और कम-से-कम इस कैंसर को पकड़ने के उपाय तो हैं भी। उपाय बताता हूँ।

यह सलाह हर उम्र की स्त्री के लिए है

वह स्वयं अपने स्तनों को (नहाते समय या कभी भी) अच्छी तरह से दबा-दबाकर, सब तरफ टटोलकर नियमित रूप से देख ले कि स्तन में कहीं कोई गाँठ तो नहीं है? उसे हर माह यह करना चाहिए। स्तन में कहीं भी, कोई छोटी-सी भी गाँठ महसूस हो तो उसे कतई नजरअन्दाज न करें तुरन्त अपने डॉक्टर से सलाह लें। यदि स्तन के निप्पल से कहीं कोई डिस्चार्ज भी दिखाई दे, स्तन की चमड़ी कहीं नीचे की तरफ चिपकी या अन्दर की ओर खिंची-सी लगे, तब तो डॉक्टर की सलाह जरूर ही लें।

मेनोपॉज की उम्र से पहले अक्सर ऐसी गाँठ कैंसर न होकर *फाइब्रोसिस्टिक डिसीज* के कारण होती है। ऐसे में डॉक्टर आपको इसे पुन: देखने के लिए बुला सकता है जिससे कि वह यह तय कर सके कि इस गाँठ को आगे और जाँच की आवश्यकता है भी अथवा नहीं? ऐसा मान लें कि यदि अपने स्तन में आपको कोई भी ऐसी गाँठ महसूस हो, जो ठोस हो, हार्ड हो, दर्दरहित हो, तब। और यदि वह गाँठ नीचे के टिश्यू से या ऊपर की चमड़ी से चिपकी हुई-सी भी लगे तब तो खास तौर पर, या फिर उसके ऊपर की चमड़ी अन्दर की तरफ खिंची-सी लगती हो, या पहले वाला नॉर्मल निप्पल अब अन्दर की तरफ खिंच गया हो, तब तो आपको तुरन्त ही इसकी पूरी जाँचें करवानी ही चाहिए। ये जांच आपका जीवन बचा सकती हैं।

> अन्ततः याद रखने लायक सबसे ज्यादा जरूरी बात यह है कि स्तन कैंसर की सबसे महत्त्वपूर्ण जाँच बायोप्सी ही है। बिना बायोप्सी के कोई भी यह बात कभी भी अन्तिम तौर पर नहीं कह सकता है कि यह कैंसर की गाँठ है या नहीं?

डॉक्टर कौन-सी जाँचें करेगा?

गाँठ की सबसे महत्त्वपूर्ण जाँच बायोप्सी है। आम तौर पर हम बायोप्सी नाम से ही घबरा जाते हैं। इसे हम कोई बड़ी शारीरिक काट-पीट मानकर टालने की कोशिश करते हैं। यह गलती कभी न करें। यदि डॉक्टर ने बायोप्सी के लिए बोला है तो इसे कतई न टालें। इस छोटे-से ऑपरेशन द्वारा ही तो अन्ततः तय हो पाता है कि यह गाँठ कैंसर की है या नहीं? केवल, और केवल बायोप्सी ही बताती है कि कैंसर है या नहीं। होने को तो स्तन की मेमोग्राफी, एमआरआई या अल्ट्रासाउंड इत्यादि जाँचें भी होती हैं परन्तु डॉक्टर के लिए ये केवल एक गाइड के तौर पर काम करती हैं कि बायोप्सी की दिशा में बढ़ा जाए या नहीं? ये जाँचें अन्तिम तौर पर कभी तय नहीं कर सकतीं कि गाँठ कैंसर की है या नहीं? ये जाँचें सर्जन को केवल इस मामले में सहायता करती हैं कि आगे बायोप्सी करे कि नहीं? कभी-कभी यह भी मान लिया जाता है कि गर्भवती स्त्री या वह स्त्री, जो बच्चे को दूध पिलाती हो, के स्तन में कोई गाँठ हो तो कोई चिन्ता नहीं करनी चाहिए—यह गलत है। ऐसी स्त्रियों के स्तन में भी यदि कभी कोई गाँठ मिले तो उसके बारे में भी वही चिन्ताएँ तथा वे ही जाँचें होंगी जो अन्य किसी भी स्त्री की होंगी।

दूसरी कथा

पचास वर्षीय अधेड़ व्यक्ति को कभी सात-आठ साल पहले किसी नेत्र विशेषज्ञ ने मामूली-सी किसी तकलीफ के लिए जाँच करके बताया था कि आपकी आँख का प्रेशर तनिक ज्यादा लगता है, दवाइयाँ डालें और वापस दिखाते रहें। डॉक्टर ने ठीक से समझाया नहीं या इन्होंने ही वह समझा जो ये समझना चाहते थे, पता नहीं। आँखों में न दर्द, न लालिमा, बढ़िया दिखता भी है। सो दोबारा उसके पास गए ही नहीं, भूल ही गए इस बात को। अब छह-सात माह से पाया है कि ठीक से दिखता नहीं। चश्मे की दुकान पर जाकर कोई नम्बर भी ले आए परन्तु पाया कि चश्मे से भी नजर ठीक नहीं हुई। नेत्र विशेषज्ञ को दिखाया तो उसने पुतली फैलाकर ऑप्थेल्मोस्कोप से जाँच की। बताया कि ग्लॉकोमा नाम की बीमारी है जिसमें आँख का प्रेशर बढ़ा रहता है, जिसको नियमित दवाएँ डालकर कंट्रोल में न रखो तो आँख के पर्दे (रेटिना) की नसें तथा आँख की मुख्य नस (ऑप्टिक नर्व/मेक्यूला) ही सूख जाती हैं। आपने दवाएँ नहीं डालीं तो नस सूख जाती है। तो क्या अब यह नजर ठीक न होगी?... जी हाँ, यह नजर अब ठीक न होगी। हाँ, अभी भी नियमित दवा डालेंगे तो आगे पूरा अन्धा हो जाने से अवश्य बच जाएँगे।

...तो दस साल पहले जो डॉक्टर ने बताया था, दवाएँ तभी से नियमित डालने से नजर बच गई होती?...हाँ, दवाएँ डाली होती तो ऐसा न होता। हुआ यह कि आँखों में लगातार दबाव बढ़ा रहा। परन्तु न तो आँखों में दर्द था, न अन्य कुछ, तो उन्होंने दवाएँ लेना जरूरी नहीं समझा। अन्त में दृष्टि ही चली गई तो चेते। पर अब चेतने का मतलब ही नहीं बचा क्योंकि चिड़िया तो खेत चुग चुकी।

शिक्षा

ग्लॉकोमा जैसी कुछ बीमारियाँ नियमित जाँच से ही पकड़ी जाती हैं। अत: 35 वर्ष की उम्र के बाद नियमित नेत्र जाँच कराएँ। परिवार में किसी रक्त सम्बन्धी को ग्लॉकोमा रहा हो तो और भी कम उम्र से जाँच कराएँ।

यदि आपको ग्लॉकोमा डायग्नॉस हुआ है तो आँख में जीवन भर दवाइयाँ

और अब, एक आखिरी बात

क्या स्त्रियों को अपने स्तनों की नियमित मेमोग्राफी जाँच करवाते रहना चाहिए? दावा किया जाता है कि इस एक्स-रे द्वारा बहुत शुरुआती स्टेज का स्तन कैंसर भी पकड़ में आ जाता है। परन्तु नियमित मेमोग्राफी मेडिकल जगत में भी एक बड़े विवाद का विषय है।

अक्सर यह सलाह दी जाती है कि 50 वर्ष की आयु के बाद हर स्त्री को हर साल मेमोग्राम करवाकर देखते रहना चाहिए कि कहीं स्तन में कोई कैंसर तो नहीं हो रहा? आजकल तो कुछ लोग इसे 40 साल की उम्र के बाद हर वर्ष करने की सलाह देने लगे हैं। इसे वे स्क्रीनिंग मेमोग्राम कहते हैं। इस शुरुआती स्क्रीन करने पर यदि कोई शक पैदा करने जैसी चीज दिखे तो फिर उसे एमआरआई और डायग्नोस्टिक मेमोग्राफी द्वारा आगे जाँचा जाता है।

परन्तु कई विशेषज्ञ इस तरह की नियमित मेमोग्राफी के खिलाफ भी हैं। वे कहते हैं कि इतना नियमित एक्स-रे भी स्तन कैंसर के लिए जिम्मेदार हो सकता है। तो क्या सोनोग्राफी द्वारा यह स्क्रीनिंग हो सकती है क्योंकि सोनोग्राफी तो एकदम सुरक्षित, सुलभ तथा सस्ती जाँच है? नहीं, सोनोग्राफी में मेमोग्राफी जैसी सूचनाएँ नहीं मिल पातीं। हाँ, कोई गाँठ यदि वह सिस्टिक गाँठ है अर्थात् उसमें कोई द्रव पदार्थ है तो यह जरूर सोनोग्राफी द्वारा तय हो सकता है। उसके सहारे निडिल डालकर उसका द्रव पदार्थ जाँच के लिए जरूर निकाला जा सकता है।

अन्ततः याद रखने लायक सबसे ज्यादा जरूरी बात यह है कि स्तन कैंसर की सबसे महत्त्वपूर्ण जाँच बायोप्सी ही है; बिना बायोप्सी के कोई भी यह बात कभी भी अन्तिम तौर पर नहीं कह सकता है कि यह कैंसर की गाँठ है या नहीं? अतः यदि आपका डॉक्टर आपको इस जाँच की सलाह देता है तो आप फालतू की अन्य जाँचों में न उलझकर सीधे बायोप्सी ही करा लें। इसमें हम जितना ही विलम्ब करते चले जाते हैं, उतना ही कैंसर की डायग्नोसिस में देर हो जाती है, और जितनी देर उसमें होती जाती है, उतना ही उसका ऑपरेशन भी बड़ा होता जाता है। उसकी दवाइयाँ भी बढ़ जाती हैं, और मरीज की उम्र भी कम हो जाती है।

स्त्रियों में होनेवाले अन्य कैंसर

यहाँ कुछ ऐसे कैंसरों के विषय में चर्चा करेंगे जो मात्र औरतों में ही होते हैं स्त्रियों के प्रजनन अंगों से जुड़े कैंसर ओवरी (अंडाशय), बच्चेदानी (यूटेरसस), फैलोपियन ट्यूब, या बच्चेदानी के मुँह (सर्विक्स) के कैंसर।

दुर्भाग्यवश, इन कैंसरों की शुरुआती स्टेज में अधिकतर कभी कोई तकलीफ भी नहीं होती है। एक किस्म का साइलेंट वक्फा रहता है इन कैंसरों के शुरुआती दिनों में। कई माह तक ये शरीर में चुपचाप पलते रहते हैं। इनका पता बाद में प्राय: तब चलता है जब बीमारी फैलकर दूसरे अंगों तक पहुँच जाती है। और तब तक बड़ी देर हो चुकी होती है। यदि हम इन्हें शुरू में पकड़ पाएँ तो इनका पूरा इलाज सम्भव है परन्तु इनको शुरू में पकड़ा जा सके, उसके लिए डॉक्टर से पहले आपको इनके बारे में जानना आवश्यक है। इन कैंसरों के बारे में यदि हम थोड़ा-थोड़ा भी जान लें तो पर्याप्त है। इस ज्ञान के जरिये हम इनको समय पर पकड़ सकेंगे।

ओवरी या अंडाशय का कैंसर

यह कैंसर किन औरतों में ज्यादा होता है?

- यह कैंसर प्राय: उम्र बढ़ने के साथ पैदा होता है। सो यह बूढ़ी स्त्रियों की बीमारी है।
- 75-80 साल की महिलाओं में यह सबसे ज्यादा होता है। कम उम्र की स्त्री में यह नहीं होता। 40 साल से कम उम्र की स्त्री में तो इसकी सम्भावना लगभग नगण्य होती है।
- यह उन स्त्रियों में ज्यादा होता है जिनमें ओवरी ठीक से काम नहीं कर रही हो।
- ठीक से काम न करने का क्या मतलब?

- उदाहरण के लिए, बाँझ स्त्रियों में या ऐसी स्त्रियों में, जिनको एकाध ही बच्चा पैदा हुआ हो, फिर वे गर्भवती नहीं हो सकीं, या ऐसी स्त्रियों में जिनको बार-बार गर्भपात हो जाता हो। इन सबमें बाद की उम्र में इस कैंसर की ज्यादा आशंका रहती है। इसके ठीक विपरीत, यह भी माना जाता है कि हर बार प्रेगनेंसी होने पर इसकी आशंका लगभग 10 प्रतिशत कम हो जाती है। इसी तरह, स्तनपान तथा 'ओरल कंट्रासेप्टिव' भी इस कैंसर की आशंका को कम करते हैं।
- 10 प्रतिशत ओवेरियन कैंसर खानदानी (आनुवंशिक) भी हो सकते हैं। जिन परिवारों में, दो या दो से ज्यादा उसी पीढ़ी के रक्त सम्बन्धियों में यह कैंसर हुआ हो (जैसे माँ और मौसी में), तब तो इसकी आशंका 50 प्रतिशत तक बढ़ जाती है।

लक्षण

इसमें सबसे खतरनाक बात यही तो है कि यह काफी दिनों तक कोई भी तकलीफ नहीं पैदा करता। बाद में, जब कैंसर फैलकर आसपास के अंगों तक पहुँच जाता है (पेल्विस में, पेशाब की थैली तक, या वहाँ से गुजरती नर्व्स इत्यादि में) तब कहीं जाकर पेट में दर्द, पेशाब में कुछ तकलीफ, कब्जियत, कमर में दर्द इत्यादि पैदा होना शुरू होते हैं। इसीलिए हमें यह कैंसर हो जाने के बाद भी, इसके होने का, लम्बे समय तक तो प्राय: पता ही नहीं चलता।

तब तो बड़ा खतरनाक है यह?

है तो। वैसे मेडिकल साइंस में यह कोशिश लगातार जारी है कि किसी जाँच द्वारा समय रहते इस बीमारी का पता चल जाए। उस दिशा में बहुत-से प्रयास जारी हैं। अभी तक बात बन नहीं पाई है।

तो फिर?

तब तक फिलहाल ओवेरियन कैंसर के लिए कौन-सा स्क्रीनिंग मेथड अपनाया जाना चाहिए?

स्टेज वन तथा स्टेज टू पर ही यदि ओवेरियन कैंसर का पता चल जाए तो उसे पूरी तरह से खत्म किया जा सकता है। स्त्री पुन: पूरी तरह स्वस्थ हो सकती है। पर यह पता

चले तो चले कैसे? यह बात फिलहाल किसी को पता नहीं। तब तक कम-से-कम यह जरूर किया जा सकता है कि उन स्त्रियों में, जिसमें इसकी आशंका ज्यादा है (उदाहरणार्थ वह स्त्री, जिसके करीबी रिश्तेदार स्त्रियों में कभी यह कैंसर हुआ हो), उनको यह सलाह दी जाती है कि वह अपने ये तीन टेस्ट नियमित रूप से, हो सके तो हर साल जरूर कराएँ—(1) किसी सक्षम गायनेकोलॉजिस्ट से आन्तरिक चेकअप, (2) किसी अच्छे सोनोलॉजिस्ट से अपना ट्रांस वेजाइनल अल्ट्रासाउंड और (3) खून की एक विशेष जाँच (CA125)।

> स्त्रियों के प्रजनन अंगों से जुड़े कैंसर ओवरी (अंडाशय), बच्चेदानी (यूटेरसस), फैलोपियन ट्यूब, या बच्चेदानी के मुँह (सर्विक्स) के कैंसर। दुर्भाग्यवश, इन कैंसरों की शुरुआती स्टेज में अधिकतर कभी कोई तकलीफ भी नहीं होती है। एक किस्म का साइलेंट वक्फा रहता है इन कैंसरों के शुरुआती दिनों में।

सर्विक्स कैंसर अर्थात बच्चेदानी के मुख का कैंसर

एक जमाने में यह औरतों की कैंसर से मौत का सबसे महत्त्वपूर्ण कारण होता था।

फिर एक छोटी-सी स्क्रीनिंग टेस्ट (पैप्स स्मीयर) की खोज होने के बाद अब यह कैंसर बहुत शुरुआती दौर में ही पकड़ में आ जाता है। मेडिकल विज्ञान के क्षेत्र में इस खोज के कारण अब इस कैंसर से होनेवाली मौतें लगभग पचास प्रतिशत कम हो गई हैं।

'पैप्स स्मीयर' क्या होता है?

यह एक छोटा-सा टेस्ट है जो आपके गायनेकोलॉजिस्ट अपने आउटडोर में दो-तीन मिनट में ही कर लेते हैं। चौबीस घंटे में इसकी रिपोर्ट भी मिल जाती है। इस टेस्ट के द्वारा डॉक्टर को यह पता चल जाता है कि कहीं आपकी बच्चेदानी के मुँह पर कैंसर तो विकसित नहीं हो रहा?

यह किन महिलाओं में ज्यादा होता है?

इस कैंसर में सेक्सुअल एक्टिविटी के दौरान सक्रिय होनेवाले एचपीवी नामक

वायरस का रोल जानने के बाद इस कैंसर को पूरी तरह से रोक सकने की स्थिति आ पहुँची है। अब इस वायरस के खिलाफ एक मल्टी वेलेंट वैक्सीन भी बन गई है। यदि हम अपनी किशोर बच्चियों में यह वैक्सीन किशोर उम्र में ही लगवा लें, तब इस कैंसर की रोकथाम और बेहतर तरीके से हो सकेगी।

यह कैंसर गरीब स्त्रियों में या उनमें जो कम उम्र में ही सेक्सुअल एक्टिविटी में रत हो गई हों, या जो कई लोगों के साथ सेक्स की आदी हों, जो खूब धूम्रपान करती हों तथा जिनके परिवार में इस बीमारी के होने का इतिहास रहा हो, में भी यह कैंसर ज्यादा पाया जाता है।

इसमें तकलीफें क्या होती हैं?

सर्विक्स कैंसर भी शुरू में प्राय: कोई तकलीफ पैदा नहीं करता। परन्तु यदि योनि से असामान्य किस्म की ब्लीडिंग हो, ज्यादा ब्लीडिंग हो, या सहवास के बाद कभी ब्लीडिंग होती हो, या पीला रंग का वैजाइनल डिस्चार्ज हो, लगातार कमर में दर्द हो, या पेशाब में कुछ तकलीफ हो तो अपना गायनी चेकअप जरूर करवा लें।

ऐसे में गायनेकोलॉजिस्ट आपका पैप स्मीयर, आन्तरिक जाँच, और सर्विक्स की बायोप्सी इत्यादि भी करा सकता है। सब करवा लें। स्त्रियों की इस तरह की तकलीफों को कभी भी नजरअन्दाज नहीं किया जाना चाहिए।

क्या सर्विक्स कैंसर का स्क्रीनिंग सम्भव है?

है न। स्त्रियों को सेक्सुअल एक्टिविटी शुरू करने के बाद या 20 साल की उम्र होने पर शुरू के तीन साल तक हर वर्ष अपना पैप्स स्मीयर कराना चाहिए। यदि सब ठीक निकले तो फिर उसे हर तीन साल पर अपना पैप्स स्मीयर कराते रहना चाहिए। हाँ, यदि बीच में उपरोक्त कोई भी तकलीफ लगे तो बीच में भी इसे रिपीट करवाना चाहिए। इससे सर्विक्स कैंसर को एकदम शुरुआती स्टेज में भी पकड़ा जा सकता है।

बच्चेदानी (यूटेरस) का कैंसर

यह आज के समय में औरतों के प्रजनन अंगों में होनेवाला सबसे कॉमन कैंसर है।

किन औरतों में होता है यह?

यूटेरस के लगभग दो-तिहाई कैंसर केस उन औरतों में होते हैं जिनको मेनोपॉज हो चुका हो। औसतन यह साठ से सत्तर साल के बीच की स्त्रियों में ज्यादा होता है। वैसे इस कैंसर के एक-तिहाई केसेस कम उम्र में भी हो सकते हैं।

यूटेरस के कैंसर के क्या लक्षण होते हैं?

यूटेरस या बच्चेदानी एक बड़े आकार का अंग होता है जिसमें एक बड़ी खाली जगह रहती है। इससे कैंसर को फैलने के लिए काफी जगह मिल जाती है। यह कैंसर देर तलक यूटेरस में ही बना रहता है। इससे प्रायः बहुत ज्यादा दूर तक फैलने से पहले ही इसका पता भी चल जाता है। इसीलिए इसका पूरा इलाज भी सम्भव है।

बस इतना जान लें कि यदि किसी भी स्त्री को (जो मेनोपॉज के बाद की उम्र में हो) योनि से खराब किस्म का डिस्चार्ज आने लगे, या माहवारी बन्द होने के बाद कभी एक बार भी फिर से ब्लीडिंग हो जाए, या फिर योनि से बहुत ज्यादा पानी आने लगे तो उसे अपनी गायनी जाँच तुरन्त करा लेनी चाहिए।

प्रायः 'एंडोमेट्रियल बायोप्सी' या 'डी एंड सी' की छोटी-सी सर्जरी द्वारा यह कैंसर पकड़ में आ ही जाता है। फिर ऑपरेशन द्वारा पूरी बच्चेदानी, ओवरी निकाल देने पर इसका पूरा इलाज सम्भव है।

तो समझने की बात अन्ततः क्या हुई?

- औरतों के प्रजनन अंगों के कैंसर प्रायः कोई तकलीफ नहीं देते। जिन स्त्रियों में इस कैंसर का रिस्क किसी भी कारण से ज्यादा है, उन्हें अपने टेस्ट नियमित कराते रहना चाहिए।
- स्त्री में होनेवाले हर पेट-दर्द, पेशाब की समस्या, योनि से होनेवाली किसी तरह की ब्लीडिंग या डिस्चार्ज, हर कमर-दर्द, पैरों के दर्द में उसकी पूरी गायनी जाँच होना अत्यन्त आवश्यक होती है क्योंकि ऐसी किसी भी तकलीफ की जड़ में उपरोक्त कोई भी कैंसर मौजूद हो सकता है।

कमर-दर्द को अनदेखा न करें

'कमर-दर्द' इतनी आम तकलीफ मानी जाती है कि हम इस पर प्रायः खास तवज्जो ही नहीं देते। कमर-दर्द हो रहा हो तो हम आम तौर पर स्वयं को यह कहकर आश्वस्त करने की कोशिश करते हैं कि शायद हमने गलत वजन उठा लिया होगा, या शायद हमारा गद्दा या बिस्तर ठीक नहीं है, या हम गलत मुद्रा में बैठकर टीवी देखते रहे होंगे। एसी के ठीक सामने हमारी कुर्सी रहती है न, इसलिए यह कमर-दर्द है शायद। इसमें भी औरतों के कमर-दर्द को तो हम किसी गिनती में लाते ही नहीं। औरतों को तो कमर-दर्द होता ही रहता है साहब। घर के इतने काम, उठा-धरी, झुकना, झुकाना, माहवारी वाले वे कठिन दिन। उनको तो इनमें से किसी भी कारण से कमर-दर्द हो सकता है। इस पर क्या ध्यान देना?

परन्तु याद रहे कि कमर-दर्द इतनी आसान-सी समस्या नहीं है। सामान्य-सा प्रतीत होता कमर-दर्द बाद में किसी बड़ी मुसीबत का सन्देशवाहक सिद्ध हो सकता है। यह आपको जीवन भर के लिए विकलांग बना सकता है, बिस्तर से लगा सकता है। कमर-दर्द की जड़ कमर में न होकर किसी और बीमारी में भी हो सकती है। मुसीबत यह है कि प्रायः डॉक्टर भी इसे गम्भीर बीमारी तब तक नहीं मानते, जब तक कि पानी सर के ऊपर न जाए। इस सिलसिले में एक रोचक केस का उदाहरण देता हूँ—

> मेरे पड़ोसी की पत्नी को तीन माह से कमर-दर्द था। अस्पताल में मेरे चेम्बर के ठीक बगल में ही ऑर्थोपेडिक सर्जन का चेम्बर था। मैं निकला तो भाभीजी को वहाँ इन्तजार करता हुआ पाया। बहुत-से एक्स-रे तथा अन्य जाँचों का बंडल लादे हुए, जिसे देर तक उठाए रखा तो उसी से कमर-दर्द हो जाए। पूछा तो बताया कि तीन माह से परेशान हैं। कमर-दर्द है। जाँघों तक जाता है। इलाज से उन्नीस-बीस का फर्क ही पड़ा है, बस। बहुत अच्छे ऑर्थोपेडिक डॉक्टर देख रहे थे उन्हें।

मैंने यूँ ही चलते-चलते कहा कि आप अपना गायनी चेकअप तथा गायनी अल्ट्रासाउंड जरूर करा लें। वे बहुत आश्वस्त तो नहीं थीं पर मैंने कहा तो करा लाए। उन्हें वास्तव में ओवरी (अंडाशय) का कैंसर था जो कमर की नसों को दबा रहा था। ये नसें (नर्व्स) पाँवों में भी जाती हैं। दर्द का कारण कहीं और था। दर्द की गोलियाँ खाते रहते तो उनका कैंसर दूर तक फैल जाता, जान पर बन आती। ओवरी का ऑपरेशन हुआ। अब वे पिछले दस साल से एकदम ठीक हैं।

कमर-दर्द इतनी आसान-सी समस्या नहीं है। सामान्य-सा प्रतीत होता कमर-दर्द बाद में किसी बड़ी मुसीबत का सन्देशवाहक सिद्ध हो सकता है। यह आपको जीवन भर के लिए विकलांग बना सकता है, बिस्तर से लगा सकता है।

इस कहानी से शिक्षा?

शिक्षा यह कि कमर-दर्द कमर की हड्डी या नस की किसी बीमारी के कारण हो रहा हो, यह कतई जरूरी नहीं। कमर-दर्द के अन्य कई कारण हो सकते हैं। डिस्क खिसक जाना, स्पोंडिलाइटिस, कमर की हड्डी की चोट के कारण या यूँ ही बैठे-बैठे कमजोर वर्टीब्रा का टूट जाना, कमर की हड्डी (मेरुदंड या वर्टीब्रा) के पैदाइशी डिफेक्ट, उम्र के साथ इन हड्डियों का कमजोर हो जाना (ऑस्टोपोडोसिस), वहाँ कोई इन्फेक्शन हो जाना आदि बहुत-से कारण तो वे हैं, जो सीधे मेरुदंड की बीमारी से ताल्लुक रखते हैं। परन्तु शरीर में कहीं दूर बैठा कैंसर भी ऐसा दर्द पैदा कर सकता है। प्रॉस्टेट, ब्रेस्ट, फेफड़ों, आँतों आदि के कैंसर के बारे में कई बार पहली दफा तभी पता चलता है, जब वे दूरदराज फैलकर इन हड्डियों तक पहुँच जाएँ। कैल्शियम मेटाबॉलिज्म का नियंत्रण करनेवाले सिस्टम (पैराथायरॉइड/विटामिन-डी/किडनी आदि) की गड़बड़ी भी हड्डियों को कमजोर करके कमर-दर्द पैदा कर सकती है।

फिर? हम क्या करें, डॉक्टर साहब? आपने तो डरा भी दिया और भ्रमित भी कर दिया।

हाँ, मैंने किया। कई बार डराना और उचित भ्रम पैदा करना भी आवश्यक होता है ताकि हम समझ पाएँ कि बीमारी ऐसी नहीं है कि हम उसे नजरअन्दाज करें।

कमर-दर्द में निम्नलिखित बातों का अवश्य ध्यान रखें—

- कमर-दर्द यदि अचानक तथा बहुत तेज हुआ हो, किसी भारी सामान को उठाने में हुआ हो या ऊँची जगह से फिसलने से हुआ हो, तो इसे कतई नजरअन्दाज न करें। स्वयं दर्द की दवाएँ खरीदकर खाते न रहें। यदि कमर-दर्द कई सप्ताह या माह से चल रहा हो, फिर वह चाहे जितना हल्का हो बैठे न रहें डॉक्टर को दिखाएँ।
- यदि आप स्त्री हैं और आपको कमर-दर्द परेशान करता है तो ऑर्थोपेडिक के अलावा अपना गायनी चेकअप भी अवश्य कराएँ। यूटेरस आदि पेल्विस से जुड़ी बीमारियाँ कमर-दर्द पैदा कर सकती हैं।
- कमर-दर्द के साथ बुखार भी आता है तो तुरन्त ही (बहुत-सी) जाँचों की आवश्यकता हो सकती है। यह टीबी, आस्टियोमाइलाइटिस से लेकर कमर के (मेरुदंड) जोड़ों की आर्थ्राइटिस तक हो सकता है। बुखार हल्का भी हो तो भी नजरअन्दाज न करें।
- कमर-दर्द यदि लगातार हो, लेटने या आराम करने से भी ठीक न होता हो तो पूरी जाँच की आवश्यकता है। कमर-दर्द के सामान्य कारणों में प्रायः आराम कर लो तो दर्द कम हो जाता है।
- चलने पर कमर-दर्द हो परन्तु आगे थोड़ा झुककर चलें या साइकिलिंग करें तो ये न हो, तो यह 'लम्बर केनाल स्टीनोसिस' नामक बीमारी हो सकती है जिसका इलाज ऑपरेशन द्वारा सम्भव है।
- यदि सीटी स्कैन, एमआरआई या एक्स-रे में कमर की हड्डी या डिस्क में कोई खराबी दिखे तो जरूरी नहीं कि आपके कमर-दर्द का कारण यही रहा हो। कई बार यह होता है कि सीटी या एमआरआई में डिस्क खिसकी तो साफ दिख रही है या हड्डी बढ़ी हुई दिख रही है, या कोई पुराना फ्रैक्चर ही दिख रहा है परन्तु कमर-दर्द किसी और कारण से हो रहा हो। ऐसे लोग कई बार डिस्क का ऑपरेशन तक करा डालते हैं पर दर्द ठीक नहीं होता है। तो केवल जाँच रिपोर्ट पर न जाएँ।

- कमर-दर्द के साथ यदि पाँवों में या किसी उँगली, अँगूठे आदि में झुनझुनी हो रही हो या वह हिस्सा सुन्न पड़ जाए या उसमें ताकत कम लगे तो इसे इमरजेंसी की स्थिति मानें। तुरन्त डॉक्टर को बताएँ, कमर-दर्द के साथ इनका होना खतरनाक है।
- कमर-दर्द कई बार कूल्हे की बीमारी से भी हो सकता है। ऐसे में मात्र कमर की जाँच कुछ भी नहीं बता सकेगी। इसलिए यदि कमर में दर्द है, बना ही हुआ है तो उठें और किसी अच्छे डॉक्टर की सलाह अवश्य लें।

चाहे जब जुकाम हो जाने का मतलब?

...जरा-सा मौसम बदला कि हमें जुकाम हो जाता है।...हमें तो कभी भी अचानक ही छींकें आने लगती हैं और नाक बहने लगती है। डॉक्टर कह देते हैं कि यह तो एलर्जी है भैया। यह एलर्जी-फेलर्जी जो हो, इस एलर्जी से बड़े परेशान हैं हम तो। ...रोज-रोज की बातचीत में हम आए-दिन ये वाक्य कहते-सुनते हैं।

डॉक्टर भी इनको उतना भाव नहीं देते, जितना वे अन्य बीमारियों को देते हैं। कई बड़े डॉक्टर तो कभी-कभी यूँ तक कहते पाए गए हैं कि पट्ठे ने मुझे जुकाम-बुखार का डॉक्टर समझ लिया है! वैसे तो मरीज भी इसका इलाज या तो स्वयं ही यहाँ-वहाँ से पढ़-सुनकर करता रहता है, या फिर सीधे ही किसी दवा की दुकान से 'जुकाम की कोई-सी गोली दे देना भाई साहब' करके करता रहता है। पर यह जुकाम एक छोटी-सी परन्तु बड़ी मायावी-सी बीमारी है। किसी को बताओ कि हमें जुकाम है तो वह इस बात पर मुस्कुराता न भी हो पर खास तवज्जो वह भी नहीं देता। पर जो इससे परेशान रहता है, उसकी हालत वही जानता है। जरा-सी लगनेवाली बीमारी आदमी को खासा परेशानी में डाले रहती है।

जुकाम का मरीज दस तरह की दुविधाओं में रहता है।

किस डॉक्टर को दिखाया जाए? क्यों हुई? कैसे हो गई? इसका कोई इलाज है भी या नहीं? क्या एलर्जी की कहीं कोई जाँच भी होती है? क्या एलर्जी के ऐसे इंजेक्शन या टीके भी होते हैं जो एलर्जी की इस टेंडेंसी को कम कर दें या इसे खत्म ही कर डालें?

याद रहे कि

एलर्जी के अलावा भी जुकाम के पचासों अन्य कारण हो सकते हैं। जरूरी नहीं कि हर जुकाम एलर्जिक रायनाइटिस ही हो। कई बार जुकाम-सा लगना, नाक

बन्द होना, नाक बहना, छींकें आना आदि तकलीफों का कारण एलर्जी के सिवाय कुछ और भी हो सकता है। दसों और बीमारियाँ भी जुकाम जैसी लग सकती हैं; इन बीमारियों में कुछ बेहद गम्भीर बीमारियाँ भी शामिल हैं सो जुकाम की कम-से-कम एक बार तो बड़ी गम्भीरता से जाँच करने की आवश्यकता है।

जुकाम का मरीज दस तरह की दुविधाओं में रहता है। किस डॉक्टर को दिखाया जाए? क्यों हुई? कैसे हो गई? इसका कोई इलाज है भी या नहीं? क्या एलर्जी की कहीं कोई जाँच भी होती है?

वे कौन-सी बीमारियाँ हैं जो जुकाम जैसी ही तकलीफ देती हैं पर वे कुछ और ही निकलती हैं?

- सामान्य जुकाम (एलर्जिक रायनाइटिस) कष्ट तो देता है पर गम्भीर बीमारी नहीं है। ऐसे ही वायरल इन्फेक्शन का जुकाम (वायरल रायनाइटिस) भी सामान्य बीमारी है गोकि वह एलर्जिक रायनाइटिस की तरह बार-बार नहीं होती है।
- साइनसाइटिस भी जुकाम जैसा ही लग सकता है और उसका इलाज एकदम अलग-सा है।
- यदि नाक की सेफ्टम बहुत टेढ़ी हो या नाक में छोटी-छोटी पोलिप की गाँठें हों तो भी ऊपर से तो ऐसे ही जुकाम के लक्षण लग सकते हैं पर इन बीमारियों का इलाज एलर्जी से एकदम अलग है। सर्जरी द्वारा ये पूरी तरह ठीक हो सकते हैं बशर्ते कि साथ में एलर्जी न हो जो सर्जरी के बाद भी बनी रहे।
- कुछ ऐसी दवाएँ भी हैं जिनके साइड इफेक्ट्स के कारण जुकाम जैसी ही स्थिति बन जाती है। इसीलिए यदि किसी अन्य बीमारी के लिए कोई दवा लम्बे समय से चल रही हो या अभी-अभी शुरू की गई हो और उसके बाद जुकाम बढ़ गया हो तो अपने डॉक्टर को उन दवाओं के बारे में भी बताकर रखें। फिर डॉक्टर तय करेगा कि कहीं वे दवाएँ तो आपकी समस्या का कारण नहीं हैं?
- इनके अलावा वेजनर ग्रेनुलोमा जैसी गम्भीर बीमारियों को भी गलती से बस सामान्य जुकाम मान लेने की भूल खुद डॉक्टर भी कर सकते हैं।
- कई बार अगर पेट में बहुत एसिडिटी हो, और पेट का एसिड लौट-लौट

कर मुँह में आए (खट्टा पानी) तो यह भी जुकाम की जड़ हो सकता है। ऐसे में जब तक एसिडिटी का पूरा इलाज न हो तब तक जुकाम परेशान करता ही रहेगा।

एलर्जिक रायनाइटिस को कैसे पहचानें?

- यदि मौसम बदलने पर या साल भर ही नाक में खुजली होती रहती हो, नाक में कंजेशन होता रहता हो, बार-बार नाक बहे, छींकने का दौरा-सा आए, छींकने के साथ आँखों से पानी भी आए, आँखें लाल हो जाएँ या उनमें खुजली हो, तो यह सब एलर्जिक रायनाइटिस के कारण ही है।
- यदि खूब खाँसी हो और छाती से सीटी जैसी आवाजें भी आएँ तो मानिए कि एलर्जी नाक की झिल्ली से उतरकर फेफड़ों की नलियों तक पहुँच गई है। इसे एलर्जिक ब्रोंकाइटिस कहते हैं जो अन्ततः दमा या अस्थमा बन सकता है।
- उपरोक्त लक्षणों के साथ अगर आपके परिवार में किसी रक्त सम्बन्धी को दमा की बीमारी रही है, या एलर्जी की कोई अन्य बीमारी (आम तौर पर चमड़ी की एलर्जी की बीमारी) है तो फिर आपको एलर्जिक रायनाइटिस ही है।

परन्तु यह किस चीज की एलर्जी है? अब आता है लाख टके का प्रश्न। ऐसी कौन-सी चीजें हैं जो नाक में या गले में इस तरह की एलर्जी पैदा कर सकती हैं? क्या इन चीजों से बचकर एलर्जिक रायनाइटिस से बचा जा सकता है—

- हमारी श्वास-नलियाँ, नाक और गला लगातार हवा तथा तापमान के सीधे सम्पर्क में रहते हैं। मतलब यह कि हवा में जो भी धूल-धक्कड़ आदि घुले-मिले हैं, वे भी हर श्वास के साथ हमारे अन्दर आ-जा रहे हैं। यदि हमारा श्वास-तंत्र हवा में घुले-मिले इन पदार्थों से एलर्जिक है तो हमारी हर साँस इसमें एलर्जी पैदा कर सकती है।

तो फिर कौन-से पदार्थ हैं जो श्वास-तंत्र में एलर्जी पैदा कर सकते हैं? इनकी लिस्ट लम्बी है। संक्षेप में जानें तो—

- पौधों, फूल-पत्तियों के परागकण
- पालतू जानवरों (कुत्तों, बिल्ली आदि) की त्वचा के बाल और खाल के कण
- घर की धूल, और धूल में पाए जानेवाली 'डस्ट माइट'
- बाथरूम, खिड़कियों आदि पर जमा फफूँद

ये सब अदृश्य रूप में हवा में तैरते रहते हैं। हमारी नाक या श्वास-तंत्र की नलियाँ निरन्तर इस हवा के सम्पर्क में रहती हैं। यदि हमें एलर्जी है तो एलर्जी का सारा सामान हमें हर श्वास के साथ मिल रहा है। यही एलर्जिक रायनाइटिस का कारण है।

एलर्जिक रायनाइटिस का फिर निदान क्या है?

अब करते हैं, एलर्जिक रायनाइटिस के इस सारे विमर्श के पश्चात उसके मूल मुद्दे पर। इसका इलाज क्या है? क्या इसे पूरी तौर पर खत्म किया जा सकता है?

एलर्जिक रायनाइटिस को कंट्रोल किया जा सकता है। इसकी तकलीफों को भी कम किया जा सकता है। बार-बार होनेवाले इसके अटैक कम तथा हल्के किए जा सकते हैं, परन्तु जड़ से इसे समाप्त करना कम-से-कम अभी तो सम्भव नहीं और यह कड़वा सच है।

फिर?

जो इलाज उपलब्ध हैं कम-से-कम हम उन्हें जरा ठीक से समझ लें।

एलर्जिक जुकाम का इलाज चार सिद्धान्तों पर टिका है

- जिस पदार्थ से एलर्जी है, उससे बचना।
- एलर्जिक रिएक्शन की प्रक्रिया को रोकने की दवा देना ताकि एलर्जिक पदार्थ के सम्पर्क में आने पर भी नाक तथा श्वास की नलियों में कोई एलर्जिक रिएक्शन पैदा न हो सके।
- ऐसी एंटी एलर्जिक दवा लेने के बाद भी यदि एलर्जिक प्रक्रिया हो ही जाए तो उसके लक्षणों को कंट्रोल करने के लिए कोई दवा (सिम्टोमेटिक इलाज)।
- शरीर में एलर्जी के लिए जो संवेदना है (एलर्जिक टेंडेंसी), उसे किसी विशेष टीकों द्वारा कम करना।

इन चारों पक्षों को समझने के बाद आप समझ पाएँगे कि मामूली समझे जानेवाले जुकाम का इलाज वास्तव में कितना कठिन है।

एलर्जी वाले पदार्थों (allergens) से बचाव

सिद्धान्त रूप में तो यह बड़ा सटीक, सरल तथा सबसे प्रभावशाली इलाज प्रतीत होता है। ऐसा है भी। सही बात है कि जिस चीज से बीमारी पैदा हो रही है, यदि उसे ही अपने से दूर रख सकें तो हमें बीमारी होगी ही नहीं। यह कहना कितना आसान है परन्तु इसे कर पाना? वह काम बेहद चुनौतीपूर्ण और कठिन है। फिर भी कोशिश तो की ही जा सकती है।

कैसे?

समझें

- सुबह के समय पौधों से सर्वाधिक परागकण तथा वनस्पति के कण झरते हैं। यही समय होता है अच्छी हवा चलने का भी। और यही समय होता है जब हम घूमने भी निकलते हैं। यही वह समय है जब वातावरण में ये एलर्जन अधिकाधिक होते हैं। हमें इनसे एलर्जी हो तो हमेशा सुबह-सुबह घूमने के बाद जुकाम हो सकता है। यदि ऐसा है तो पहले तो अपनी घूमने की जगह और समय बदलकर देखें। यदि ठीक न हो तो फिर घूमना छोड़कर व्यायाम का कोई और तरीका अपनाएँ।
- सुबह की हवा में ये परागकण खुली खिड़की से घर में भी घुस आते हैं। ऐसे मरीजों को सुबह के समय अपने घर की खिड़कियों को बन्द रखना चाहिए। ऐसे मरीजों को एसी में रहने से भी राहत मिल सकती है।
- यदि कोई पालतू जानवर घर में है तो उसके बाल और खाल के कण (animal danders) भी आपकी बीमारी का कारण हो सकते हैं।

कई पालतू जानवर तो इतने भाग्यशाली और इतने आत्मीय होते हैं कि वे सबके साथ बेडरूम में ही सोते हैं। हम समझते हैं कि हम तो अपने कुत्ते को साफ-सुथरा रखते हैं, नियमित नहलाते हैं, फिर उससे हमें कोई बीमारी भला कैसे हो सकती है? हो ही नहीं सकती। आप यदि इस तरह के एलर्जन के लिए सेंसिटिव हैं तो आपको पालतू जानवरों से कई तरह की एलर्जी हो सकती है, जिसमें एलर्जिक रायनाइटिस भी शामिल है।

यदि आपको एलर्जिक रायनाइटिस है तो फिर कुत्ते को अपनी गोद और बेडरूम से दूर रखें। यदि तब भी समस्या न सुलझे तो कुत्ते से क्षमा माँगते हुए उसे घर से बाहर निकाल दें।

- गद्दों और तकियों पर कवर (गिलाफ) चढ़ाकर रखिए जिन्हें हर हफ्ते धोकर तेज धूप में देर तक पड़े रहने दीजिए। कमरों में गलीचे मत बिछाइए। हों, तो हटा दें। मोटे पर्दे कभी भी न लटकाएँ। पर्दों को वैक्यूम क्लीनर से नियमित साफ करते रहें।

इन सबमें छुपी धूल की एलर्जी से बचने का और कोई स्थायी उपाय नहीं है। इस तरह की धूल से बचाने में एयर प्यूरीफायर आदि का भी कोई रोल नहीं है।

- फंगस या फफूँद भी बड़े एलर्जन हैं।

हमारे घर में फंगस कहाँ-कहाँ हो सकता है?

बागबानी के शौकीनों की क्यारियों में और घर के बाथरूम की नम जगहों पर फंगस से आपका सम्पर्क हो सकता है। खिड़कियों की चौखट भी ऐसी ही एक जगह है। यदि आप एलर्जिक रायनाइटिस से परेशान हैं तो बागबानी का शौक छोड़ दें। बाथरूम तथा खिड़कियों पर फफूँद न जमे, इसके लिए नलों को लीक न होने दें, वहाँ सफाई रखें। ये फफूँद गलीचे में भी बहुत पनपते हैं। उससे भी निजात पा लें।

एलर्जी की प्रक्रिया को रोकने की कोई दवा नहीं होती है क्या?

होती है न!

ये दवाएँ एंटी हिस्टामिनिक दवाएँ कहलाती हैं।

हमारे शरीर में एलर्जिक प्रक्रिया के दौरान हिस्टामीन नामक पदार्थ निकलता है जो फिर नाक की झिल्ली पर मौजूद रिसेप्टर पर असर डालकर छींक आदि जुकाम के लक्षण पैदा करता है।

ये दवाएँ इन हिस्टामिनिक रिसेप्टर को ही बन्द कर देती हैं। इस तरह जुकाम के लक्षणों पर कंट्रोल हो जाता है। सेट्राजिन वगैरह दवाएँ ऐसी ही दवाएँ हैं। ये स्थायी समाधान तो नहीं हैं परन्तु लम्बे समय तक भी ली जा सकती हैं। इनको अपने डॉक्टर की सलाह अनुसार ही लें।

एंटी एलर्जिक दवाएँ लेने के बाद भी यदि कुछ तकलीफ बनी रहे तो और कौन-सी अन्य दवाएँ उपलब्ध हैं?

आप यदि इस तरह के एलर्जन के लिए सेंसिटिव हैं तो आपको पालतू जानवरों से कई तरह की एलर्जी हो सकती है, जिसमें एलर्जिक रायनाइटिस भी शामिल है।

कुछ अन्य दवाएँ भी हैं जो एलर्जिक प्रक्रिया से होनेवाली तकलीफों के सिम्टोमेटिक इलाज में सहायक हैं। ये मात्र लक्षणों को कंट्रोल करके आपको फौरी राहत देनेवाली दवाएँ हैं। जब एंटीहिस्टामिन दवाएँ पूरी राहत न दे रही हों। तब ये काम आती हैं।

नाक में डालनेवाली ऐसी दवाएँ, जिनको नाक में डालनेवाली बूँदों (drops) या स्प्रे के तौर पर इस्तेमाल किया जा सकता है, भरी नाक का कंजेशन कम करने के अपने प्रभाव द्वारा नाक को खोल देती हैं। इन्हीं दवाओं की गोलियाँ भी उपलब्ध हैं जिनको खाकर भी वही डीकंजेस्टेंट का असर मिलता है। परन्तु इनके साइड इफेक्ट्स भी होते हैं।

कोर्टिकोस्टेरायड का नाम आपने भी जहाँ-तहाँ खूब सुना होगा। ये बेहद बहुआयामी और प्रभावशाली दवाएँ हैं जिनको अच्छे डॉक्टर भी इस्तेमाल करते हैं और झोलाछाप तो दाएँ-बाएँ करते हैं। यह दवा इस बीमारी में भी सही मरीज में सही जगह बड़ी कारगर साबित हो सकती है।

इसी कोर्टिकोस्टेरायड के नेसल स्प्रे उन मरीजों में बड़े असरकारक सिद्ध होते हैं जिन्हें मुख्य तौर पर नाक में बहुत खुजली होती हो और लगातार छींकें भी आती चली जाती हों। ऐसे लोग डॉक्टरी सलाह से ये स्टेरॉयड स्प्रे लें। बहुत फायदा होगा। हाँ, स्टेरॉयड के अपने बहुत-से साइड इफेक्ट्स हो सकते हैं सो इसे बिना डॉक्टरी सुपरविजन के कतई न लें। कुछ अन्य ऐसी ही दवाएँ और भी उपलब्ध हैं पर वे सब सिम्टोमेटिक इलाज मात्र हैं।

क्या नाक में नॉर्मल सेलाइन डालकर इसे खोला जा सकता है?

करीब डेढ़ पाव पानी में चुटकी भर बेकिंग सोडा मिला दें। उससे नाक को अच्छी तरह से साफ करें। कोई भी नेसल स्प्रे या नोजल ड्राप्स डालने से पूर्व यदि नाक को नॉर्मल सेलाइन से साफ कर लें तो वे दवाएँ ज्यादा कारगर सिद्ध होंगी।

अब आखिरी बात।

क्या ऐसे टीके हैं जो इस एलर्जी को कम या खत्म कर दें?

हाँ, हैं। और, नहीं भी हैं।

ये ऑटोइम्यून थेरेपी के टीके कहलाते हैं।

इन टीकों को तैयार करने के लिए ऊपर वर्णित विभिन्न एलरजन्स को मिलाकर इंजेक्शन तैयार किए जाते हैं। इनको यदि नियमित रूप से चमड़ी में महीनों तक बढ़ती मात्रा में लगाएँ तो कई बार एलर्जिक रायनाइटिस में बड़ा फायदा मिलेगा। इसे ऑटोइम्यून थेरेपी कहते हैं।

हाँ, एलर्जिक ब्रोंकाइटिस तथा अस्थमा भी साथ में हो तो ऐसी ऑटोइम्यून थेरेपी बहुत कारगर नहीं हो पाती। यदि केवल एलर्जिक रायनाइटिस ही है तो इसे जरूर ट्राई करें।

तो अन्ततः क्या समझे?

जुकाम पर विमर्श फिलॉसफिकल विमर्श टाइप होता है—बातें बड़ी-बड़ी और मामला जस का तस। वैसा लगे तो क्षमाप्रार्थी हूँ।

हार्ट अटैक के अलावा और भी कारण होते हैं छाती में दर्द के

छाती का दर्द आदमी को बेहद डराता है। डर लगता है कि कहीं यह हार्ट अटैक तो नहीं? हार्ट अटैक न भी हो पर यह दर्द कहीं दिल की ही किसी दूसरी बीमारी से उपजा दर्द तो नहीं? और छाती ही क्यों, आदमी तो गर्दन के नीचे, और नाभि के ऊपर के हर दर्द को लेकर कुछ इसी तरह चिन्तित हो जाता है। वह करे भी तो क्या? उसने खुद, ऐसे ही अचानक आए छाती के दर्द में हार्ट अटैक से मरते लोगों को देखा है, सुना है और इनके बारे में पढ़ा भी है। उसे पता ही नहीं कि छाती का दर्द हार्ट अटैक के अलावा किसी अन्य कारण से भी हो सकता है।

यहाँ हम आपको यही समझाने की कोशिश करेंगे कि छाती का दर्द होने पर यह जरूरी नहीं कि हम हर बार छाती का दर्द हार्ट अटैक का ही दर्द हो। इस दर्द के अन्य पचासों कारण भी हो सकते हैं।

एक तो यह जान लें कि शरीर का वह हिस्सा जिसे हम छाती कहते हैं, उसमें केवल एक दिल ही नहीं रहता है। छाती में दिल के अलावा अनेकानेक अन्य अंग और रचनाएँ भी हैं। एक महत्त्वपूर्ण अंग है खाने की नली। इस नली को टेक्निकली हम इसोफेगस कहते हैं। यह नली आपके मुँह को नीचे पेट से जोड़ती है। इसी नली के जरिये, गटकने के बाद, खाना या पानी, नीचे उतरकर पेट में जाता है। बहुत बार छाती का दर्द खाने की इसी नली में, एसिडिटी बढ़ने से, या इस नली की मूवमेंट में रुकावट या असन्तुलन के कारण भी हो सकता है। कभी इसोफेगस की इस नली में कोई छाला भी ऐसा ही दर्द पैदा कर सकता है। याद रखें कि यदि ऐसा कोई दर्द जो आपकी छाती के बीचोबीच होता हो, जो कुछ खाने से या पानी पीने से कम हो जाता हो, या ऐसे दर्द के साथ आपके मुँह में खट्टे पानी का कभी कोई कुल्ला जैसा आता हो, या ऐसे दर्द का खास कर खाने से कोई सम्बन्ध लगता है, और ऐसे दर्द का मेहनत या एक्सरसाइज से कोई सम्बन्ध न लगता हो तो ऐसा

छाती ही क्यों, आदमी तो गर्दन के नीचे, और नाभि के ऊपर के हर दर्द को लेकर कुछ इसी तरह चिन्तित हो जाता है। वह करे भी तो क्या?

दर्द खाने की नली का दर्द भी हो सकता है। परन्तु कई बार यह दर्द दिल के दर्द से इतना मिलता-जुलता है कि जब तक एंजियोग्राफी द्वारा यह सिद्ध न हो जाए कि नहीं भैया, दिल में सब कुछ ठीक-ठाक है, तब तक हम इसे इसोफेगस का दर्द कहने से डरते रहते हैं। यूँ यह काम कान को घुमाकर पकड़ने जैसी बात है।

छाती का पिंजरा पसलियों, कार्टिलेज, मांसपेशियों और इनके जोड़ों से बनता है। इस पिंजरेनुमा स्ट्रक्चर में दोनों तरफ बारह-बारह पसलियाँ हैं, बीच में एक बड़ी हड्डी का टुकड़ा है जिसे हम मैनूबर्यम स्टैनली कहते हैं। पसली, पीछे रीढ़ की हड्डी से चलकर, घूमती हुई आगे आकर एक काटिलेज के टुकड़े में जुड़ जाती है। ये जोड़ कॉस्टो कौंड्रल जंक्शन कहलाते हैं। दर्द इन जोड़ों में भी आ सकता है और यह बहुत तेज हो सकता है। इन जोड़ों में दर्द के साथ सूजन भी हो सकती है। यह दर्द भी इतना तेज हो सकता है कि आप घबरा जाएँ कि कहीं मुझे हार्ट अटैक तो नहीं हो रहा? फिर इन पसलियों के बीच में मांसपेशियाँ भी होती हैं। इन्हें हम इंटरकास्टल मसल्स कहते हैं। दर्द इन मांसपेशियों में भी हो सकता है। हर पसली के साथ एक संवेदनशील नर्व भी पीछे से आगे की तरफ आती है। इस तरह देखें तो बारह नर्व्स एक तरफ, बारह इंटरकास्टल मसल्स एक तरफ, बारह पसलियाँ, और पीछे बारह रीढ़ की हड्डियाँ—ये सब मिलकर छाती का पूरा पिंजरा तैयार करते हैं। इनमें से किसी में भी, कहीं भी दर्द हो सकता है—पसली में, हड्डी में, पसली के आगे वाले जोड़ों में, किसी की पसली के साथ चल रही नस में, मांसपेशियों में (जिन्हें डॉक्टर कॉस्टोकोंड्राइटिस या फाइब्रोमायल्जिया या इंटरकॉस्टल न्यूरेल्जिया जैसे डरावने तिलिस्मी नामों से बुलाता है)। ये सारे दर्द भी बहुत तेज हो सकते हैं। कई बार पसली खिसक जाती है जिसे हम स्लिप रिब सिंड्रोम कहते हैं, इसमें भी भयंकर दर्द हो सकता है।

ये दर्द हार्ट अटैक के दर्द से अलग कैसे हैं, यह कैसे जानें?

ये सारे दर्द हिलने-डुलने, उठने-बैठने, करवट बदलने, दर्द वाली जगह को दबाने पर बढ़ जाएँगे और स्थिर लेटने पर कम रहेंगे। ये लोकल दर्द हैं। सामान्य दर्द की गोलियों से ही ये ठीक हो जाते हैं।

छाती में दर्द का एक महत्त्वपूर्ण कारण है—फेफड़े, और फेफड़े के ऊपर की वह झिल्ली, जिसे हम प्लूरा कहते हैं, उसके अन्दर यदि कोई बीमारी हो जाए, जैसे कि निमोनिया या फेफड़े की झिल्ली में कोई इन्फेक्शन (प्लूराइटिस) हो जाए तो यह दर्द बहुत तेज होगा। साँस लेने से, गहरी साँस खींचने से यह बढ़ेगा। यह दर्द भी इतना तेज हो सकता है कि आदमी छाती को हथेली से दबाए हुए डॉक्टर के पास पहुँचे। कभी कोई छोटी-मोटी चोट आपकी छाती में लगी हो, जिस पर उस समय आपका ध्यान न गया हो, तो भी छाती में तेज दर्द हो सकता है। जैसे कि आप चलते में कहीं टकरा गए, हल्के से ही टकरा गए या बच्चे को गोदी में लेकर खेल रहे थे कि उसका पैर छाती में जोर से लग गया तो उस समय आपको कुछ भी नहीं हुआ, लेकिन तीन दिन बाद आपको उसी जगह तेज दर्द हो रहा है। इसी तरह किसी एक्सीडेंट के बाद, पसलियों के फ्रैक्चर से भी तेज दर्द हो सकता है। छाती में पीछे की तरफ रीढ़ की हड्डियाँ होती हैं। इन हड्डियों के बीच की जगह से ही दर्द की संवेदनशील नर्व निकलती हैं जो हर पसली के साथ आगे तक आती हैं। अगर रीढ़ की हड्डी में कुछ बीमारी हो रही हो—रीढ़ की हड्डी में चोट लग गई हो, हड्डी में टी.बी. हो रही हो, हड्डी खिसक गई हो, स्लिप डिस्क हो, या कोई कैंसर हो—तो इसके कारण संवेदनशील नसों पर दबाव पड़ने से छाती में भयंकर दर्द हो सकता है। ये दर्द भी हिलने-डुलने से बढ़ता है।

कभी-कभी, इन्हीं संवेदनशील नर्व्स में एक किस्म का वायरल इन्फेक्शन भी हो सकता है जिसे हम हर्पीज जोस्टर कहते हैं। यह भी छाती में बहुत तेज दर्द पैदा कर सकता है। शुरुआती एक-दो रोज तो केवल दर्द ही होगा, लेकिन बाद में जहाँ दर्द हो रहा है, वहीं के इलाके में चिकनपॉक्स जैसे दाने निकल आएँगे। इसका बाकायदा और तुरन्त इलाज कराना चाहिए नहीं तो दाने खत्म होने के बाद भी दर्द बरकरार रह सकता है। आपने देखा कि हार्ट अटैक के अलावा भी छाती में दर्द के पचासों अन्य कारण हो सकते हैं। अभी तो मैंने पेट की उन बीमारियों की बात ही नहीं की जिनमें छाती का दर्द हो सकता है। लिवर की कोई बीमारी, स्टमक में छाला, गॉलब्लेडर अथवा पैंक्रियाज में कोई पथरी या इन्फेक्शन होने से भी छाती में दर्द हो सकता है। पेट की थैली जिसे आप स्टमक बोलते हैं, वह खिसककर आपकी छाती में आ जाए जिसे हायटस हार्निया कहते हैं तो यह भी छाती में दर्द पैदा कर सकता है।

इसलिए छाती के हर दर्द को आप दिल का दर्द मानकर घबराएँ न। सीधे

हार्ट स्पेशलिस्ट के पास न पहुँच जाएँ। पहले किसी अच्छे मेडिकल स्पेशलिस्ट को दिखाएँ। अगर उसे जरूरत लगेगी तो अवश्य आपको हार्ट स्पेशलिस्ट के पास भेजेगा। फालतू की जाँचों में उलझने से पहले इन बातों का ध्यान रख लीजिएगा।

तो फिर दिल के दौरे और दर्द की पहचान कैसे हो?

छाती का दर्द हार्ट अटैक के अलावा, और भी पचासों अन्य कारणों से हो सकता है। ऐसी स्थिति में यह कैसे जानेंगे कि यह दर्द हार्ट अटैक का ही दर्द है? यहाँ यह मुद्दा भी उठेगा कि कौन वे लोग हैं जिन्हें हार्ट अटैक होने की आशंका ज्यादा होती है और जिनको छाती का दर्द होने पर ज्यादा सतर्क रहने की आवश्यकता है?

क्या मुझे हार्ट अटैक के चांस ज्यादा हैं?

यह प्रश्न आपके मन में भी कभी न कभी आया होगा। हार्ट अटैक के कुछ *रिस्क फैक्टर्स* कहलाते हैं—यदि आप डायबिटिक हैं, या आप किसी भी तौर पर तम्बाकू का सेवन करते हैं (तम्बाकू खाते हैं, सिगरेट-बीड़ी पीते हैं, या तम्बाकू का पेस्ट दाँतों पर करते हैं) या आपके परिवार में कभी कम उम्र में ही किसी को हार्ट अटैक हुआ है या हार्ट अटैक से उसकी मृत्यु हुई है (मतलब 50 वर्ष के आसपास की उम्र में या उससे पहले), यदि आप बहुत मोटे हैं, आलसी हैं, यदि आपका कोलेस्ट्रॉल बहुत खराब रहता है, यदि आपको ब्लड प्रेशर की समस्या है, या किडनी की बीमारी है या कभी लकवा आया है—इन सारी स्थितियों में आपको सतर्क रहने की आवश्यकता है। खासकर यदि आपकी डायबिटीज को 10 साल से ज्यादा हो गया है, आपको डायबिटिक रेटिनोपैथी हो या फिर आपके पेशाब में माइक्रो एल्ब्यूमिन की मात्रा बढ़ी हुई रहती हो तो हार्ट अटैक होने के चांसेज हैं। तो यह निश्चित कर लें कि कहीं आप इस हाई रिस्क ग्रुप में शामिल तो नहीं हैं?

हार्ट अटैक का दर्द किस तरह का होता है?

दरअसल दिल का दर्द दो तरह का होता है। एक तो वह दर्द, जिसे एनजाइना

ऐसा दर्द यदि किसी डायबिटिक, ब्लड प्रेशर, मोटे आदमी, तम्बाकू लेनेवाले आदमी या जिसके परिवार में कम उम्र में हार्ट अटैक हुआ हो—इनमें से किसी को भी हो, तब तो ऐसे दर्द के हार्ट अटैक होने की आशंका बहुत बढ़ जाती है।

कहते हैं, और दूसरा वह जिसे हार्ट अटैक या मायोकार्डियल इन्फार्कशन कहते हैं। दोनों ही दिल के दर्द हैं पर दोनों का अन्तर समझने के लिए आपको दिल तक खून पहुँचानेवाली रक्त-नलियों को जानना होगा। दिल की तीन मुख्य नलियाँ होती हैं। दो तो दिल के बाईं तरफ, और एक दिल के दाईं तरफ होती है। इन्हें हम कोरोनरी आर्टरीज कहते हैं—राइट कोरोनरी आर्टरी और लेफ्ट कोरोनरी आर्टरी। बढ़ती उम्र तथा अन्य कई कारणों से इन रक्त नलिकाओं में अन्दर ही अन्दर धीरे-धीरे रुकावट पैदा होने लगती है। इनमें कोलेस्ट्राल जमने लगता है। नली सिकुड़ने लगती है। रक्त का प्रवाह कम होता जाता है। जब रक्त का प्रवाह एक निश्चित सीमा से भी कम हो जाता है, मान लो कि कोई नली 70 प्रतिशत से ज्यादा बन्द हो गई है तो आराम से बैठने पर तो कभी कोई तकलीफ नहीं होती परन्तु हल्की-सी मेहनत करने पर ही (पैदल चलने पर, खास तौर पर किसी चढ़ाई पर चढ़ने पर या सीढ़ियाँ चढ़ने पर, वजन लेकर चलने पर) आदमी को दिल में दर्द महसूस होता है। यह दर्द तेज नहीं होता। यह तो बस ऐसी किसी मेहनत करने पर बस हल्का-सा, छाती में एक असहजता का एहसास, या छाती में हल्का-सा भारीपन या भरा-भरा-सा लगता है। और यह केवल पैदल चलने पर ही लगता है, जैसे ही हम रुकते हैं, वैसे ही कुछ देर में यह एहसास खत्म हो जाता है। इसी को एंजाइना कहा जाता है। यह हार्ट अटैक नहीं है। यह तो शरीर की तरफ से एक चेतावनी है कि भविष्य में कभी जब यह नली पूरी बन्द हो जाएगी तो आपको हार्ट अटैक हो सकता है। यदि इस चेतावनी को समझ लिया जाए और इसका सही इलाज हो जाए तो आदमी हार्ट अटैक से बच जाता है। कभी-कभी आदमी की कोरोनरी नलिकाएँ बिना एंजाइना के सीधे ही पूरी बन्द हो सकती हैं। तब सीधे ही हार्ट अटैक हो जाता है।

हार्ट अटैक का दर्द अलग किस्म का होता है जो एंजाइना से एकदम अलग है। एंजाइना केवल मेहनत करने पर ही होता है; यह बैठे-बैठे नहीं होता। इधर हार्ट अटैक का दर्द अचानक ही कभी बैठे हुए भी हो सकता है। यह प्राय: बहुत तेज होगा, छाती के मध्य में होगा, पर यह ऐसा दर्द होगा जिसे आप एक जगह पिन पॉइंट नहीं कर सकेंगे। यह ऐसा तेज दर्द होगा, जैसे छाती पर कोई भारी चट्टान

रख दी गई हो! एक बोझ का एहसास या छाती के फटने की फीलिंग और साथ में दम घुटने का-सा एहसास भी। साथ-साथ यह एहसास भी कि मानो जान ही जा रही हो! ऐसे दर्द के साथ प्रायः बहुत ज्यादा ठंडा पसीना आएगा। यदि यह सब हो तो मानिए कि यह दर्द हार्ट अटैक का दर्द है।

वैसे, यह दर्द छाती के साथ-साथ प्रायः बाएँ हाथ में भी महसूस हो सकता है। भुजा फटने-सी लगती है, खास कर अन्दर की तरफ की भुजा का हिस्सा। याद रहे कि यह दर्द बाईं की जगह दाहिनी भुजा में भी हो सकता है, कन्धे में आ सकता है, पीछे पीठ की तरफ जा सकता है, गर्दन में या दोनों जबड़ों में भी जा सकता है, या कभी-कभी तो यह कमर तक भी जा सकता है। *तो ऐसा कोई भी छाती का दर्द जो भारीपन जैसा हो, यहाँ-वहाँ जा रहा हो और जिसमें बहुत पसीना आ रहा हो, वह हार्ट अटैक का दर्द हो सकता है।* और ऐसा दर्द यदि किसी डायबिटिक, ब्लड प्रेशर, मोटे आदमी, तम्बाकू लेनेवाले आदमी या जिसके परिवार में कम उम्र में हार्ट अटैक हुआ हो—इनमें से किसी को भी हो, तब तो ऐसे दर्द के हार्ट अटैक होने की आशंका बहुत बढ़ जाती है।

इस मामले में एक पेच है जिससे कई बार डॉक्टर भी ऐसे हार्ट अटैक को ठीक से नहीं समझ पाते और गलती कर देते हैं। यदि मरीज को डायबिटीज है तो कई बार हार्ट अटैक में कोई दर्द या तो होता ही नहीं, या फिर बहुत हल्का होता है, या फिर दर्द न होकर कुछ और ही तरह के लक्षण पेश आते हैं। इससे भ्रम हो जाता है। कई अजीब-से लक्षण हो सकते हैं (मरीज को अजीब-सा लगे। आज तबीयत ठीक नहीं लग रही है, ऐसा लगे। पिछले आधे घंटे से या एक घंटे से कुछ ठीक नहीं लग रहा है, चक्कर से लग रहे हैं, आँखों के सामने अँधेरा-सा आ रहा है, बिना किसी कारण के थकान बहुत लग रही है, कुछ चलने पर ही थक जाता हूँ)। यह मान लें कि *यदि एक डायबिटिक मरीज को कोई भी ऐसी नई तकलीफ अचानक ही हो जाए जो बस कुछ देर से ही हो रही हो, जो पहले कभी नहीं थी,* तो या तो उसकी शुगर कम हो रही है, या फिर यह दर्द के बिना भी हार्ट अटैक हो सकता है। वैसे और लोगों को भी बहुत तेज दर्द के बिना हार्ट अटैक हो सकता है,बहुत हल्के दर्द के साथ भी हार्ट अटैक हो सकता है, और कई बार दर्द छाती में न होकर केवल बाँहों में, कन्धे में, जबड़े या गर्दन में या केवल पेट के ऊपरी हिस्से में हो सकता है। (आज गैस बहुत बन रही है। पेट ऐसा फूल जा रहा है, जैसा मेरा कभी पहले फूला ही नहीं)।

ये सब हार्ट अटैक के असामान्य प्रेजेंटेशन हैं। आम तौर पर नहीं होते पर

किसी-किसी में हार्ट अटैक कुछ अलग हटकर भी हो सकता है। वैसे ऐसा कम होता है लेकिन जब होता है तो कई बार डॉक्टरों से भी डायग्नोसिस मिस हो सकती है। पर याद रखें कि कम-से-कम ऐसे किसी दर्द को कतई नजरअन्दाज न करें क्योंकि हार्ट अटैक में एक-एक मिनट कीमती होता है। यदि ऐसा कोई भी दर्द आपको हो रहा है तो देर मत करिए। *तुरन्त एक एस्प्रिन की गोली लेकर अस्पताल जाइए।*

प्रिवेंशन हेल्थ चेकअप और स्क्रीनिंग जाँचें करवाते रहिए

हम यह मानते हैं कि डॉक्टरों का काम बीमारी का इलाज करना है, बस। मुश्किल यह है कि डॉक्टर भी लगभग यही मान बैठते हैं। जबकि एक जिम्मेदार हेल्थ केयर सिस्टम का काम ही मूलत: बीमारी को रोकने या उसे इतनी जल्दी पकड़ने का है कि उसका प्रभावी इलाज सम्भव हो सके।

हमारे देश में यूँ भी डॉक्टर कम हैं और बीमारों की भीड़ और मारामारी इतनी है कि डॉक्टरों को फुर्सत ही नहीं मिलती कि वे इस 'थैंकलेस' काम में अपना 'बहुमूल्य' समय 'नष्ट' करें। इधर आम जनता भी यह मानती है कि तबीयत खराब होने पर ही डॉक्टर के पास जाया जाता है। हमें कोई बीमारी हो ही न सके, इसकी भी कुछ जाँचें होती हैं—ऐसी कोई समझ आम तौर पर जनता के बीच है ही नहीं; ऐसी किसी भी तरह की जाँच को पाप न भी माना जाता हो परन्तु फालतू का खर्चा करने की बेवकूफी जरूर माना जाता है।

हमारे देश में विशेष रूप से और संसार में आम तौर पर प्रिवेंटिव हेल्थ का दृश्य बड़ा विकट है। जबकि प्रिवेंटिव स्क्रीनिंग चेकअप और इससे जुड़ी जाँचें आपको गम्भीर बीमारियों से समय रहते बचा सकती हैं।

प्रिवेंटिव हेल्थ चेकअप तथा स्क्रीनिंग के अन्तर्गत किस तरह की जाँचें होती हैं?

पहले प्रिवेंटिव चेकअप को समझें। मान लें कि आप अपनी समझ से एकदम स्वस्थ और ठीक हैं। आपको कोई तकलीफ नहीं होती है। फिर भी आपको समय-समय पर कुछ बुनियादी जाँचें करानी और डॉक्टर की सलाह लेनी चाहिए। इससे बीमारियाँ एकदम शुरुआत में ही पकड़ में आ जाएँगी और उनका सटीक इलाज सम्भव हो सकेगा। यही प्रिवेंटिव हेल्थ चेकअप है।

इस चेकअप में इन जाँचों को शामिल किया गया है—

- पूरा क्लीनिकल चेकअप (बीपी से लेकर अन्य सारा फिजिकल चेकअप)।
- रक्त की बायोकेमिकल जाँचें (हीमोग्लोबिन, शुगर, कोलेस्ट्रॉल आदि के अलावा वे सारी जाँचें जो डॉक्टर के चेकअप द्वारा इंगित हो रही हों)।
- एक्स-रे (छाती का एक्स-रे, स्तन की मेमोग्राफी, हड्डियों की डेंसियोमेटरी, पेट और दिल की सोनोग्राफी की जाँचें आदि)।
- स्त्रियों में 'पैप स्मीयर' जाँच।
- चुनिन्दा केसों में अन्य जाँचें (टीएमटी, इको कार्डियोग्राफी, कोलोनोस्कोपी इत्यादि)।
- इनके अलावा अब 'जेनेटिक टेस्टिंग' आशा की नई किरण है। आपके जीन्स के पैटर्न की गहन जाँच द्वारा अब यह बताया जा सकेगा कि आज से सालों बाद भी आपको क्या-क्या बीमारियों की आशंका हो सकती है।

इस सन्दर्भ में कुछ लोगों ने सारे शरीर की (होल बॉडी) सीटी स्कैन द्वारा जाँच का सुझाव भी दे रखा है जिसे आज तक कोई मान्यता नहीं मिली है। उसके नुकसान ही हैं।

तो हम इनमें से कौन-सी जाँचें कब-कब कराएँ?

आजकल लोग खुद ही किसी पैकेज डील द्वारा खून की कई जाँचें करवाकर डॉक्टर से पूछते हैं कि इनमें सब ठीक है कि नहीं? वैसे यह चीज अच्छी है, पर अधूरी भी है। अच्छा यह होगा कि पहले अपने डॉक्टर से पूरा क्लीनिकल चेकअप कराएँ। ऐसे चेकअप द्वारा ही तो तय होगा कि आपको कौन-सी जाँचें करानी चाहिए। ऐसे में आप पैकेज की अन्य फालतू जाँचों से भी बच जाएँगे तथा जरूरी जाँचें छूटेंगी भी नहीं। हर प्रिवेंटिव जाँच को हम मेडिकली तभी मान्यता देते हैं जब वह जाँच इन कसौटियों पर खरी उतरे—

- वह कितने सटीक तौर पर आशंका को पकड़ सकती है (जाँच की सेंसिटिविटी और स्पेसिफिसिटी)।
- जाँच कितनी महँगी है? क्या इसकी कीमत और बहुसंख्य जनता में इसके टेस्ट के लाभ के बीच कोई तारतम्य बैठता भी है? कहीं यह घोड़े से ज्यादा कीमत उसकी जीन खरीदने में लगाने का मामला तो नहीं है?

- क्या जिस बीमारी को इस टेस्ट द्वारा पकड़ लिया जाएगा, उसके समय रहते इलाज से उस मरीज की आयु बढ़ सकेगी? और जो बढ़ी भी तो क्या वह इतनी ज्यादा होगी कि टेस्ट पर इतना समय और पैसा लगाया जाए?

हमें कोई बीमारी हो ही न सके, इसकी भी कुछ जाँचें होती हैं—ऐसी कोई समझ आम तौर पर जनता के बीच है ही नहीं; ऐसी किसी भी तरह की जाँच को पाप न भी माना जाता हो परन्तु फालतू का खर्चा करने की बेवकूफी जरूर माना जाता है।

- एक बहुत कॉमन ऐसा ही टेस्ट है, प्रोस्टेट कैंसर के लिए, पीएसए नाम का टेस्ट। यह पॉजिटिव निकले और प्रोस्टेट कैंसर का ऑपरेशन भी करा लें तो भी जिन्दगी उतनी ही लम्बी रहती है जो वैसे भी बाद में डायग्नोस्टिक होने पर रहती। फिर यह टेस्ट कई बार फाल्स पॉजिटिव भी हो सकता है। तब तो हमने फालतू ही सर्जरी करवाई, और उसके बाद होनेवाली इरेक्टाइल डिस्फंक्शन आदि जटिलताओं को एक गलत टेस्ट रिजल्ट के कारण आमंत्रित कर डाला। इस लिहाज से देखें तो पीएसए टेस्ट से प्रोस्टेट कैंसर के शख्स को कुछ भी लाभ उस तरह से नहीं मिलनेवाला।
- स्तन कैंसर के लिए की जानेवाली मेमोग्राफी की उपादेयता पर भी बार-बार प्रश्न उठे हैं। आँकड़े बताते हैं कि नियमित मेमोग्राफी से मात्र दस या इससे भी कम ही जानें बचती हैं। वहीं इसके बरअक्स, बड़ी आँत के कैंसर के स्क्रीनिंग टेस्ट (मल में खून की जाँच, कोलोनोस्कोपी, सिग्मोयडोस्कोपी) बड़े काम की प्रिवेंटिव जाँच हैं। इस बीमारी की स्क्रीनिंग जाँच द्वारा कोलोनिक कैंसर की बीमारी का पता पहले ही चल जाता है और लगभग तीस प्रतिशत केस बचाए जा सकते हैं क्योंकि इसका शुरुआती सटीक इलाज उपलब्ध है।
- बड़ी साधारण-सी जाँच पैप स्मियर होती है। यह सस्ती और सर्वत्र उपलब्ध छोटी-सी जाँच है। इसके द्वारा सरवाइकल कैंसर का पता शुरुआत में ही करके उस स्त्री की उम्र में पच्चीस वर्ष जोड़े जा सकते हैं।
- हमें ऐसी ही प्रभावी स्क्रीनिंग जाँचों की आवश्यकता है जो सस्ती हों और सटीक भी हों।
- ऐसे ही डायबिटीज, हाइपर टेंशन, हाई कोलेस्ट्रॉल, तम्बाकू तथा शराब

का आदी होना और एकदम आलसी का जीवन जीने की आदत भी बड़ी बीमारियाँ हैं। इन सबको सामान्य स्क्रीनिंग जाँचों और प्रिवेंटिव हेल्थ चेकअप द्वारा अगर पहले ही पकड़ लिया जाए तो आपकी उम्र में कई सार्थक वर्ष जोड़े जा सकते हैं।

- ऐसी ही नियमित सटीक सस्ती स्क्रीनिंग जाँच बेहद जरूरी है।

जेनेटिक काउंसिल—प्रिवेंटिव हेल्थ चेकअप का एकदम नया आयाम

आपने मीडिया में इसके बारे में पढ़ा-सुना होगा कि विख्यात हॉलीवुड अभिनेत्री एंजेलिना जोली के परिवार में स्तन कैंसर की बड़ी स्ट्रांग फैमिली हिस्ट्री थी। इसी के चलते उन्होंने अपनी जेनेटिक जाँचें कराईं। इस टेस्ट में, उनके शरीर में स्तन कैंसर पैदा करनेवाला जीन पॉजिटिव पाया गया। इसका मतलब? मतलब यही कि यह जेनेटिक टेस्ट इंगित कर रहा था कि भविष्य में कभी, एंजेलिना को ब्रेस्ट कैंसर होने के चांस बहुत ज्यादा रहेंगे। डॉक्टरों ने तब क्या किया?...डॉक्टरों की सलाह पर एंजेलिना ने अपने दोनों ब्रेस्ट ऑपरेशन करवा के निकलवा दीं। न रहेगा बाँस, न बजेगी बाँसुरी। ब्रेस्ट ही नहीं होंगी तो फिर कैंसर कहाँ होगा?

जेनेटिक काउंसिलिंग अपेक्षाकृत नया विषय है इस पर चर्चा करके तो प्रिवेंटिव हेल्थ चेकअप का डिस्कशन वास्तव में पूरा हो जाएगा। जेनेटिक काउंसिलिंग के बारे में कुछ निहायत बुनियादी बातें—

मनुष्य का शरीर कैसे बनता है?

- स्त्री के गर्भाशय के भीतर नौ माह तक यह शरीर बनता है। यह उस एक कोष से बनना शुरू होता है जो गर्भाधान के समय माँ के अंडे और पिता के शुक्राणु के मिलन से तैयार होता है।
- इसी सूक्ष्म सेल में माँ तथा पिता के जीन्स आ जाते हैं जो आगे पूरे शरीर के विकास को नियंत्रित करते हैं।
- इस छोटे-से सेल की न्यूक्लियर रचना में क्रोमोजोम्स नामक जेनेटिक संरचनाएँ होती हैं। इन क्रोमोजोम्स में ही हमारे जीन्स स्थित हैं।
- जीन्स क्या है?

इसे ठीक से समझ लें।...आप कम्प्यूटर समझते हैं न?...उसमें कैसे छोटी-सी चिप में पचासों सूचनाएँ, फाइलें, काम और स्ट्रक्चर छुपे रहते हैं?... ठीक वैसे ही। चिप छोटी-सी, पर काम वही, बल्कि उससे भी बेहतर और सक्षम।...स्टोरेज क्षमता तथा कार्य करने का दायरा भी कई सौ गुना बढ़ गया। यही जीन हमारे शरीर रूपी जैविक कम्प्यूटर की जैविक चिप है। यही जीन हमारे शरीर के विभिन्न कामों के लिए जिम्मेदार है। शरीर में दिन-रात चल रहे अलग-अलग लाखों कार्यों के लिए लाखों जीन्स।

- अब इनमें से यदि कोई जीन डिफेक्टिव बनी हो या खराब हो जाए ठीक से न बनी हो, उसका म्यूटेशन हो जाए, तो? ...इस खराबी से कई बीमारियाँ होने का खतरा हो जाता है। हर अलग जीन, अलग म्यूटेशन के द्वारा अलग ही बीमारी की आशंका पैदा करती है।

जैसे-जैसे मानव जेनेटिक्स के क्षेत्र में शोध हुए हैं, मानव क्रोमोजोम्स तथा जीन्स की सूक्ष्म बुनावट को विज्ञान ने और गहराई से समझा है। अब जाकर हमें बहुत-सी पारिवारिक तथा अन्य बीमारियों में जेनेटिक्स का गहन रोल और भी बेहतर ढंग से समझ में आ रहा है। हमें अब अन्तिम तौर पर पता लग गया है कि बहुत-से रोग हमारी जेनेटिक संरचना से ही तय होते हैं।...इसका मतलब?...इसका मतलब यह हुआ कि यदि मानव शरीर की जेनेटिक संरचना को जानने के सरल और सस्ते जाँच ईजाद हो सके तो लोगों को भविष्य में होनेवाली बीमारियों के बारे में वर्षों पूर्व आगाह किया जा सकता है। ...और यही प्रिवेंटिव जेनेटिक जाँचों और जेनेटिक काउंसिलिंग का आधार है।

ऐसी लगभग बीस हजार जीन्स हमारे शरीर की कोशिकाओं के न्यूक्लियस के क्रोमोजोम्स पर मौजूद हैं। ये जीन्स ही हमारे जेनेटिक कम्प्यूटर की हार्ड डिस्क बनाती हैं।

यही तय करती हैं कि हमारे भीतर कौन-सी बीमारियाँ होने की प्रवृत्ति है। पर विभिन्न दवाएँ और इलाज कारगर होंगे या नहीं? खास तौर पर खानदानी बीमारियों में इनकी भूमिका को लेकर आजकल तेजी से शोध हो रहे हैं। नित नया ज्ञान मिल रहा है। निकट भविष्य में अब मेडिकल विज्ञान बड़ी तेजी से न केवल बीमारी का पता करने के लिए जेनेटिक टेस्टों के पैनल लाएगा बल्कि जेनेटिक इंजीनियरिंग के नये कौशल द्वारा बीमारी की जीन्स को रिपेयर करके बहुत-सी बीमारियों को होने से ही रोक भी सकेगा। कदाचित्, जेनेटिक चिकित्सा में ही इनसान के अमर हो

जाने की कुंजी मिलने की सम्भावना भी है।

तो क्या ये जेनेटिक जाँचें हमें पूरी तौर पर बता देंगी कि आगे जाकर हमें कौन सी बीमारी होगी?

भविष्य कितना भी उज्ज्वल हो परन्तु वर्तमान में जेनेटिक जाँचों तथा ज्ञान की अब भी कई सीमाएँ हैं। इन सीमाओं को जानना भी बहुत जरूरी है।

प्रिवेंटिव जेनेटिक जाँचों और जेनेटिक काउंसिलिंग के सन्दर्भ में कई बातें ध्यान रखनेवाली हैं—

> यदि मानव शरीर की जेनेटिक संरचना को जानने के सरल और सस्ते जाँच ईजाद हो सके तो लोगों को भविष्य में होनेवाली बीमारियों के बारे में वर्षों पूर्व आगाह किया जा सकता है। ...और यही प्रिवेंटिव जेनेटिक जाँचों और जेनेटिक काउंसिलिंग का आधार है।

- अभी कुछ ही बीमारियों के और आधे-अधूरे जेनेटिक टेस्ट ही उपलब्ध हैं—और वह भी मात्र कुछ ही जगहों पर।
- अभी ये जाँचें बहुत महँगी भी हैं। जब तक ये जाँचें सहज और सस्ते में उपलब्ध नहीं होंगी, वृहत्तर समाज के लिए बीमारियों को रोकने में फिलहाल इनसे किसी मदद की आशा नहीं की जा सकती है।
- यदि हमें ऐसी बीमारियों की सम्भावना का पता सालों पूर्व चल भी जाए तो क्या उनको रोकने का कोई इलाज मेडिकल साइंस के पास अभी है भी?

ज्यादातर ऐसी बीमारियों की सम्भावना का पता चलने के बाद भी हमारे पास उन्हें ठीक करने का कोई सटीक इलाज नहीं है। ऐसी कोई विधि उपलब्ध नहीं जो आगे इनको होने से रोक सके।

[ब्रेस्ट कैंसर और एक तरह के थायराइड कैंसर के लिए जरूर यह उपाय है कि ऑपरेशन द्वारा वह अंग ही निकलवा दिया जाए जिसमें आगे जाकर कैंसर की आशंका हो।]

तो फिर ऐसी जाँच का क्या फायदा?

जेनेटिक जाँचों के विरुद्ध एक तर्क यह भी है कि बीमारियों के बारे में पहले से पता करके हम केवल मनोवैज्ञानिक परेशानियों (तनाव, डिप्रेशन आदि) को आमंत्रण दे

रहे हैं। बीमारी की आशंका का पता चल जाए और उसको रोकने का कोई इलाज न हो तो कहीं हम परिवार में तनाव और अलगाव ही बढ़ाने का काम तो नहीं कर रहे? ऐसी जाँचों के कारण नागरिक को हेल्थ इंश्योरेंस और रोजगार मिलने में मेडिकल फिटनेस की दृष्टि से तमाम तरह की परेशानियाँ भी पैदा हो सकती हैं।

यह भी हो सकता है कि ऐसे जीन्स म्यूटेशन मिलने के बाद भी कभी बीमारी हो ही न, क्योंकि बीमारी पैदा होने के लिए अन्य कारण भी महत्त्वपूर्ण रोल अदा करते हैं। इसीलिए किसी शख्स में यदि ऐसे जीन्स मिलें भी, तो भी यह कैसे मान लिया जाए कि उसे कभी न कभी वह बीमारी पैदा होनी ही है? बीमारी वाले जीन्स के होते हुए भी वह बीमारी अन्ततः पैदा होगी ही, यह सौ प्रतिशत तय नहीं। क्योंकि उस बीमारी का पैदा होना आगे बहुत-सी अन्य बातों पर भी निर्भर रहेगा। हमारे आसपास की आबोहवा, वातावरण, प्रदूषण, हमारे भोजन की गुणवत्ता, व्यायाम करने की आदत तथा शरीर के अन्य जीन्स के साथ इस जीन का इंटरएक्शन आदि अनेक कारक फाइनली बीमारी पैदा करने या न करने के लिए जिम्मेदार होते हैं।

इस बात को डायबिटीज के उदाहरण से समझ सकते हैं

आप जानते हैं कि डायबिटीज जेनेटिक बीमारी है।...इसके चार-पाँच जीन्स को अब तक पहचान भी लिया गया है। इन्हीं जीन्स का म्यूटेशन डायबिटीज पैदा करता है। इनका म्यूटेशन इंसुलिन पैदा करनेवाली पैंक्रियाज की कोशिकाओं को खराब करता है जिससे डायबिटीज होती है। इन जीन्स की खोज से बहुत पहले से ही, विभिन्न अध्ययनों और सर्वे द्वारा हमें पता है कि यदि खानदान में डायबिटीज की स्ट्रांग हिस्ट्री है तो आगे पैदा हुए बच्चों को भी डायबिटीज होने के चांस रहते हैं।...याद रहे कि सभी बच्चों में वही जीन्स हैं।...वही जीन्स होते हुए भी, इनमें से कुछ बच्चे बड़े होकर डायबिटिक होते हैं और कुछ बच्चे डायबिटीज से बच जाते हैं।...ऐसे कैसे?...क्योंकि ये वे लोग होते हैं जिनकी जीन्स में तो बीमारी है परन्तु आगे सन्तुलित जीवन जीते रहने—नियमित व्यायाम, सन्तुलित खानपान, वजन और सक्रिय जीवन जीते रहने से उन्हें डायबिटीज नहीं हुआ। जिसे हुआ वह जीवन भर अल्लम-गल्लम खाता रहा, मोटा होता चला गया और आलसी जीवन का उत्कर्ष बनकर जिया। उसका शरीर भूकम्प आने पर ही कभी हिला हो तो हिला हो, वरना वह हमेशा ही लोंदे की तरह पड़ा रहा।...दोनों के जीन्स डायबिटीज पैदा करनेवाले थे परन्तु एक को डायबिटीज हुई, एक को डायबिटीज नहीं हुई।

तो बीमारी केवल जीन्स का ही नहीं, आपके बहुत सारे अन्य कर्मों-कुकर्मों का भी फल है। बीमारी की जीन्स बीमारी की प्रबल आशंका मात्र हैं, बस। इनके अलावा आगे ढेर सारे अन्य कारकों का भी बीमारी पैदा होने में बड़ा रोल रहेगा।

फिर?

टेक होम मैसेज क्या बना भैया? वह यह बना कि अभी प्रिवेंटिव जेनेटिक टेस्टिंग का रोल कुछ बीमारियों तक ही (ब्रेस्ट कैंसर, बड़ी आँत का कैंसर, चमड़ी का मेलेनोमा नामक कैंसर, डीप वेन थोम्बोसिस, फैमिलियल हाइपर कोलेस्ट्रीमिया आदि) सीमित है। वह भी आसानी से उपलब्ध नहीं।

पर यह तो शुरुआत है।...उम्र के कारण मैं तो शायद वह दिन न देख पाऊँ पर मुझे विश्वास है कि आगे, मेरे बच्चों के जीवन में, यही जेनेटिक मेडिसिन, स्वास्थ्य और अमरता की नई सम्भावनाओं के सिंहद्वार अवश्य खोलेगी।

ऐसे सवाल और ऐसी प्रार्थना डॉक्टर से न करें

मैं पिछले 42 वर्षों से अपने डॉक्टरी के अनुभव से यह कहूँगा कि—

हम अपने डॉक्टर से बहुत सारे प्रश्न करते हैं। उससे बहुत-सी चीजें चाहते हैं। यह स्वाभाविक भी है। जाहिर है कि हमारे मन में मरीज और उसकी बीमारी की जेनुइन चिन्ता है। हम चाहते हैं कि डॉक्टर को हमें सब कुछ बताना चाहिए। पर कुछ ऐसी बातें हैं जिन्हें डॉक्टर को बताने से बचा जाए तो बेहतर।

क्या हैं ये बातें?

बाकी तो सब ठीक है न?

डॉक्टर जब किसी गम्भीर मरीज के बारे में आपको बता रहा है तो ध्यान से सुनें। वह आईसीयू में भर्ती मरीज की जान पर मँडरा रहे खतरे की बात कर रहा है। वह बता रहा है कि मरीज का बीपी गिर रहा है, उसकी श्वास वेंटीलेटर पर चल रही है, स्थिति बहुत नाजुक है, बचने की उम्मीद बहुत कम है, इत्यादि। यह सब सुनने के बाद कृपया यह न पूछें कि बाकी तो सब ठीक है न? यार, अब बाकी बचा ही क्या है?

जब भी आपको मरीज की सीरियस हालत के बारे में बताया जा रहा हो तो उसका हर पक्ष ठीक से सुनें, समझें। कृपया उसे पूरी तरह समझें। क्या खतरे हैं, जान लें। डॉक्टरों का कर्तव्य है कि वे मरीज के परिवारजन को मरीज के बारे में हर बात बताकर रखें। प्रोग्नोसिस बताने के बाद उनको अस्पताल के कागजात पर आपसे दस्तखत भी लेने पड़ते हैं कि आपने यह सारा सीरियस पक्ष समझ लिया है। इसे हम मेडिकोलीगल भाषा में प्रोग्नोसिस स्पष्ट करना कहते हैं। आपकी भी जिम्मेदारी है कि सारी प्रॉब्लम को पूरा समझकर ही कागजों पर दस्तखत करें तथा दस्तखत करते हुए भी कृपया यह न पूछें कि बाकी तो सब ठीक है न डॉक्टर साहब?

क्या इंजेक्शन की जगह गोली नहीं दी जा सकती?

कई लोग इंजेक्शन से डरते हैं। एक अच्छा डॉक्टर भी प्राय: इंजेक्शन लगाने से कतराता है, परन्तु जब ऐसा डॉक्टर कोई इंजेक्शन लिखता है तब वह आपको परेशान करने के लिए इंजेक्शन नहीं दे रहा। दरअसल, कई ऐसी दवाइयाँ हैं, खास तौर पर कई एंटीबायोटिक्स जो मात्र इंजेक्शन के तौर पर ही उपलब्ध हैं। उनकी कोई गोली नहीं होती। कई दवाएँ आँतों द्वारा पचाई नहीं जा सकतीं। इन दवाइयों को इंजेक्शन द्वारा ही शरीर में पहुँचाया जा सकता है। इनका गोली के तौर पर कोई विकल्प मौजूद नहीं। ऐसी दवाइयाँ यदि आपके लिए आवश्यक हैं तो उनका इंजेक्शन ही लगवाना पड़ेगा। यदि आपको उल्टियां हो रही हों, तो उसकी गोली उपलब्ध होने के बावजूद आपको इंजेक्शन ही लेने होंगे। कई किस्म की एंटीबायोटिक्स, कई टीके (वैक्सीन) और बहुत-सी ऐसी दवाइयाँ हैं जिन्हें हम सिर्फ इंजेक्शन के तौर पर ही दे सकते हैं।

> आपकी भी जिम्मेदारी है कि सारी प्रॉब्लम को पूरा समझकर ही कागजों पर दस्तखत करें तथा दस्तखत करते हुए भी कृपया यह न पूछें कि बाकी तो सब ठीक है न डॉक्टर साहब?

क्या इंसुलिन की जगह गोलियाँ नहीं दे सकते?

मरीज अक्सर कहते हैं कि इंसुलिन का इंजेक्शन आप दे तो रहे हो, पर एक बार इसे ले लो तो शायद इसकी आदत पड़ जाती है? क्या वापस गोलियों की तरफ नहीं आया जा सकता?

इंसुलिन को लेकर यह एक बड़ा भ्रम है कि यदि एक बार भी इंसुलिन लग गया तो जीवन भर इंसुलिन ही लगाना पड़ेगा। सही तथ्य यह नहीं है। यदि गोलियाँ लेनेवाले किसी डायबिटिक की सर्जरी हो या उसे निमोनिया या कोई और बीमारी हो गई हो, तब उसे अस्थायी तौर पर इंसुलिन इंजेक्शन की तरफ शिफ्ट करना पड़ता है। बाद में वापस गोलियाँ लेने लगते हैं। इंसुलिन कोई हैबिट फॉर्मिंग दवाई नहीं है। इसकी आदत नहीं पड़ती।

हाँ, यह अवश्य है कि जहाँ गोलियाँ काम करना ही बन्द कर दें (जब गोलियाँ ज्यादा से ज्यादा डोज में लेने के बाद भी डायबिटीज कंट्रोल में न आ रही हो) तब इंसुलिन देना ही पड़ता है। इसे रोका नहीं जा सकता।

ऐसी दवाइयाँ दें कि बुखार कल तक उतर जाए

बच्चे को बुखार है। स्कूल से छुट्टी लेनी पड़ी तो होमवर्क का बोझ बढ़ जाएगा। उसका स्कूल पहुँचना बहुत आवश्यक है। या फिर बुखार है परन्तु आपके पास छुट्टियाँ नहीं बची हैं। या पत्नी को बुखार है परन्तु परसों ही परिवार में शादी के लिए आपको बाहर निकलना था। ऐसी कई स्थितियाँ हैं जहाँ अचानक ही बुखार आकर आपकी गृहस्थी की गाड़ी को पटरी से उतार देता है। तब हम डॉक्टर से प्रार्थना करते हैं बल्कि दबाव डालने की टोन में यह कहते हैं कि डॉक्टर साहब, कुछ भी करिए, पर इसका बुखार जल्दी से खत्म कर दीजिए।

बुखार को जल्दी उतारना डॉक्टर के हाथ में नहीं

हर बुखार अपना एक निश्चित समय लेता है। उतना समय वह लेगा ही। मलेरिया हो, टाइफाइड हो, वायरल बुखार हो, निमोनिया हो, या बुखार का अन्य कोई कारण हो, वह बुखार जिस भी कीटाणु से होता है, उसी हिसाब से बुखार अपना समय लेता है। उतने दिन तो लग ही जाते हैं। जब आप कहते हैं कि कैसे भी इस बुखार को जल्दी से जल्दी ठीक कर दें तब समझदार डॉक्टर तो आपको समझा देता है कि इतने दिन तो लगेंगे ही, परन्तु कई डॉक्टर दबाव में आकर या इस डर से कि कहीं मेरा मरीज किसी और डॉक्टर के पास न चला जाए, फालतू में दस तरह की और ज्यादा तेज एंटीबायोटिक्स या स्टेरॉयड वगैरह देकर कोशिश करते हैं कि बुखार निर्धारित समय से पहले ठीक हो जाए। आम तौर पर इससे साइड इफेक्ट्स तो पैदा होते ही हैं और प्रायः बुखार भी उतना ही समय ले लेता है जितना उसे लेना था। इसलिए यह न कहें कि बुखार एक दिन में ही क्यों नहीं उतर रहा? यदि डॉक्टर की डायग्नोसिस सही है, तब चिन्ता की कोई बात नहीं। समय पर ठीक हो ही जाएगा।

कहीं यह दवा गर्म तो नहीं कर जाएगी?

कई मरीज मुझसे कहते हैं कि हमें तो एलोपैथिक दवाएँ बड़ा गर्म करती हैं। वे कहते हैं कि सर, सही बात तो यह है कि हम तो कभी एलोपैथी की दवा लेते भी नहीं हैं। लेकिन अब यह बीमारी ऐसी आ गई, और आपका बड़ा नाम सुना है तो आ गए, पर देख लें कि आपकी दवा कहीं हमें गर्म न कर जाए?

मेरा कहना है कि दवाइयाँ ही क्यों, हम तो जो भोजन खाते हैं, कई बार उनसे भी कोई साइड इफेक्ट हो सकता है। मैंने कितनी ही आयुर्वेदिक और यूनानी दवाइयों के साइड इफेक्ट्स होते देखे हैं। एलोपैथिक में भी देखते हैं। पर इसका मतलब यह नहीं कि आपको हर दवाई से साइड इफेक्ट या रिएक्शन होगा ही। प्रायः एलोपैथिक दवाइयाँ इस मामले में अन्य दवाइयों से बेहतर हैं क्योंकि उन्हें लम्बी वैज्ञानिक 'ड्रग ट्रायल' के बाद ही मार्केट में उतारा जाता है। इनके लिए कड़े कानून बने हैं। आयुर्वेदिक, होम्योपैथिक अथवा यूनानी दवाइयों के लिए ड्रग ट्रायल की कोई कानूनी व्यवस्था नहीं है। वे हमारे पारम्परिक ज्ञान की दवाएँ मानी जाती हैं। जबकि एलोपैथिक दवाइयों के मामले में जब तक यह सिद्ध न हो जाए कि वह कितना असर तथा साइड इफेक्ट्स पैदा करेंगी, कानून उनको इस्तेमाल की इजाजत नहीं देता। आपको वैज्ञानिक अनुसन्धान के बाद तैयार की गई दवाइयाँ लेने से तो डर लगता है परन्तु इन पारम्परिक दवाओं को लेते आपको कोई डर नहीं लगता?

यदि आपका डॉक्टर अच्छा है, यदि उसने आपकी डायग्नोसिस एकदम सही की है, तब तो डरने की कोई बात ही नहीं क्योंकि फिर उस डायग्नोसिस की सटीक वैज्ञानिक दवाइयाँ भी हैं। बिना भय के ये दवाएँ लें। यदि एक बार सही डॉक्टर चुन लिया जाए तो फिर एलोपैथिक दवाएँ अधिक सुरक्षित दवाएँ हैं।

कुल मिलाकर हर सवाल भ्रम से पैदा होता है पर हमारा दायित्व है कि हम ऐसे भ्रमों से बाहर निकलें।

खाँसी में खून आ रहा है डॉक्टर सा'ब

कल्पना कीजिए कि कभी अचानक आपकी खाँसी में कफ के साथ खून की चन्द बूँदें दिख जाएँ? या कफ में बहुत सारा खून आ जाए?

निश्चित रूप से ऐसे में आपकी जान सूख जाएगी। जान भी सूखे और आप शायद खुद ही खुद को समझाने की कोशिश करने लगें, खास कर तब, जब कफ में बस खून के छींटे मात्र ही आए हों। ऐसे में हम आम तौर पर खुद को समझाने लगते हैं कि यह तो बस ऐसे ही आ गया होगा; देखते हैं अगली बार आता है कि नहीं? अगली बार का यह इन्तजार कभी महँगा भी साबित हो सकता है। यदि हम इसे मामूली बात मानकर अपनी जाँच नहीं कराते हैं तो बाजवक्त टीबी या लंग कैंसर जैसी कोई चिन्ताजनक बीमारी पकड़ पाने के अवसर से हम चूक सकते हैं।

तो कफ में कितना खून निकलने पर हमें चिन्ता करनी चाहिए?

खखार में यदि कभी खून के छींटे भी आएँ तो यह चिन्ता का विषय माना जाना चाहिए। ऐसे में हमें तुरन्त डॉक्टर की सलाह पर अपनी जाँचें करा लेनी चाहिए। ऐसे में डॉक्टर प्रायः कुछ खून की जाँचें और छाती का एक्स-रे करवाने के लिए कहते हैं। जरूर करा लें।

अगर बार-बार खून आ रहा हो, फिर वह चाहे कितना भी हल्का क्यों न हो इसे एक इमरजेंसी मानें। ऐसे में तुरन्त डॉक्टरी सलाह लें, इसे रोकने के लिए कोई घरेलू टोटका या इलाज करने न बैठ जाएँ। अगर कफ में खून की मात्रा बहुत ज्यादा हो (चौबीस घंटे में आधा पाव से लेकर आधा किलो तक) तब यह बेहद खतरनाक स्थिति है। यह जानलेवा भी हो सकती है। आपको तुरन्त ही किसी अस्पताल में (प्रायः आईसीयू में) भर्ती होना होगा।

ज्यादा ब्लीडिंग की स्थिति में डर रहता है कि एक फेफड़े से बाहर आ रहा खून

कहीं दूसरे फेफड़े की खुली श्वास-नलियों में न घुस जाए। ऐसी स्थिति में आपका स्वस्थ फेफड़ा अचानक काम करना बन्द कर सकता है क्योंकि रक्त श्वास-नलियों को बन्द कर देगा और साँस घुटने के कारण अचानक मौत भी हो सकती है।

इसीलिए यह बहुत आवश्यक है कि हम खाँसी में खून आने की समस्या के बारे में कुछ बुनियादी चीजें बहुत अच्छी तरह से समझ लें। खून आए तो क्या करें, क्या न करें?

जब कफ में बस खून के छींटे मात्र ही आए हों। ऐसे में हम आम तौर पर खुद को समझाने लगते हैं कि यह तो बस ऐसे ही आ गया होगा; देखते हैं अगली बार आता है कि नहीं? अगली बार का यह इन्तजार कभी महँगा भी साबित हो सकता है।

- कभी मुँह से खून गिरे तो यह जरूर नोट करें कि उसका रंग क्या है? सुर्ख लाल है या कत्थई? या लगभग काला? रंग ठीक से बता देंगे तो डॉक्टर को यह तय करने में मदद मिलेगी कि खून पेट से आ रहा है या फेफड़ों से। दोनों स्थितियों में जाँच तथा इलाज एकदम अलग होंगे। फेफड़ों, मुँह, मसूड़ों तथा गले से निकला हुआ खून सुर्ख लाल होता है। पेट से निकला हुआ खून, आमाशय के एसिड से मिलने पर एसिड की वजह से कत्थई, या काला जैसा हो जाता है।
- मुँह से खून निकले तो यह भी देख लें कि इस खून के साथ भोजन की उल्टी हुई है या यह खून कफ के साथ निकला है? उल्टी होगी तो खून के साथ खाने के कुछ टुकड़े भी दिख सकते हैं। यदि आपको खून के साथ भोजन के किंचित् भी अंश दिखाई देते हैं तो सम्भावना है कि यह खून फेफड़ों से नहीं, पेट से आ रहा है। इस बात को अपने डॉक्टर को जरूर बताएँ।
- घबराएँ मत। ठीक से देखें। ठीक से अनुमान लगाएँ। कितना खून निकला होगा? हमारा अनुभव है कि मरीज प्रायः बता ही नहीं पाता कि वास्तव में कितना खून गिरा होगा। या तो इसे बहुत बढ़ा-चढ़ाकर बताते हैं (आधी बाल्टी के करीब गिरा होगा) या फिर उसे बहुत कम करके (अरे सर, थोड़ा-सा, बस।) इन दोनों ही स्थितियों में डॉक्टर भ्रम में पड़ सकता है। ऐसी स्थिति में आगे की जाँच और इलाज कैसे तय किए जाएँ? इसीलिए

ठीक-ठीक देखें। हो सके तो मोबाइल पर फोटो खींचकर ले जाएँ।

- यह भी बताएँ कि खाँसी में खून आने के साथ आपको और क्या-क्या तकलीफें हो रही हैं? सब बताएँ। इससे डॉक्टर को खून गिरने के कारण समझने में मदद मिलेगी (यदि आपको इसके साथ ही छाती में दर्द है तो यह निमोनिया या पल्मनरी एम्बोलिज्म हो सकता है। खखार यदि बदबूदार है तो फेफड़ों में फोड़ा हो सकता है।) कफ या खखार आ रहा हो तो उसके बारे में भी पूरा नोट करें। खखार की मात्रा? उसका रंग (पीला या सफेद)? कहीं उस खखार में बदबू तो नहीं? सब बताएँ। इससे डॉक्टर को डायग्नोसिस में मदद मिलेगी।
- अपनी पुरानी बीमारियों के बारे में भी डॉक्टर को जरूर बताएँ। हो सकता है कोई पुरानी बीमारी इसका कारण हो। यदि पहले कभी आपकी टीबी का इलाज हो चुका हो, चाहे वह सालों पहले ही क्यों न हुआ हो, तो जरूर बताएँ। यह फिर से टीबी हो जाने का एक लक्षण हो सकता है। यदि आपका कैंसर का कभी कोई इलाज हुआ हो तो उसी कैंसर के फेफड़े तक फैल जाने का लक्षण भी हो सकता है। याद रहे कि मुँह से निकला खून हमेशा फेफड़ों की बीमारी से ही निकला हो, यह आवश्यक नहीं। दिल की बीमारी के कारण भी ऐसा हो सकता है। (दिल में माइट्रल वाल्व सिकुड़ने के कारण।)
- खाँसी में खून आना कोई साधारण-सी बीमारी भी हो सकती है या अत्यन्त गम्भीर बीमारी भी। ब्रोंकाइटिस की बीमारी एक सामान्य-सी बीमारी है परन्तु फेफड़ों की टीबी या कैंसर या लंग एब्सेस या निमोनिया या दिल के वाल्व की गम्भीर बीमारी हो सकती है।

अपवादस्वरूप, मुँह से खून निकलना खून की किसी बड़ी बीमारी के कारण भी हो सकता है। (खून ठीक से न जम पाता हो या फिर रक्त में कोई पैदाइशी ब्लीडिंग विकार हो।)

यह भी याद रखें कि लगभग 30 प्रतिशत केसेस में तो सारी जाँचों के बाद भी पता नहीं चलता कि खून कहाँ से आया होगा और क्यों आया होगा। ऐसे में अपने डॉक्टर को मूर्ख न समझें।

कफ के साथ ऐसा खून गुर्दे की कुछ बीमारियों में भी आ सकता है। कुछ ऐसी बीमारियाँ भी कफ में खून आने पर ही पकड़ में आती हैं जहाँ मूल बीमारी

जोड़ों और चमड़ी से तथा बाल झड़ना आदि के साथ शुरू हुई हो और फाइनल डायग्नोसिस खून गिरने पर बन सके। (एसएलई नाम की बीमारी।)

कई कारण हो सकते हैं मुँह से खून गिरने के

ऐसे में यदि डॉक्टर आपको बहुत सारी जाँचें करने को कहे (किडनी की जाँच, ब्लड की कुछ महँगी जाँचें, सीटी स्कैन इत्यादि) तब यह सोचकर इन्हें करवाने से न कतराते फिरें कि यह तो हमारी फालतू ही जाँचें करवाई जा रही हैं। हर डॉक्टर बेईमानी के वशीभूत होकर ही ये जाँचें करा रहा हो, ऐसा अक्सर नहीं होता।

लू लगना, हीट स्ट्रोक तथा तेज बुखार की अन्य स्थितियाँ

हमारे पिताजी का प्रिय जुमला था—चलो, जरा इस स्साले की लू उतारते हैं। कोई ज्यादा अकड़ दिखाए, बदमाशी करे, आँय-बाँय बोले तो वे मानते थे कि इसके दिमाग में गर्मी चढ़ गई है जिसे समय रहते ठंडा करने की आवश्यकता है वरना इसका दिमाग स्थायी तौर पर खराब हो सकता है।

लू (हीट स्ट्रोक) की गर्मी भी सीधे दिमाग पर चढ़कर बोलती है। लू या हीट स्ट्रोक का मतलब भी यही है कि शरीर में गर्मी (तापमान) इस कदर बढ़ जाए कि आदमी के मस्तिष्क में मौजूद तापमान नियंत्रण का केन्द्र (हाइपोथैलेमस) शरीर के तापमान पर अपना नियंत्रण खो बैठे।

बहुत ज्यादा लू लगने की स्थिति में यदि बढ़े हुए शारीरिक तापमान को समय रहते समुचित इलाज द्वारा कम नहीं किया जाए तो आदमी मर भी सकता है। बेहद बढ़े तापमान (जिसे तकनीकी भाषा में हाइपर पायरेक्सिया कहते हैं) के दुष्प्रभाव से शरीर में सर्वत्र प्रोटीन्स जम जाती हैं। खून यहाँ-वहाँ रुक सकता है और आदमी के समस्त अंग काम करना बन्द कर सकते हैं (मल्टी आरगन फेल्योर) तो लू के लगने को कभी भी सामान्य बुखार नहीं मानना चाहिए। इसकी एकदम शुरुआत में ही डायग्नोस्टिक होना अति आवश्यक है और तुरन्त ही युद्धस्तर पर इसका इलाज आवश्यक है।

पर इसमें भी कई झोल हैं—

- आजकल वायरल, डेंगू आदि बुखारों का कुछ ऐसा जलवा मीडिया ने बनाया है कि डॉक्टरों से भी डायग्नोसिस में गलती हो जाती है। जाँचों की घटाटोप में फँसी मेडिकल प्रैक्टिस में, इसकी आशंका आजकल बहुत बढ़ गई है कि डॉक्टर इसे शुरू में न पकड़ पाए।

> बहुत ज्यादा लू लगने की स्थिति में यदि बढ़े हुए शारीरिक तापमान को समय रहते समुचित इलाज द्वारा कम नहीं किया जाए तो आदमी मर भी सकता है।

- लू से चढ़नेवाले बुखार में बुखार उतारनेवाली दवाओं (पैरासिटामोल आदि) का कोई असर नहीं होता है क्योंकि ये दवाएँ हाइपोथैलेमस पर काम करके ही बुखार उतारती हैं। हीट स्ट्रोक में इसी हाइपोथैलेमस का ताप नियंत्रण काम करना बन्द कर देता है। ऐसे में हाइपोथैलेमस पर बुखार उतारनेवाली दवाओं का भी क्या असर होगा? फिर? फिर इस बात को जानना बेहद जरूरी है कि यह बुखार किसी ऐसी या वैसी दवा से नहीं वरन् कोल्ड स्पंजिंग से ही उतरेगा।
- लू सीधे-सीधे हीट स्ट्रोक ही नहीं होती। हीट स्ट्रोक तो लू की अन्तिम खतरनाक स्टेज है। उससे पूर्व लू लगने के कई हल्के शेड्स भी होते हैं। इन्हें पहचाना जाना बेहद जरूरी है। हल्के लू के लक्षणों को कई बार डॉक्टर भी नहीं पकड़ पाते।

हम इस हल्की लू (हीट एक्जाशन), गम्भीर लू (हीट स्ट्रोक) पर विस्तार से बात करेंगे। परन्तु उन बातों को पूरी तरह से समझने के लिए हमें सबसे पहले शरीर के उस मैकेनिज्म और तिलिस्म को समझना होगा जो शरीर के तापमान को एक निश्चित सीमा में रखता है जिसे हम अपना सामान्य (नॉर्मल) तापमान (टेम्परेचर) मानते हैं।

शरीर का सामान्य तापमान क्या होता है?

तापमान हम थर्मामीटर से नापते हैं। डॉक्टर आम तौर पर थर्मामीटर को बगल (काँख) में या मुँह में जीभ के नीचे रखकर नापते हैं। मुँह का तापमान बगल की तुलना में लगभग 0.4° C (0.7° F) ज्यादा होता है।

कई बार गम्भीर मरीजों का रेक्टल थर्मामीटर नामक विशेष थर्मामीटर द्वारा गुदा के अन्दर का तापमान लिया जाता है जिसे *कोर टेम्परेचर* कहते हैं। यही हमारे शरीर का सबसे सटीक तापमान होता है। हीट स्ट्रोक वगैरह हाइपर पायरेक्सिया की स्थितियों में यही तापमान नापने की आवश्यकता होती है। सामान्य तौर पर रेक्टल तापमान मुँह के तापमान से और उतने ही डिग्री सेंटीग्रेड ज्यादा होता है।

एक और बात।

हमारा तापमान सुबह अलग होता है और शाम को अलग।

शरीर के सामान्य तापमान 36.5 से 37.5० C (97.7 से 99.5० F) की सीमा में रखने का एक जटिल तापमान नियंत्रण सिस्टम शरीर में चौबीस घंटे काम करता रहता है।

हमारे मुँह का अधिकतम नॉर्मल तापमान जिसे सामान्य माना जाता है, वह है—

- सुबह छह बजे—37.2० C (98.9० F),
- शाम को चार से छह के बीच—37.7० C (99.9० F)।

अगर इससे ज्यादा तापमान हो तो वह बुखार की श्रेणी में आता है।

हाइपोथैलेमस का थर्मोस्टेट

अब उस जटिल तंत्र को समझते हैं जो हमारे शरीर के तापमान को नियंत्रित रखता है। सामान्य परिस्थितियों में यह सिस्टम हमारे तापमान को न तो इस सीमा से आगे बढ़ने देता है, न ही इससे नीचे जाकर शरीर को ठंडा होने देता है।

मानव शरीर में निरन्तर गर्मी (ऊष्मा) पैदा होती रहती है। हमारे शरीर की हर कोशिका में लगातार मेटाबॉलिज्म (चय-अपचय) चलती है—किसी अंग में ज्यादा, किसी में कम। हम एकदम चुपचाप भी बैठे रहें, बिना कुछ भी किए या हिले-डुले भी बैठे रहें, तब भी। दिल लगातार चल रहा है, साँसें चलती ही रहती हैं, दिमाग सोते समय भी काम करता रहता है, लिवर में पचासों कार्य हर पल चालू रहते हैं, इनके काम करते रहने के परिणामस्वरूप मांसपेशियों में ऊर्जा का इस्तेमाल होने से ताप पैदा होता रहता है।...मतलब?...मतलब यह कि हमारा शरीर लगातार गर्म हो रहा है। हर पल गर्मी पैदा हो रही है। निरन्तर।

जितनी गर्मी पैदा होती है, शरीर का सिस्टम उतनी गर्मी को बाहर नहीं निकाल पाता। इसीलिए अगर यह गर्मी नियंत्रित न की जाए तो खतरनाक ढंग से गर्म होने पर आदमी की मृत्यु तक हो सकती है। अतिरिक्त गर्मी पैदा होने के साथ-साथ शरीर से बाहर भी निकलती रहनी चाहिए। सामान्य तौर पर ऐसा होता भी है। यह गर्मी हमारी त्वचा से बहते पसीने द्वारा, हर श्वास की वापस लौटनेवाली हवा को और गर्म करके, और रक्त-नलिकाओं के सिकुड़ने या फैलने के नियंत्रण द्वारा उनमें बहती गर्मी को त्वचा के जरिये, वातावरण की हवा में तदनुसार विसर्जित करके शरीर से बाहर निकल जाती है। इस तरह शरीर नॉर्मल से ज्यादा गर्म होने से बच जाता है।

यह सारा काम एक ताप नियंत्रक (थर्मोस्टेट) करता है जो हमारे मस्तिष्क के

हाइपोथैलेमस में स्थित है। इसी थर्मोस्टेट में एक तापमान रेंज की सेटिंग तय रहती है। यह सेटिंग वही है जिसे हम नॉर्मल तापमान कहते हैं।

कभी किसी कारण से यह तापमान इस रेंज से कम होने लगे तो हाइपोथैलेमस शरीर में कँपकँपी, मांसपेशियों में गर्मी पैदा करके शरीर को गर्मी प्रदान करता है। इस तरह वह तापमान को सन्तुलित करने की कोशिश करता है।

इसके उलट, अगर किसी कारण से शरीर में तापमान बढ़े तो पसीने इत्यादि द्वारा उसे नियंत्रित करने की कोशिश भी यही हाइपोथैलेमस करता है।

फिर संक्रमण होने पर बुखार कैसे आता है?

ऐसे संक्रमण में यही हाइपोथैलेमस ऊँचे तापमान पर सेट हो जाता है।

कैसे सेट हो जाता है?

टाइफायड, निमोनिया, आदि संक्रमणों में बैक्टीरिया के टॉक्सिक कणों (इंडोटॉक्सिन, पायरोजन्स, सायटोकाइन्स आदि) के दुष्प्रभाव में हाइपोथैलेमस का थर्मोस्टेट 102 103° F या अधिक पर सेट हो जाता है। तब हमें उतना तेज बुखार आता है जितने पर हाइपोथैलेमस सेट हो गया है।

बुखार उतारनेवाली दवाएँ इसी हाइपोथैलेमस के थर्मोस्टेट पर काम करती हैं। वे इस ऊँची सेटिंग को वापस नीचे लाकर बुखार कम करती हैं।

ये तो हुए सामान्य बुखार पर एक तरह के वे बुखार भी हैं जो किसी संक्रमण के कारण नहीं बल्कि हाइपोथैलेमस का थर्मोस्टेट फेल हो जाने के कारण पैदा होते हैं। इस तरह के बुखार पर शरीर के थर्मोस्टेट मैकेनिज्म (हाइपोथैलेमस) का कोई नियंत्रण नहीं रह जाता। ऐसे में शरीर का तापमान अनियंत्रित होकर बुखार जानलेवा हदों तक बढ़ सकता है। हीट स्ट्रोक भी इसी श्रेणी का जानलेवा बुखार है।

'हीट स्ट्रोक' अर्थात लू जानलेवा भी हो सकती है

मान लें कि हमें कोई संक्रमण नहीं हुआ है। हुआ बस ये है कि मौसम बहुत खराब है। बेहद तेज गर्मी पड़ रही है। दिन-रात लू चल रही है और हमारा शरीर भी गर्म बना हुआ है। ऐसे में हमारा शरीर बाहर के तापमान के साथ और गर्म न हो यह हमारे स्वास्थ्य के लिए परम आवश्यक है। हमारे शरीर का तापमान नियंत्रण सिस्टम शरीर में प्रवेश कर रही इस गर्मी को कम करने की कोशिशों में लगातार लगा रहता है।

शरीर की यह तासीर है कि आसपास का वातावरण यदि गर्म हो तो हमारा शरीर पसीने की मात्रा बढ़ाकर और त्वचा द्वारा वातावरण की हवा में ताप के निरन्तर उत्सर्जन (ताप के कन्वेंशन) से अतिरिक्त गर्मी शरीर से बाहर निकाल देता है और हमें तेज गर्मी होने के बावजूद बुखार नहीं होने पाता। परन्तु शरीर यह काम एक निश्चित सीमा तक ही कर सकता है।

हमें एक घंटे में अधिकतम ढाई लीटर तक पसीना आ सकता है। फिर? यदि हम उसी भयंकर गर्मी में और खड़े रहें और उसी गर्म वातावरण में शारीरिक मेहनत भी करते रह जाएँ तो हमारे शरीर का यह सिस्टम, एक सीमा के बाद, असफल होने लगता है। पसीना कम होने लगता है और त्वचा से हवा में ताप के उत्सर्जन की दिशा उलटी हो जाती है। अब हमारे शरीर का तापमान पूरी तरह बाहर की तेज गर्मी के हवाले हो जाता है। ऐसे में हमें बुखार होने लगता है। शुरू में कम बुखार। फिर भी यदि आसपास की गर्मी में कोई बदलाव नहीं आया तो इस तेज गर्मी में शरीर के थर्मोस्टेट का पूरा सिस्टम फेल हो जाएगा और हमें इतना तेज बुखार हो जाएगा कि उसके असर में शरीर का हर सिस्टम फेल होने लगेगा। यही स्थिति हीट स्ट्रोक कहलाती है।

'हीट स्ट्रोक' इतनी खतरनाक बीमारी है कि अस्पताल में पूरे इलाज के बाद भी 62.6 प्रतिशत लोग इससे मर जाते हैं।

लू लगने का खतरा किन लोगों को ज्यादा रहता है?

यूँ तो बेहद गर्म वातावरण में लगातार मेहनत करते हुए किसी को भी लू लग सकती है परन्तु तेज गर्मी में लू लगने का खतरा इन लोगों को ज्यादा रहता है—

- बहुत छोटी उम्र के बच्चे।
- बुजुर्ग।

इन दोनों वर्गों में तापमान नियंत्रण का शारीरिक सिस्टम कमजोर होता है। बुढ़ापे में सारे अंग भी पूरी क्षमता के साथ काम नहीं कर पाते, इसलिए लू को बर्दाश्त करने की क्षमता इनमें बहुत कम होती है। बड़ी जल्दी गम्भीर रूप से बीमार हो जाते हैं।

- मोटे लोग।
- दिल के मरीज, खास कर जिनके हार्ट का पम्प कमजोर हो (हार्ट फेल्योर के केस)।
- बेहद कमजोर लोग।
- पसीने के सिस्टम, दिमाग के रसायनों, दिल तथा रक्त-नलिकाओं आदि पर असर डालनेवाली दवाएँ ले रहे लोग।

  (एंटी हिस्टामिनिक, एंटी कोलिनरजिक, मानसिक रोगों के लिए कुछ महत्त्वपूर्ण दवाइयाँ, बीटा ब्लाकर्स, डाइयूरेटिक्स, एलएसडी कोकेन आदि नशे की दवाइयाँ और शराब)

इनके अलावा एकदम स्वस्थ युवा भी यदि तेज गर्मी में, देर तक, बिना ठीक से पानी और नमक लिये व्यायाम अथवा मेहनत करते जाएँ तो उसे 'हीट एक्जाशन' से लेकर 'हीट स्ट्रोक' तक, कुछ भी हो सकता है। गर्म मौसम में दिन भर घूमना-फिरना, तेज धूप में दिन भर क्रिकेट खेलना, गर्मी में फिजिकल फिटनेस के टेस्ट के लिए (पुलिस या फौज इत्यादि की नौकरी के लिए) लम्बी दौड़, मैराथन या हाफ मैराथन आदि। फिर बेहद गर्म मौसम में तो लू किसी को भी लग सकती है।

> एकदम स्वस्थ युवा भी यदि तेज गर्मी में, देर तक, बिना ठीक से पानी और नमक लिये व्यायाम अथवा मेहनत करते जाएँ तो उसे 'हीट एक्जाशन' से लेकर 'हीट स्ट्रोक' तक, कुछ भी हो सकता है।

लू लगने के लक्षणों को कैसे पहचाना जाए?

हमें दो बातें सबसे पहले याद रखनी हैं—

तेज ग़र्मी में देर तक रहनेवाले को, खास कर वो जो इस गर्मी में शारीरिक मेहनत कर रहा हो, उसको हल्की से लेकर तेज लू लग सकती है। डॉक्टर यह बात न भी पूछे तो भी उसे यह जरूर बता दें कि तकलीफ से पहले के वक्फे में आप देर तक धूप में या गर्मी में काम करते रहे हैं।

हल्की लू के लक्षण (हीट सिंकोप, हीट एक्जाशन, हीट क्रेम्प्स, हीट पायरेक्सिया)

यदि निम्नलिखित में से कुछ भी हो रहा हो तो समझिए कि आपको लू लगी है। इलाज न किया गया और गर्मी में लगातार सक्रिय रहे तो खतरनाक हीट स्ट्रोक तक हो सकता है।

हल्की लू को इन लक्षणों से पहचानें

- गर्मी में मेहनत करते हुए अचानक आँखों के सामने अँधेरा आकर चक्कर से गिर जाना।
- मांसपेशियों में तेज ऐंठन (स्पाज्म)।
- मांसपेशियों में बेइंतहा दर्द।
- बेचैनी, घबराहट और उत्तेजित व्यवहार।
- हल्का या तेज बुखार।
- जी मितलाना, भयंकर प्यास, तेज सिरदर्द, बेहद कमजोरी लगना, बेहद थकान, घबराहट, पागलों जैसा व्यवहार।

यह आवश्यक नहीं है कि ये सारे लक्षण एक साथ मिलें। हल्की लू के बारे में एक बात याद रहे। लू में जब तक मरीज को पसीना आ रहा हो, यह अच्छा

लक्षण माना जाता है। पसीना यह बताता है कि अभी भी मरीज का तापमान नियंत्रण का मैकेनिज्म काम कर रहा है।

सामान्य लू गर्म जगह से हटने, ठंडी हवा में एक-दो दिन आराम करने तथा पानी, इलेक्ट्राल, आम का नमकीन पना और अन्य नमकीन शर्बत पीने मात्र से एक-दो दिन में ही ठीक हो जाती है।

'हीट स्ट्रोक' में क्या होता है?

हीट स्ट्रोक होने के तीन बड़े लक्षण हैं—

- तेज बुखार—मुँह या रेक्टल तापमान 40° C या 104-105° F या इससे ज्यादा।
- बदन गर्म हो परन्तु पसीना एकदम बन्द हो जाए। त्वचा सूखी हो जाए।
- मानसिक लक्षण। मरीज बेहोश हो, गफलत में हो, आँय-बाँय बोल रहा हो।

ऐसे मरीज बढ़े हुए तापमान को यदि एक घंटे में नीचे नहीं लाया गया तो मरीज के बचने की उम्मीद बहुत कम हो जाती है। फिर मरीज (मल्टी आर्गन फेल्योर में जाकर) शायद ही वापस लौट पाए।

हीट स्ट्रोक का इलाज क्या है?

- एक-एक मिनट कीमती है। जितनी जल्दी आप उसका बुखार कम करेंगे, उतनी ही उसकी जान बचने की सम्भावना बढ़ जाएगी।
- बुखार उतारने की आम दवाएँ (पैरासिटामोल आदि) न ट्राई करें क्योंकि ये दवाएँ इस बुखार में बिलकुल काम नहीं करेंगी।
- बुखार को एक घंटे के अल्प समय में ही कम करना है। इसके लिए युद्धस्तर पर कोशिश करनी होगी।
- ऐसे मरीज को बहुत ज्यादा कोल्ड स्पोंजिंग की तुरन्त आवश्यकता है। यह कोल्ड स्पोंजिंग दो-तीन तरह से की जा सकती है।

- 1 से 5° के बर्फीले पानी से भरे बाथ टब में मरीज को गले तक डुबाकर रखना।
- मरीज के पूरे कपड़े उतार दें। उसे एक करवट लिटा दें। उसके नंगे बदन पर ठंडे पानी (20° C के आसपास) का स्प्रे डालें और तेज गति का बड़ा पंखा चलाए रहें।
- उसके पूरे कपड़े उतारने के पश्चात् उसके नंगे बदन पर ठंडे पानी से भीगी पतली चादरें डालकर तेज पंखा चला दें।

स्पोंजिंग के अलावा यह भी करें—

- आइस केप में बर्फ भर लें। इस ठंडी आइस केप को शरीर पर चार जगहों पर रखें : मरीज के माथे और सिर पर, दोनों काँखों (एक्जिला) में, गले पर सामने की तरफ और दोनों जाँघों के सन्धि स्थल पर, यानी जाँघ और पेट के मिलने की जगह पर।

त्वचा की मालिश भी लगातार करते रहें।

मरीज यदि बहुत खराब हालत में आ रहा है (बुखार न उतर रहा हो) तो यदि सुविधा हो तो ठंडे डायलाइजर द्वारा उसकी हीमोडायलेसिस भी कर सकते हैं।

हीट स्ट्रोक में मूल मुद्दा जल्दी से जल्दी बुखार उतारना है। कोई दवा बुखार नहीं उतार सकती। यहाँ कोल्ड स्पोंजिंग आदि ही काम करेगी।

शाकाहारी लोग तो इसे जरूर पढ़ें

हमने विटामिनों पर बात करते समय विटामिन बी$_{12}$ के बारे में थोड़ी-सी चर्चा की थी। उसी महत्त्वपूर्ण चर्चा को हम यहाँ आगे बढ़ाते हैं।

विटामिन बी$_{12}$ हमारे शरीर में हर सेल्स की (चाहे वह चमड़ी में हो, हमारी आँत या मुँह में जहाँ-जहाँ झिल्ली है, वे सब जिन सेल्स से बने हैं, उनकी), कार्य-प्रणाली के लिए, उनमें स्थिति न्यूक्लियस के डीएनए तथा आरएनए के लिए एक अनिवार्य विटामिन है। यह विटामिन न मिले तो शरीर के सेल ठीक से काम करना बन्द कर देंगे।

विटामिन बी$_{12}$ हमारे नर्व्स सिस्टम में (मस्तिष्क तथा शरीर की सारी तंत्रिकाओं या नर्व में) करेंट के ठीक से बहते रहने में महत्त्वपूर्ण भूमिका अदा करता है। इस विटामिन की कमी हो तो कई न्यूरोलॉजिकल प्रॉब्लम्स हो सकती हैं। विटामिन बी$_{12}$ उन सेल्स के मैच्योर होने में बहुत जरूरी है जो हमारी हड्डियों में रक्त बनाते हैं। बी$_{12}$ न हो तो एक अलग किस्म का एनीमिया हो सकता है जिसे *मेगालोब्लास्टिक एनीमिया* कहते हैं।

इसी विटामिन का बेहद जरूरी साथी *फोलिक एसिड* होता है। कई बार तो शरीर में बी$_{12}$ की मात्रा ठीक-ठाक भी हो परन्तु फोलिक एसिड की कमी हो जाए तब भी वे बीमारियाँ हो सकती हैं जो आम तौर पर बी$_{12}$ की कमी से हुई मानी जाती हैं। दरअसल ये दोनों ही एक संगत में काम करते हैं। डॉक्टर और विटामिन बी$_{12}$ फोलिक एसिड साथ देते हैं।

विटामिन बी$_{12}$ मांस, मछली, दूध और पनीर में पाया जाता है। यह न तो हरी सब्जियों में होता है, न फलों में, जैसाकि आम गलतफहमी रहती है। हाँ, फोलिक एसिड अवश्य, लगभग हर भोज्य पदार्थ में होता है—सारी सब्जियों में, पालक में, फलों में, मीट, मछली में भी। परन्तु दिक्कत यह है कि इन भोज्य पदार्थों को देर तक गर्म करने पर इनका फोलिक एसिड नष्ट हो जाता है।

> विटामिन बी12 हमारे नर्व्स सिस्टम में (मस्तिष्क तथा शरीर की सारी तंत्रिकाओं या नर्व में) करेंट के ठीक से बहते रहने में महत्त्वपूर्ण भूमिका अदा करता है। इस विटामिन की कमी हो तो कई न्यूरोलॉजिकल प्रॉब्लम्स हो सकती हैं।

जो शाकाहारी लोग दूध, दही, पनीर नहीं लेते या बस कभी-कभी ही ले लेते हैं, उनमें विटामिन बी$_{12}$ की कमी हो जाना आम स्वास्थ्य-समस्या है। हमारे देश में जहाँ बहुत बड़ी जनसंख्या शाकाहारी है, वे यदि दूध, दही भी न लें तो उन्हें विटामिन बी$_{12}$ की कमी होने का डर हमेशा रहेगा। यह बीमारी अचानक सामने नहीं आती। इसका तो अक्सर पता ही नहीं चलता क्योंकि डॉक्टर ही इसके बारे में सोच नहीं पाते। इसी चक्कर में हमारे देश में विटामिन बी$_{12}$ की कमी से जूझते न जाने कितने लोग बिना इलाज के ही घूम रहे हैं।

परन्तु क्या केवल भोजन में इसकी कमी या भुखमरी की स्थिति में ही विटामिन बी$_{12}$ की कमी हो सकती है? नहीं, ऐसा नहीं है। बहुत-सी अन्य स्थितियों में भी इनकी कमी पैदा हो सकती है। जैसे कि यदि भोजन में पर्याप्त विटामिन बी$_{12}$ हो परन्तु आपकी आँतों में यह पच न पाता हो (जैसाकि *एट्राफिक गैस्ट्राइटिस* या *परनीसियस एनीमिया* बीमारियों में हो जाता है)। पेट के ऑपरेशन में आँत का कुछ हिस्सा निकाल देने के बाद, या आँतों में सूजन (इन्फ्लेमेटरी बावल डिज़ीज) की स्थिति में भी इस विटामिन की कमी हो जाती है।

कई स्थितियों में शरीर में फोलिक एसिड की आवश्यकता बहुत ज्यादा बढ़ जाती है (गर्भवती स्त्रियों में, नियमित डायलिसिस वाले मरीजों में, गठिया आदि में कुछ खास दवाइयों वाले मरीजों में तब भी इसकी कमी हो जाती है। वैसे तो आम तौर पर, इन सारी स्थितियों में डॉक्टर पहले ही फोलिक एसिड की गोलियाँ भी दे ही देता है।

कैसे पहचानें कि हमें इन विटामिनों की कमी हो रही है?

- खून की कमी (एनीमिया) ऐसी हो जाए जो सामान्य तौर पर दिये जानेवाले आयरन कैप्सूल लेने से ठीक न हो रही हो।
- बहुत थकान लगती हो और कारण स्पष्ट न हो।
- हाथ-पाँव में झुनझुनी होती हो।

- मुँह में बार-बार छाले आ जाते हों।
- जीभ के दाने समाप्त होकर जीभ सपाट जैसी हो गई हो।
- होंठों के किनारे कट जाते हों।
- भूख खत्म हो रही हो और कारण साफ न हो।
- स्मरणशक्ति कम होती जा रही हो और लगभग डेमेंशिया जैसी स्थिति हो।
- जिसे एनीमिया होकर हल्का पीलिया भी हुआ हो।
- किसी को कई बार हल्का पीलिया हो चुका हो।
- चमड़ी का रंग पीला होता जा रहा हो।
- चलने में लड़खड़ाहट होती हो या गिरने का डर लगता हो।
- दस्त हों और ठीक न हो रहे हों।

ऐसी बहुत-सी स्थितियाँ हैं जिसे हम सामान्य कमजोरी मानकर छोड़ देते हैं परन्तु मात्र खून की एक जाँच से इसका पता चल सकता है और पता चल जाए तो इसका पूरा इलाज सम्भव है।

याद रहे कि फोलिक एसिड की कमी के कारण औरतों में बाँझपन की समस्या हो सकती है, गर्भवती स्त्री में इसकी कमी हो तो जो बच्चा पैदा होगा उसके होंठ तथा तालू कटे हो सकते हैं या उसे *न्यूरल डक्ट डिफेक्ट* भी हो सकता है।

सतर्क रहें। किसी अच्छे डॉक्टर से पूरा इलाज लें। कई बार वह इलाज जीवन भर चल सकता है।

इओसिनोफिलिया आखिर क्या बला है?

मेरे पास अक्सर ही कोई फोन आ जाता है, या कोई न कोई भ्रमित और घबराया हुआ-सा आदमी मेरे ओपीडी में अपनी रिपोर्ट लेकर आता है और कहता है, 'डॉक्टर, मेरी ब्लड रिपोर्ट में इओसिनोफिल कुछ ज्यादा है, क्या करूँ? कहीं दिखाया भी था परन्तु डॉक्टर भी ठीक से कुछ बता नहीं रहे। हर डॉक्टर अलग-अलग बात करता है। कोई साफ बता नहीं पाता कि इस इओसिनोफिलिया का आखिर हम क्या अर्थ मानें? क्या यह कोई बड़ी बीमारी है, या किसी बड़ी बीमारी का लक्षण है?'

पहले तो इओसिनोफिल क्या होता है, यह समझें।

हमारे रक्त में मूलत: दो तरह के रक्त कण प्रवाहित हो रहे हैं। लाल रक्त कण (RBC) और श्वेत रक्त कण (WBC)—ये दोनों ही तरह के रक्त कण (ब्लड सेल्स) हमारी हड्डियों की बोन-मैरो में लगातार बनते रहते हैं। बनकर वे हमारे रक्त में प्रवेश कर जाते हैं। रक्त में एक निश्चित समय तक अपना काम करने के बाद वे नष्ट भी हो जाते हैं। इनमें से हर कण का जीवनकाल अलग-अलग है। लाल रक्त कण तीन माह, प्लेटलेट्स सात दिन तो कुछ श्वेत रक्त कण मात्र सात घंटे ही रक्त में रहकर नष्ट हो जाते हैं। इओसिनोफिल भी एक प्रकार का श्वेत रक्त कण है।

लाल रक्त कण क्या होते हैं?

रक्त में बह रहे हर तरह के रक्त कणों का अपना अलग काम है। लाल रक्त कणों (RBC) में हीमोग्लोबिन होता है। ये लाल रक्त कण ही हमारे फेफड़ों से ऑक्सीजन लेकर पूरे शरीर में, हर अंग-प्रत्यंग को पहुँचाने का काम करते हैं।

श्वेत रक्त कण क्या करते हैं?

> लाल रक्त कण तीन माह, प्लेटलेट्स सात दिन तो कुछ श्वेत रक्त कण मात्र सात घंटे ही रक्त में रहकर नष्ट हो जाते हैं। इओसिनोफिल भी एक प्रकार का श्वेत रक्त कण है।

श्वेत रक्त कण हमारे शरीर की रोग प्रतिरोधक फौज हैं। बाहरी इन्फेक्शनों से लड़ने वाले सैनिक हैं ये श्वेत रक्त कण।

बैक्टीरिया, वायरस आदि हमारे शरीर में प्रवेश करके रोग पैदा करने की कोशिश करते हैं परन्तु ये श्वेत रक्त कण उनसे लड़कर उन्हें नष्ट कर देते हैं। हमारे शरीर की रोग प्रतिरोधक क्षमता के सिस्टम में इन सेल्स का बड़ा महत्त्वपूर्ण हाथ है।

- तो क्या इओसिनोफिल भी यही काम करते हैं? हाँ भी, नहीं भी।

ये भी बैक्टीरिया से लड़ने में कुछ मदद करते हैं पर ये मूलतः पैरासाइट्स से लड़ने का काम करते हैं। हमारे पेट या शरीर में कहीं भी इन कीड़ों को पनपने से रोकने का काम इनका है। इस तरह देखें तो इओसिनोफिल्स इन पैरासाइट्स या कीटों के विरुद्ध शरीर में नियुक्त हमारे सैनिक हैं।

- हमारे रक्त में इओसिनोफिल्स की एक निश्चित मात्रा होती है। जब इनकी मात्रा शरीर में उस सीमा से अधिक हो जाती है तो उसे हम इओसिनोफिलिया कहते हैं।

क्या है यह नॉर्मल मात्रा?

रक्त कणों में जीरो से लेकर सात प्रतिशत तक इओसिनोफिल्स नॉर्मल माने जाते हैं। इनका एक एब्सोल्यूट काउंट भी किया जाता है जो पाँच सौ तक नॉर्मल होता है। इसके ऊपर हम इओसिनोफिलिया कहेंगे।

इओसिनोफिल्स के बढ़ने के क्या कारण हैं?

यदि ये थोड़े-बहुत ही बढ़े हों, जैसाकि अक्सर होता है तो उसके कारण अलग होते हैं और प्रायः बहुत महत्त्वपूर्ण नहीं होते हैं, लेकिन कभी ये हजारों की संख्या में हो

याद रहे कि ऐसा खतरनाक और जानलेवा इओसिनोफिलिया भी सही समय पर सही इलाज से पूरा ठीक हो जाता है।

अब एक आखिरी बात।

शरीर में पल रहे कुछ कैंसर भी इओसिनोफिलिया कर सकते हैं (हाचकिन्स लिम्फोमा, बच्चेदानी तथा ओवेरियन कैंसर, लंग कैंसर, ल्यूकेमिया आदि) पर तब तक प्राय: कैंसर के अन्य लक्षण भी सामने आ जाते हैं।

क्या एंजियोप्लास्टी या बाइपास सर्जरी के बाद मैं अमर हो जाऊँगा?

हार्ट अटैक या एनजाइना के बाद आम तौर पर मरीज से यह कहा ही जाता है कि आप अपनी एंजियोग्राफी करा लीजिए। एक बार आपने एंजियोग्राफी करा ली, और उसमें कुछ ब्लॉक मिल गया तो कहा जाता है कि अब आप एंजियोप्लास्टी करा लीजिए, या अगर ब्लॉक ज्यादा ही हुए, बहुत खराब हुए, या एंजियोप्लास्टी के लायक न हुए तो यह सलाह दी जाती है कि आप अपनी बाइपास सर्जरी करा लीजिए। आप करा भी लेते हैं। यहाँ तक तो कहानी में कोई पेच नहीं है। सारे भ्रम एंजियोप्लास्टी और बाइपास सर्जरी के बाद के जीवन में होते हैं।

हार्ट अटैक के बाद, और एंजियोप्लास्टी या बाइपास के बाद, कुछ समय तक इससे डरा रहता है, परन्तु धीरे-धीरे वह सारी मुसीबत भूल जाता है। उसे लगता है यह तो कोई फौरी तूफान मात्र था जो अब हमेशा के लिए गुजर गया है। अब यह तूफान फिर कभी आएगा भी तो उसने इसका पुख्ता इन्तजाम एंजियोप्लास्टी या बाइपास सर्जरी द्वारा कर ही लिया है। वह भूल जाता है कि जब जन्म के साथ मिला एकदम स्वस्थ दिल भी बीमार हो गया तो यह तो एक मरम्मतशुदा रिपेयर्ड हृदय है और इसी के सहारे अब उसे अपना बाकी जीवन चलाना है।

एंजियोप्लास्टी तथा बाइपास सर्जरी के द्वारा हृदयरोग का जड़ से इलाज नहीं होता। जो रुकावट बनी थी, उसको बाइपास कर दिया गया या उस रुकावट की जगह को मरम्मत करके खोल दिया गया है, बस। रुकावट फिर से पैदा हो सकती है। इसकी कोई गारंटी नहीं है कि जो अभी खोल दिया गया है, वह बाद में बन्द नहीं होगा, या नई जगह पर रुकावटें पैदा नहीं होंगी। ये सब केवल फौरी राहत है। इसीलिए एंजियोप्लास्टी या बाइपास सर्जरी के बाद भी बहुत आवश्यक है कि मरीज डॉक्टर द्वारा बताई गई दवाइयाँ नियमित ले। उसे बीच-बीच में जो जाँचें बताई जाएँ, वे भी नियमित कराकर डॉक्टर की सलाह लेता रहे। जो लोग ऐसा करते हैं, वे स्वस्थ रहते हैं। जो दवाई बन्द कर देते हैं या स्वयं ही उन्हें बढ़ाते-घटाते रहते हैं, या

खानपान और व्यायाम के प्रति लापरवाह हो जाते हैं और सब कुछ एंजियोप्लास्टी और बाइपास के इस रिपेयर के भरोसे छोड़ देते हैं, वे फिर से दिल के दौरे या दर्द के शिकार हो सकते हैं।

प्राय: डॉक्टर इन इलाजों की सीमाओं के बारे में नहीं बताते, पर ये जानना बेहद आवश्यक है।

एंजियोप्लास्टी तथा बाइपास सर्जरी के द्वारा हृदयरोग का जड़ से इलाज नहीं होता। जो रुकावट बनी थी, उसको बाइपास कर दिया गया या उस रुकावट की जगह को मरम्मत करके खोल दिया गया है, बस।

- एंजियोप्लास्टी के बाद पहले एक साल में ही एक से लेकर पाँच प्रतिशत तक एंजियोप्लास्टी बन्द हो जाती हैं, चाहे वह कितनी भी अच्छी तरह से की गई हों। बहुत अच्छे डॉक्टर द्वारा बहुत अच्छी तरह से की गई एंजियोप्लास्टी और आपके द्वारा सब कुछ नियमित करने के बाद भी ऐसा हो सकता है। ऐसे में डॉक्टर को गाली न दें।
- हमें एंजियोप्लास्टी के बाद कुछ दवाइयाँ बिलकुल नियमित लेनी ही होंगी। यदि हम ये दवाइयाँ स्वयं कम कर दें; डॉक्टर ने कोलेस्ट्रॉल घटाने की दवाई 80 मिलीग्राम बताई थी, हम 40 कर दें, या इकोस्प्रिन तथा ब्रिलियंटा आदि ऐसी कोई दवाई जिसे एकदम नियमित लेने को कहा गया था, और हम बीच-बीच में कई दिन लेना ही भूल जाएँ, तो जानिए कि जहाँ ब्लॉक हटाया गया था वहाँ वापस ब्लॉक बनने की सम्भावना बहुत बढ़ जाएगी।
- एंजियोप्लास्टी या बाइपास सर्जरी के बाद हमें खानपान, व्यायाम और दवाइयों में बेहद नियमित होना पड़ता है वरना एक बहुत अच्छा किया गया ऑपरेशन भी फेल हो सकता है।
- अभी तक किसी भी स्टडी द्वारा यह सिद्ध नहीं हो सका है कि एंजियोप्लास्टी और बाइपास सर्जरी द्वारा आदमी की उम्र बढ़ जाती हो। एंजियोप्लास्टी या बाइपास सर्जरी द्वारा किसी की भी उम्र नहीं बढ़ती, बस, उसके सिर पर लटकनेवाली अगले हार्ट अटैक की आशंका की तलवार हट जाती है।
- एंजियोप्लास्टी और बाइपास सर्जरी के बाद भी वे सारे कारक आपके शरीर में अभी भी सक्रिय हैं जिनके कारण आपके हृदय की नलियाँ कभी ब्लॉक हुई थी। सारे रिस्क फैक्टर अभी भी मौजूद हैं। इन्हें कंट्रोल करने की अभी भी आवश्यकता है। ये अभी भी रिपेयर की गई नली को वापस ब्लॉक कर सकते हैं या नई जगह ब्लॉक पैदा कर सकते हैं।

- वो कौन-सी एंजियोप्लास्टी होती हैं जो जल्दी बन्द हो सकती हैं? यह बड़ा तकनीकी प्रश्न है परन्तु मैं समझाने की कोशिश करता हूँ। अगर ब्लॉक लम्बा है, और इसमें लम्बा स्टेंट लगाना पड़ रहा है तो स्टेंट के बाद उसके ब्लॉक होने के चांसेस ज्यादा हैं। यदि पतली नली को खोला गया है तो उसमें स्टेंट भी पतला ही लगेगा। सँकरा स्टेंट लगेगा तो भी जल्दी बन्द होने का डर रहता है। यदि मल्टी वेसल एंजियोप्लास्टी हुई है, कई जगह के ब्लॉक खोले गए हैं और इसी चक्कर में उनमें एक से ज्यादा स्टेंट डाले गए हैं, स्टेंट ऐसी जगह डाला गया है जहाँ से रक्त नली से दूसरी शाखा निकल रही हो, तो इसके बन्द होने के चांस ज्यादा हैं।
- बाइपास सर्जरी की आवश्यकता किसको पड़ेगी? यह तय है कि जिस केस में एंजियोप्लास्टी सम्भव है, उसकी कोई सर्जरी नहीं होगी। हाँ, यदि एक ही नली में बहुत-सी जगहों पर ब्लॉक हो, या कई नलियों में ब्लॉक हों, या कई नलियों में कई-कई जगह ब्लॉक हों, या फिर ब्लॉक बहुत लम्बा हो,या वह नली से निकलनेवाली शाखा के मुहाने पर है, या लेफ्ट साइड की मुख्य नली, जिसे लेफ्ट मेन कोरोनरी कहते हैं, में ब्लॉक है या लेफ्ट मेन से एकदम सटा हुआ ब्लॉक है, खास कर यदि मरीज को डायबिटीज भी है तो बेहतर है कि बाइपास सर्जरी की जाए। ऐसी स्थितियों में एंजियोप्लास्टी आम तौर पर फेल हो जाती है, या उसके रिजल्ट उतने अच्छे नहीं होते। ऐसे में बाइपास सर्जरी कराना ही श्रेयस्कर होता है।

मान लो कि मुझे एंजियोप्लास्टी या बाइपास सर्जरी की जरूरत बताई गई है पर मैं इनमें से कुछ भी नहीं करवाना चाहता, तो?

ऐसे बहुत-से मरीज हैं जो ऐसा कहते हैं। हाँ, आप एक केलकुलेटेड रिस्क लेने को तैयार हैं तो यह प्रयोग भी कर सकते हैं। ऐसे लोगों को खानपान में परहेज, नियमित व्यायाम, अगर वजन ज्यादा है तो वजन को कम करना, नियमित दवाइयाँ लेना आदि करना पड़ता है, पर फिर भी रिस्क तो रहती ही है। याद रहे कि यदि लेफ्ट मेन कोरोनरी आर्टरी में ब्लॉक बताया गया है तब तो सर्जरी करा लेना ही उचित होगा। इस स्थिति में सर्जरी न कराना जानलेवा भी हो सकता है। यदि आप रिस्क लेने को तैयार हैं, और आपको कभी घरेलू और दैनिक जीवन के कार्यों को करने में कोई परेशानी नहीं होती है तो अपने रिस्क पर केवल दवाइयाँ, व्यायाम, डाइट, योगा इत्यादि पर भी भरोसा कर सकते हैं।

डेलीरियम अर्थात गफलत—यह है क्या?

मैं यहाँ दो स्थितियों की बात करूँगा—एक स्थिति यह है कि कोई पूरे होश में हो और दूसरी यह कि कोई शख्स एकदम बेहोश पड़ा हो।

इन दोनों ही स्थितियों से आप भली-भाँति परिचित हैं और आपको यह विश्वास भी है कि आप बेहोश आदमी की पहचान कर सकते हैं; जो होश में है वह तो आसानी से दिख ही जाता है, अब इसके अलावा जो भी है, वह बेहोश है। कितना सरल है न सब कुछ?

परन्तु, वास्तव में सब कुछ ऐसा सरल है नहीं।

आदमी का 'होश' इतनी सरल साधारण बात है नहीं। होश और बेहोशी के बीच बहुत-सी और स्थितियाँ भी हो सकती हैं जहाँ आदमी न तो पूरी तरह होश में होता है, न ही बेहोश; यानी बीच की स्थिति। आदमी बेहोश नहीं है परन्तु वह पूरे होश में भी नहीं है यही सबसे बड़े भ्रम की स्थिति होती है। ऐसे में, बाजवक्त स्वयं डॉक्टर भी ठीक से तय नहीं कर पाता कि आखिर यह हो क्या रहा है? इसी स्थिति को मेडिकल की भाषा में 'डेलीरियम' कहते हैं। आम जनता की भाषा में इसे 'गफलत' कहते हैं जैसे यार, फलाँ साहब तो कल से बड़ी गफलत में हैं।

यह डेलीरियम होता क्या है? इसे कैसे पहचानते हैं? क्या लक्षण होते हैं इसके? इसके कारण क्या होते हैं?

किन लोगों में इसके रिस्क ज्यादा होते हैं?

मान लीजिए कि आपके परिवार में कोई वृद्ध सदस्य है। साठ-पैंसठ साल की उम्र वाला, या उससे ज्यादा। कुछ घंटे पहले तक तो वह एकदम ठीक था परन्तु अब वह अचानक ही अकारण बहुत ज्यादा बेचैन और ओवर एक्टिव-सा हो गया लगता

इसी स्थिति को मेडिकल की भाषा में 'डेलीरियम' कहते हैं। आम जनता की भाषा में इसे 'गफलत' कहते हैं जैसे यार, फलाँ साहब तो कल से बड़ी गफलत में हैं।

है। न केवल वह ज्यादा बातें कर रहा है बल्कि बहकी-बहकी और असम्बद्ध बातें कर रहा है तो आप तुरन्त सतर्क हो जाएँ। यह डेलीरियम हो सकता है।

इसके ठीक विपरीत यह भी हो सकता है कि वह अचानक ही कुछ ज्यादा ही सो रहा हो, हिलाने-डुलाने पर ही थोड़ी देर को आँख खोलता हो, फिर से वापस सो जाता हो।

एक और स्थिति हो सकती है कि वह दिखता तो होश में हो परन्तु न तो वह अपने आसपास की जगह को ठीक से पहचान पा रहा है, न ही परिचित लोगों को ही। उसकी बॉडी लैंग्वेज से ऐसा लगता रहा है कि शायद वह समझ ही न पा रहा कि आखिर यह सब हो क्या रहा है?

फिर?

शायद यह सब देखकर हम यह मान लें कि आदरणीय बुढ़ापे के कारण सनक गए हैं। ऐसे में हो सकता है कि हम उनकी सनक को इज्जत देते हुए, टेक्टफुली उन्हें समझा-बुझाकर, या कोई दवा खिलाकर उनको धीरे से सुला दें। और यही बात बाद में खतरनाक साबित होगी।

सोते-सोते उनकी बीमारी और बढ़ सकती है। बाद में जाकर हमें पता चलेगा कि शुरुआत में वे जो बहकी-बहकी-सी बातें कर रहे थे या उनका व्यवहार थोड़ा अलग-सा लग रहा था, वह वास्तव में किसी बड़ी बीमारी की चेतावनी थी जिसे हमने तब अनदेखा कर दिया था।

गफलत या डेलीरियम किस बात की चेतावनी हो सकती है?

ये कई बेहद गम्भीर बीमारियों की चेतावनी हो सकती है इसीलिए यदि कोई शख्स अचानक ही उपरोक्त व्यवहार करता दिखे तो मान लें कि उसके शरीर में कहीं न कहीं कुछ गलत हो रहा है जिसे उपयुक्त जाँच-पड़ताल द्वारा तुरन्त पकड़ना बेहद जरूरी है वरना बाद में तो बहुत देर हो जाएगी। गफलत या डेलीरियम के हर मरीज को तुरन्त एक्सपर्ट मेडिकल जाँच की आवश्यकता होती है। यदि हम यह करने में चूक गए तो फिर समय गुजरने के साथ उसकी स्थिति और भी जटिल हो सकती है।

डेलीरियम का इशारा किन कॉम्प्लीकेशंस की तरफ हो सकता है?

कई जटिलताएँ हो सकती हैं। यह इस बात पर निर्भर होता है कि आदमी डेलीरियम में जा क्यों रहा है? डेलीरियम या गफलत कई कारणों से पैदा हो सकती है। डेलीरियम के महत्त्वपूर्ण कारणों को जानना जरूरी है।

यह किसी दवा का दुष्प्रभाव हो सकता है

पता करें कि वह कोई दवा तो नहीं ले रहे थे? केवल नशे के साइड इफेक्ट वाली दवाइयाँ ही नहीं बल्कि कोई साधारण-सी दवा भी ऐसा असर पैदा कर सकती है। जी हाँ, कोई भी दवा। इधर कोई नई दवा तो शुरू नहीं की गई थी? मैं फिर बता दूँ कि हर दवा ऐसा कर सकती है। नई-नई शुरू की गई कोई भी दवा (डॉक्टर को बताकर) बन्द कर दें।

यह किसी इन्फेक्शन का नतीजा भी हो सकता है

कुछ समय से मरीज को हल्का या तेज बुखार, पेशाब में रुकावट या जलन, पेट में दर्द, खाँसी या श्वास की कोई हल्की-सी भी तकलीफ तो नहीं थी? बिलकुल छोटी-सी लगती तकलीफ भी किसी गम्भीर इन्फेक्शन की निशानी हो सकती हैं। ऐसे यूरो या गैस्ट्रो इन्फेक्शन ही बाद में पूरे शरीर में फैलकर सेप्सिस नामक स्थिति पैदा कर देते हैं जो जानलेवा साबित हो सकती है। और गफ़लत सेप्सिस का एक बड़ा लक्षण हो सकती है।

निमोनिया, यूरिनल इन्फेक्शन, गैस्ट्रो या चमड़ी के साधारण-से प्रतीत होते इन्फेक्शन भी, खास कर बूढ़े लोगों में, अचानक ही सेप्सिस में तब्दील हो सकते हैं। इसीलिए आपके परिवार के बुजुर्गों में कभी कोई डेलीरियम में जाता दिखे तो सतर्क हो जाएँ।

डेलीरियम कुछ अन्य बेहद सीरियस बीमारियों का पहला लक्षण भी हो सकता है

यह किडनी या लिवर के फेल होने की पहली-पहली चेतावनी भी हो सकता है। यह दिमाग की अनेक बीमारियों का भी लक्षण हो सकता है। दिमाग की कोई पुरानी

हल्की चोट भी खून के धीरे-धीरे रिसाव से *क्रोनिक सब-ड्यूरल हीमेटोमा* में बदल सकता है जो केवल धीरे-धीरे बढ़ती गफलत के तौर पर सामने आ सकता है। इसी तरह दिमाग में होनेवाले इन्फेक्शन (मेनिनजाइटिस, इन्सिफ्लाइटिस) भी ऐसे ही डेलीरियम के रूप में पहली चेतावनी हो सकते हैं।

शरीर में कैल्शियम, मैग्नीशियम, सोडियम आदि के घटने-बढ़ने मात्र से भी ऐसा हो सकता है

इसकी डायग्नोस्टिक समय रहते हो जाए तो इसका पूरा इलाज भी सम्भव है, जबकि देर हो जाने पर ये सब जानलेवा साबित हो सकते हैं। शरीर में पानी की कमी (डिहाइड्रेशन), और बहुत अधिक पानी रुके होने पर भी गफलत पैदा हो सकती है। इन सबका भी यदि समय पर ठीक से इलाज न हो तो ये सब भी जानलेवा साबित हो सकते हैं।

यदि आपका कोई वृद्ध रिश्तेदार आईसीयू में भर्ती है, उसे पेशाब की केथेटर आदि भी लगी है तो उसके डेलीरियम में जाने की रिस्क ज्यादा है। यदि उसकी तरह की दवाएँ भी दी जा रही हैं तब तो डेलीरियम का रिस्क और भी बढ़ जाता है।

यह देखा गया है कि हिप की सर्जरी के बाद के पोस्ट ऑपरेटिंग वक्फे में डेलीरियम कुछ ज्यादा ही देखा जाता है। इसका कोई सीधा-सरल कारण अभी नहीं पता है।

डेलीरियम को पहचानें। और इसे कभी भी नजरअन्दाज न करें। तुरन्त डॉक्टर से सलाह लें। याद रखें कि इसे नजरअन्दाज करना बड़ा महँगा साबित हो सकता है।

बेहोश आदमी की देखभाल होश में रहकर करें

आदमी अचानक ही बेहोश हो जाए तो उसके आसपास एक किस्म की अफरातफरी-सी मच जाती है। बेहोश आदमी के आसपास यदि दो आदमी भी मौजूद हों तो वे दो लोग ही मिलकर एक अनियंत्रित भीड़ बन जाते हैं। ऐसे अवसर पर लोग कुछ भी करने लगते हैं। वे बेहोश आदमी को थप्पड़ लगाकर पूछ सकते हैं कि तुम कैसे हो? वे बेहोश आदमी को जबरन पानी पिलाने के प्रयास में उसके मुँह में पानी का गिलास या लोटा उड़ेलकर उसकी साँस की नली तक को 'चोक' कर सकते हैं। वे उसे जूता सुँघा सकते हैं। उसका दिल न भी बन्द हुआ तो भी उसकी छाती पर चढ़कर छाती की ऐसी जबरिया मालिश भी कर सकते हैं कि बेहोशी टूटने पर वह पाए कि महीनों तक उसकी टूटी पसलियाँ दर्द कर रही हैं और वह फिर आगे कभी भी 'बेहोश होने की हिम्मत' न करे। और इसमें हमारी भी कोई गलती नहीं। क्या करें? प्राय: हमें पता ही नहीं होता कि ऐसी स्थिति में हम क्या करें और क्या न करें?

पहली बात तो यह देखें कि साँस चल रही है कि नहीं? यदि साँस ही नहीं चल रही हो तो सर्वप्रथम हमें अपने मुँह द्वारा उसके मुँह में कृत्रिम साँस देनी होगी। कैसे दें? वास्तव में इसका उत्तर तो अपने-आपमें एक पूरे लेख की माँग करता है। कई अस्पतालों में बाकायदा सामान्य जनता को इसकी ट्रेनिंग भी दी जाती है। हम अभी यह मानकर चल रहे हैं कि मरीज बेहोश हुआ है पर उसकी साँस चल रही है। बस इस बात का डर है कि बेहोश व्यक्ति थूककर या खाँसकर अपनी साँस की नली साफ नहीं कर सकता है। डर है कि साँस की नली कहीं उसके अपने थूक, गले में एकत्रित लार, बेहोश होते समय गिरकर चोट खाने से टूट गए दाँत, चोट लगने से कट गई जीभ से निकल रहे खून, या नकली दाँतों के सेट के खिसककर गले में फँस जाने से बन्द तो नहीं हो रही? आप उसके कपड़े ढीले कर दें, टाई-वाई निकाल दें या ढीली कर दें और गर्दन को एक तरफ करके उँगली में रूमाल लपेटकर उसका मुँह साफ कर दें। रक्त बह रहा हो तो उसे तुरन्त साफ कर दें।

बेहोश आदमी की नाड़ी भी जरूर देख लें। न आती हो तो नाड़ी देखना सीख लें। यह कोई कर्ण पिशाचनी मंत्र नहीं है जिसे सिद्ध करना पड़ता हो। आसानी से इसे सीखा जा सकता है।

नकली दाँत लगे हों तो उन्हें बाहर निकाल दें। बस, किसी भी तरह उसकी साँस की नली 'चोक' न होने पाए, हमें यह देखना है। माना आपके जूते की गंध रासायनिक हथियारों से भी अधिक मारक है लेकिन बेहोश आदमी को जूता सुँघाना कोई उपचार नहीं है।

यदि आदमी गिरकर न केवल बेहोश हुआ है बल्कि उसे झटके भी आ रहे हों (मिर्गी का दौरा) तो? झटके रोकने का कोई जबरिया प्रयत्न न किया जाए। पकड़-धकड़ करके, आदमी को दबोचकर हम ये झटके नहीं रोक सकते। बस, इतना करें कि 'झटका खा रहे' बेहोश व्यक्ति के आसपास से ऐसी सभी चीजें हटा दें जिनसे टकराकर वह चोट खा सकता है। हो सकता है कि आपका जूता ऐसा गँधाता हो कि वह अच्छे-अच्छों की बेहोशी तोड़ दे परन्तु कृपया जूते सुँघाने का यह टोटका यहाँ न आजमाएँ। मिर्गी के दौरे के बारे में एक बात और। मिर्गी के दौरान 'दत्ती' बँध जाती है अर्थात् बेहोश आदमी जोर से अपने दाँत भींचे रहता है। कृपया ऐसे में दाँतों को जबरन खोलने, मुँह खोलकर उसमें चम्मच आदि घुसेड़ने की कोशिश बिलकुल भी न करें। इसका कोई भी फायदा नहीं। आप अपनी इस अनावश्यक कोशिश में उसके दाँत अवश्य तोड़ सकते हैं, या फिर मुँह में चोट तो अवश्य पहुँचा ही देंगे।

बेहोश आदमी की नाड़ी भी जरूर देख लें। न आती हो तो नाड़ी देखना सीख लें। यह कोई कर्ण पिशाचनी मंत्र नहीं है जिसे सिद्ध करना पड़ता हो। आसानी से इसे सीखा जा सकता है। आपको यदि बेहोश आदमी की नाड़ी नहीं मिल रही हो तो मान लें कि यह आदमी हार्ट (दिल) के बन्द होने के कारण ही बेहोश हुआ है। यदि उसके दिल ने तुरन्त काम करना शुरू नहीं किया तो वह अगले कुछ मिनटों में मर जाएगा। यह इमरजेंसी की स्थिति है। ऐसे आदमी को तुरन्त 'दिल की मालिश' (कार्डियक मसाज) की आवश्यकता है। यह कैसे करें? यह भी वास्तव में एक अलग ही लेख का विषय है। लेकिन अभी इतना जान लें कि इसके लिए आपको उसकी छाती को, ठीक बीचोबीच, हथेली द्वारा तेज-तेज दबाकर, दिल को एक मिनट में 60-70 बार दबाना पड़ता है। न आता हो तो न करें। तुरन्त उसे पास के किसी डॉक्टर तक पहुँचा दें।

बेहोश व्यक्ति को कभी कुछ भी खिलाने-पिलाने की कोशिश न करें। वह होश में नहीं है। खिलाई-पिलाई चीज उसके पेट की जगह फेफड़ों में जाकर जानलेवा

साबित हो सकती है। यहाँ एक प्रश्न यह उठ सकता है कि फिर डायबिटीज के केस में क्या हो? डायबिटीज (मधुमेह) का मरीज बेहोश हो तो माना जाता है कि अचानक उसके रक्त में ग्लूकोज का स्तर कम हो जाने के कारण यह हुआ है। डायबिटीज का मरीज यदि बेहोश हो रहा हो, पर अभी पूरा बेहोश न होकर बस गफलत में ही हो तो कुछ पिलाने या खिलाने की कोशिश करें। यदि ऐसा करने से उसको ठसका जैसा कुछ लगे तो अपनी यह कोशिश तुरन्त बन्द कर दें। और अगर वह पूरा बेहोश हो, तब तो ऐसी कोई कोशिश करें ही मत।

किसी बेहोश आदमी को देखें तो अपना होश न खोएँ।

प्लेटलेट्स ट्रांस्फ्यूजन का हौवा, और सच

जब से डेंगू तथा डेंगू जैसे अन्य वायरल बुखार की बीमारियाँ कुछ ज्यादा आम हो गई हैं, तब से सामान्य जन के बीच प्लेटलेट का नाम जगजाहिर हो गया है। अब लगभग हर शख्स जानता है कि इन बीमारियों में यदि रक्त में प्लेटलेट्स की मात्रा कम हो जाए तो उसके शरीर में कहीं से भी ब्लीडिंग होने की आशंका पैदा हो जाती है। डर लगता है कि यदि खून में प्लेटलेट बहुत ही कम हो जाएँ तो पेट, आँत, नाक, या दिमाग के अन्दर भी रक्तस्राव अर्थात ब्लीडिंग हो सकती है। और यह जानलेवा भी हो सकती है।

ऐसे में, मरीज के साथ आए लोगों को आम तौर पर अचानक ही अस्पताल द्वारा कहा जाता है कि चूँकि आपके मरीज के प्लेटलेट बहुत कम हो गए हैं, उसे प्लेटलेट्स देने पड़ेंगे। आप तुरन्त ही प्लेटलेट ट्रांस्फ्यूजन के लिए प्लेटलेट्स की व्यवस्था करें वरना इनको कहीं से भी ब्लीडिंग का डर है।

धीरे-धीरे प्लेटलेट ट्रांस्फ्यूजन को लेकर सामान्य पब्लिक के बीच एक हौवा-सा बन गया है। इसे लेकर कई भ्रम हैं। और ये भ्रम न केवल सामान्य जन के बीच हैं वरन् ज्यादातर डॉक्टरों के बीच भी खूब देखे जा सकते हैं। मरीज को कब प्लेटलेट्स दी जानी चाहिए, कब नहीं, और प्लेटलेट्स बहुत कम होने पर भी कब प्लेटलेट्स देना मरीज को नुकसान पहुँचा सकता है, यह बात अक्सर डॉक्टरों को भी पता नहीं रहती। इस विषय में थोड़ी बुनियादी जानकारी आपको देता हूँ ताकि इस हौवे से आप निजात पा सकें।

रक्त में प्लेटलेट्स के कम होने का मतलब यह है कि शरीर में ये प्लेटलेट्स कम बन रही हैं या फिर ठीक मात्रा में बनने के बावजूद किसी कारण से नष्ट होती जा रही हैं। प्राय: तो ये डेंगू या ऐसे ही किसी इन्फेक्शन से नष्ट होती हैं परन्तु कभी-कभी तो यह अपने-आपमें एक बुनियादी बीमारी हो सकती है। ऐसे में बिना किसी अन्य कारण के, यूँ ही, प्लेटलेट बनती तो पर्याप्त मात्रा में हैं परन्तु हमारा

शरीर इन्हें साथ-साथ लगातार नष्ट भी करता जाता है। ऐसी बीमारी (इडियोपैथिक थोम्बोसाइटोपीनिया) में प्लेटलेट्स कम होने के बावजूद मरीज को प्लेटलेट्स देने का कोई रोल नहीं होता है क्योंकि शरीर इनको भी नष्ट कर देता है।

कैंसर की कीमोथेरेपी देते हुए भी दवाई के दुष्प्रभाव से कई बार प्लेटलेट्स कम होने लगती हैं। तब बड़ी कठिनाई आती है। कीमोथेरेपी देनी भी जरूरी है, और कहीं इस कीमोथेरेपी से उत्पन्न प्लेटलेट्स की कमी के कारण शरीर में कहीं खतरनाक ब्लीडिंग न हो इसके लिए फिर प्लेटलेट ट्रांस्फ्यूजन देना भी उतना ही जरूरी हो जाता है।

डेंगू और इसी तरह के अन्य वायरल बीमारियों में तो प्लेटलेट्स खतरनाक हद तक कम हो ही सकते हैं। इस स्थिति में भी मरीज को प्लेटलेट ट्रांस्फ्यूजन देने की आवश्यकता बन जाती है।

अब एक आत्म स्वीकृति भी

मैं डॉक्टर के तौर पर आपको बता सकता हूँ कि एक बार मरीज के शरीर में प्लेटलेट्स कम होनी शुरू हो जाएँ तो मरीज और मरीज के रिश्तेदारों की पूछताछ और चिन्ताओं के चलते कई बार डॉक्टर के अवचेतन मन पर भी इसका निरन्तर दबाव बना रहता है कि तुरन्त आवश्यक न भी हो तो भी एकाध प्लेटलेट्स ट्रांस्फ्यूजन देने में बुराई ही क्या है? यह अवैज्ञानिक तरीका है पर कई बार होशियार डॉक्टर भी ऐसे दबाव में आकर वहाँ प्लेटलेट्स दे डालते हैं जहाँ विज्ञान के अनुसार नहीं देना चाहिए। खास कर तब, जब गूगल से प्राप्त अधूरे-से ज्ञान में लिथड़ा मरीज का कोई रिश्तेदार आकर यह बोलता है कि हमारे मरीज के प्लेटलेट तो रोज-रोज कम होते जा रहे हैं, फिर आपने अभी तक इसे प्लेटलेट्स क्यों नहीं दिए? वह समझाने पर भी मानने को तैयार नहीं होता। वह डॉक्टर को धमकी-सी देता है कि प्लेटलेट देने के बहुत स्पष्ट संकेत होने के बावजूद आप इसे प्लेटलेट्स नहीं दे रहे हैं, यह ठीक बात नहीं है। वह नहीं मानता कि यूँ ही थोड़ी-बहुत प्लेटलेट्स के कम होने से ही किसी को प्लेटलेट्स नहीं दे दी जाती। देनी भी नहीं चाहिए। पर ऐसी घटनाओं के कारण मेडिकल प्रैक्टिस में यह अन्धेर हुआ है कि मरीज की प्लेटलेट्स थोड़ी-सी भी कम हुई कि डॉक्टर कई बार स्वयं ही प्लेटलेट ट्रांस्फ्यूजन के लिए कह देते हैं। यूँ तकनीकी तौर पर इसकी कतई आवश्यकता नहीं थी पर ये डॉक्टर भी वही अवैज्ञानिक बात कहने लगते हैं कि साहब, हम यहाँ प्रैक्टिस में बैठे हैं। कल के

दिन मरीज को 'बाइ द वे' कहीं कोई ब्लीडिंग वगैरह हो ही गई तो फिर हमारी बात कोई नहीं सुननेवाला कि हमने वैज्ञानिक कारण से ही प्लेटलेट्स नहीं दी थीं।

चिकित्सा विज्ञान में प्लेटलेट ट्रांस्फ्यूजन के इंडिकेशन एकदम साफ दर्ज हैं। वे निम्नलिखित हैं—

- यदि प्लेटलेट काउंट 10,000 से नीचे हो, और 5000 के बाद निश्चित तौर पर।
- यदि प्लेटलेट काउंट पहले की तुलना में 50 प्रतिशत से कम हो गया है तो सतर्क भर रहें। अब यदि काउंट और भी नीचे गिरते हैं तो हमें प्लेटलेट्स देने पड़ सकते हैं। ऐसे में हमें लगातार स्थिति पर नजर रखनी होगी। अगर आगे फिर से और भी पचास प्रतिशत काउंट कम हो जाए या साथ में कहीं से भी ब्लीडिंग होने लगे तो प्लेटलेट्स जरूर देनी होंगी। यदि प्लेटलेट काउंट एक लाख से कम हों परन्तु मरीज की न्यूरो सर्जरी या आँखों की सर्जरी करनी पड़ रही है तो भी हमें प्लेटलेट ट्रांस्फ्यूजन देना होगा। किसी भी अन्य सर्जरी में यदि प्लेटलेट काउंट 50000 से कम हैं तो भी प्लेटलेट ट्रांस्फ्यूजन की व्यवस्था करनी होगी।
- प्लेटलेट अगर नॉर्मल से कम हैं, फिर वे चाहे बहुत कम न भी हों परन्तु इसके साथ मरीज को कहीं से भी कोई ब्लीडिंग हो रही है तब तो प्लेटलेट्स देने ही होंगे।

यहाँ फिर से याद दिला दी जाए कि कई ऐसी जटिल बीमारियाँ हैं जहाँ प्लेटलेट काउंट बहुत कम भी आ जाए तो भी प्लेटलेट ट्रांस्फ्यूजन देने से बचा जाता है क्योंकि ऐसी बीमारियों में प्लेटलेट्स देने पर फायदे की जगह नुकसान हो सकता है।

तो फिर क्या करें?

हमारी सलाह यह है कि प्लेटलेट्स देने का निर्णय एक जटिल वैज्ञानिक निर्णय है। इसे आप लेने न बैठ जाएँ। डॉक्टर को ही तय करने दीजिए कि प्लेटलेट्स ट्रांस्फ्यूजन देना है या नहीं देना है? अपने अधकचरे ज्ञान से डॉक्टर पर फालतू का दबाव डालकर आप मरीज का नुकसान ही करेंगे।

अब मान लें कि डॉक्टर ने कह दिया है कि मरीज को प्लेटलेट्स देने पड़ेंगे, फिर?

एक बार प्लेटलेट ट्रांस्फ्यूजन की बात आ गई तो अगली बात डॉक्टर आपको यह बताता है कि यह ट्रांस्फ्यूजन दो तरह से दिया जा सकता है—सिंगल डोनर

प्लेटलेट ट्रांस्फ्यूजन, जहाँ एक ही व्यक्ति से सारी प्लेटलेट्स मिल जाती हैं, और दूसरा, रैंडम प्लेटलेट डोनर, जहाँ कई डोनर्स, जिनके ब्लड ग्रुप भी अलग-अलग हो सकते हैं, उनमें से थोड़ा-थोड़ा प्लेटलेट मिल जाता है जिसको एक के बाद एक दे देते हैं।

दोनों में क्या अन्तर है? कीमत का अन्तर तो खैर है ही।

> रक्त में प्लेटलेट्स के कम होने का मतलब यह है कि शरीर में ये प्लेटलेट्स कम बन रही हैं या फिर ठीक मात्रा में बनने के बावजूद किसी कारण से नष्ट होती जा रही हैं।

सिंगल डोनर प्लेटलेट्स महँगा पड़ता है। इसमें संवेदनशील मशीन द्वारा, एक ही आदमी से, 'एफेरेसिस तकनीक' द्वारा लगभग 300 ml प्लेटलेट्स निकालकर बाकी का खून डोनर में वापस कर दिया जाता है। इसकी कीमत लगभग 10000 रुपये पड़ती है। उधर रैंडम प्लेटलेट्स डोनर का अर्थ यह है कि अलग-अलग ग्रुप के बहुत सारे लोग हैं जो ब्लड बैंक में अपना 'होल ब्लड' दान देकर गए हैं। उसी रक्त से प्लेटलेट्स निकाले जाते हैं। यदि एक यूनिट में लगभग 50-60 ml के बराबर ही प्लेटलेट्स मिल पाते हैं तब 6 से 8 यूनिट एक साथ देनी पड़ती हैं। अलबत्ता ये सस्ती पड़ती हैं। पूरे प्लेटलेट्स लगभग 2000 रुपए में आ जाते हैं। उधर सिंगल डोनर का ब्लड ग्रुप मरीज से मिलना आवश्यक है परन्तु रेंडम डोनर्स में हमें यह ग्रुपिंग भी नहीं देखनी पड़ती। आदर्श स्थिति की बात करें तो सिंगल डोनर देना ही ज्यादा मुफीद है क्योंकि रैंडम डोनर वाला प्लेटलेट अलग-अलग ब्लड ग्रुप के लोगों का होता है जिससे शरीर में धीरे-धीरे उन ब्लड ग्रुप्स के खिलाफ एंटीबॉडीज बन जाती हैं, जो भविष्य में प्लेटलेट्स देने पर उन्हें नष्ट भी कर सकती हैं। ऐसे में प्लेटलेट देने पर भी प्लेटलेट काउंट नहीं बढ़ता। सिंगल डोनर ज्यादा सुरक्षित है। आप किसी को कभी भी प्लेटलेट्स दान दे सकते हैं।

यदि आप किसी को अपने प्लेटलेट डोनेट करते हैं, तो आपका ब्लड ग्रुप वही होना चाहिए जो मरीज का है। इसे देने से किसी तरह की कमजोरी आपको नहीं आएगी, न ही कोई शारीरिक कमी पैदा होगी। यह इतना सुरक्षित है कि आप हर सप्ताह दो बार भी प्लेटलेट्स डोनेट कर सकते हैं क्योंकि सात दिनों में ही नई प्लेटलेट्स वापस बन जाती हैं। इसीलिए ब्लड बैंक में प्लेटलेट ट्रांस्फ्यूजन के लिए रखी हुई यूनिट्स सात दिनों से ज्यादा रखी नहीं जा सकती, वे खराब हो जाती हैं (इसकी तुलना में ब्लड के दूसरे कम्पोनेंट्स लम्बे समय तक सुरक्षित रखे जा सकते हैं।) इसीलिए प्लेटलेट्स डोनेट करने के तुरन्त बाद मरीज को दे देने चाहिए। तो

अगली बार कभी भी आपके साथ प्लेटलेट्स देने या लेने की बात कहीं चले तो मेरी ये बातें जरूर याद रखें।

आखिरी बात। क्या पपीते के रस से प्लेटलेट्स काउंट बढ़ जाता है? वैज्ञानिक तौर पर तो यह कतई सिद्ध नहीं हुआ है। पर आप कभी पूछो तो पपीते का रस देने से कोई डॉक्टर आपको मना भी नहीं करता क्योंकि दिल को बहलाने को आखिर यह खयाल ऐसा बुरा भी नहीं है।

बड़ी आँत का कैंसर

हम आम बोलचाल की भाषा में जिसे बड़ी आँत का कैंसर कहते हैं, तकनीकी मेडिकल भाषा में इसे ही कोलो-रेक्टल कैंसर कहा जाता है। बड़ी आँत से लेकर गुदा (रेक्टम) तक के कैंसर इसी में सम्मिलित हैं।

कोलो-रेक्टल कैंसर के बारे में जानना क्यों जरूरी है और वह अन्य कैंसर से कैसे अलग है?

कई लिहाज से इसके बारे में जानकारी रखना आवश्यक है—

- फेफड़ों के कैंसर के बाद, सबसे ज्यादा लोग इसी कैंसर से मरते हैं।
- होने को यह कैंसर किसी को भी हो सकता है परन्तु यह ज्यादातर आर्थिक रूप से सम्पन्न, पैसे वालों की बीमारी ज्यादा है। ऐसा माना जाता है कि जो लोग ढेर सारी कैलोरी (यानी ठूँस-ठूँस कर) खाते हैं, उनको बड़ी आँत का कैंसर ज्यादा होता है।
- कुछ ऐसी बीमारियाँ भी हैं जो बड़ी आँत में वर्षों पहले से हों और बाद में ये ही कैंसर में बदलकर जानलेवा बन जाएँ। तो क्या इस बीमारी को बहुत पहले ही डायग्नोज करके कुछ ऐसा इलाज सम्भव है कि फिर इस कैंसर की आशंका ही समाप्त हो जाए?
- बड़ी आँत के पच्चीस प्रतिशत कैंसर आनुवंशिक हो सकते हैं। यदि आपके परिवार और एकदम करीब के रिश्तों में दो-तीन पीढ़ियों तक किसी को भी कभी बड़ी आँत के कैंसर होने की जानकारी आपको है तो आप भी सतर्क रहें। यह कैंसर आपको भी हो सकता है।
- इस बीमारी का पता देर से ही चलता है। हम पेट की हर तरह की तकलीफ को प्राय: टालते रहते हैं। मानते हैं कि खानपान में कुछ ऊँच-नीच हो गया होगा। इन तकलीफों को हम लम्बे समय तक नजरअन्दाज करने,उसका कोई देसी या घरेलू इलाज करने या खुद ही कोई दवा यहाँ-वहाँ से तजवीज

> हम आम बोलचाल की भाषा में जिसे बड़ी आँत का कैंसर कहते हैं, तकनीकी मेडिकल भाषा में इसे ही कोलो-रेक्टल कैंसर कहा जाता है।

करके लेने में महत्त्वपूर्ण समय नष्ट कर डालते हैं। स्वयं डॉक्टर तक कई बार इस महत्त्वपूर्ण डायग्नोसिस को शुरू में नजरअन्दाज कर देते हैं। और जो कभी कोई समझदार डॉक्टर आपको अपनी कोलोनोस्कोपी जाँच करवाने को कह भी दे तो आपको लगता है कि एक जरा-सी कब्ज या पेट-दर्द की शिकायत के लिए इतनी महँगी जाँच-पड़ताल क्यों करवाई जाए? तो आप कुछ ज्यादा ही समझदार हैं। मानते हैं कि ऐसी जाँच तो बस कमीशनखोरी के लिए डॉक्टर की एक घटिया ट्रिक मात्र है। हम मूर्खतापूर्ण होशियारी में पड़कर ऐसी जरूरी जाँच नहीं कराते। इस तरह समय पर कैंसर की डायग्नोसिस रह जाती है।

- यह एक ऐसा कैंसर है जिसका सीधा सम्बन्ध हमारी भोजन की आदतों से भी जुड़ा हुआ पाया गया है।

इस कैंसर का सबसे ज्यादा खतरा किन लोगों को है?

- बड़ी आँत का कैंसर आनुवंशिक भी हो सकता है। यह बात आपको हमने अभी-अभी बताई भी है। इसे थोड़ा और समझें। तात्पर्य यह कि आपके भाई, बहन, चाचा, ताऊ, मामा, नाना, नानी, दादा या परदादा या लकड़दादा तक कभी किसी को ऐसा कैंसर हुआ था तो आप इस कैंसर के खतरे के दायरे में हैं। तकलीफ होने का इन्तजार कतई न करें। ऐसी स्थिति में पच्चीस वर्ष की वय हो जाने के बाद हर तीन से पाँच सालों के अन्तराल पर नियमित कोलोनोस्कोपी कराते रहें। इससे यह कैंसर एकदम शुरुआत में ही पकड़ा जाएगा। तब इसे ऑपरेशन द्वारा पूरा ठीक किया जा सकता है।
- यदि कभी किसी जाँच द्वारा आपकी बड़ी आँत में पोलिपोसिस (polyposis) नाम की बीमारी की डायग्नोसिस हुई है तो सतर्क होकर किसी अच्छे गैस्ट्रोलॉजिस्ट से जरूर सलाह ले लें। पोलिपोसिस का मतलब?... पोलिपोसिस का अर्थ यूँ समझें कि आपकी बड़ी आँत की अन्दरूनी झिल्ली पर यहाँ-वहाँ छोटी-बड़ी गाँठें हों। ये गाँठें पोलिपोसिस कहलाती हैं। यह गाँठ डंठलनुमा हो सकती है और बिना डंठल के भी। बिना डंठल वाले पोलिप में कैंसर होने के चांस ज्यादा होते हैं। आपका डॉक्टर सलाह दे तो

इन्हें न केवल निकलवा डालें वरन बाद में नियमित कोलोनोस्कोपी द्वारा यह भी देखते रहें कि कहीं ये दोबारा न उभर आएँ। फिर उभरेंगे तो फिर निकलवा दें। ये कैंसर में बदल सकती हैं।

कई बार इस तरह की हजारों गाँठें बड़ी आँत में सर्वत्र यहाँ से वहाँ तक हो सकती हैं। ये आनुवंशिक होती हैं। इन्हें फेमिलियल मल्टिपल पोलिपोसिस कहते हैं और आगे जाकर ये सौ प्रतिशत कैंसर में तब्दील होते ही हैं। यदि यह बीमारी हो गई हो तो कैंसर से बचने का एकमात्र तरीका यह रह जाता है कि बड़ी आँत को कोलेक्टोमी के ऑपरेशन द्वारा निकाल दिया जाए। यदि डॉक्टर आपको यह ऑपरेशन कराने की सलाह देता है तो जरूर करा लें। 'न रहेगा बाँस, न बजेगी बाँसुरी' वाला मामला मान लें।

- यह बीमारी मीट खानेवाले लोगों को ज्यादा होती है। मल की जाँच द्वारा यह पाया गया है कि रेड मीट (मटन) खानेवालों के मल में नॉर्मल एनारोबिक बैक्टीरियाज की मात्रा बहुत बढ़ी हुई होती है। ये बैक्टीरिया आँतों में मौजूद हमारे पाचन रसों के अन्दर मिले बाइल को कैंसर पैदा करने के तत्त्वों में बदल देते हैं।
- यह कैंसर मोटे लोगों को ज्यादा होता है। क्योंकि मोटों में इंसुलिन की मात्रा अधिक बनती है। ज्यादा इंसुलिन से कुछ ऐसे तत्त्व शरीर में बनते जाते हैं जो आँतों में कैंसर जैसी गतिविधियों को जन्म देते हैं। आप अगर मोटे हैं तो अपना वजन कम करें।
- सिगरेट तथा तम्बाकू खानेवाले में भी इस कैंसर का रिस्क अधिक रहता है इसीलिए तम्बाकू बिलकुल भी न लें। यूँ भी हार्ट अटैक, लकवा और बड़ी आँत के कैंसर के अलावा मुँह के कैंसर आदि पचासों अन्य बीमारियों के रिस्क को बढ़ावा देता है।

कब सतर्क हो जाएँ? इस कैंसर के लक्षण क्या हैं?
किन स्थितियों में डॉक्टर से मिलें?

- यदि आपका खून कम हो और एनीमिया का कोई कारण पता न चल रहा हो तो जान लें कि इसका एक कारण बड़ी आँत का कैंसर भी हो सकता

है। हर ऐसे एनीमिया में इसकी आशंका होती है। जाँच जरूर करा लें।

- यदि आपका वजन बिना वजह के ही कम होता जा रहा हो।
- यदि पेट-दर्द हो और ऐंठन ठीक ही न हो।
- यदि अचानक ही कुछ महीनों से आपको कब्ज हो गई हो।
- यदि कभी अपनी टट्टी में आपको खून दिखाई दे (लेकिन आपको बवासीर न हो)।

यदि आप पचास साल या इससे ज्यादा की उम्र के हैं, या आप ऊपर वर्णित रिस्क की कैटेगरी में हैं तो इन सारी तकलीफों को आप कतई नजरअन्दाज न करें। तुरन्त अपने डॉक्टर से मिलें। सारी जाँचें करा लें।

क्या किसी दवा से इस कैंसर की आशंका को कम किया जा सकता है?

हाँ, इस सम्बन्ध में ट्रायल तो यही बताते हैं कि एस्प्रिन का नियमित सेवन इसकी रिस्क को कम कर सकता है। फोलिक एसिड की गोलियाँ भी ऐसा करती हैं। हाँ, एंटी आक्सीडेंट्स या हाई फाइबर डाइट का ऐसा कोई रोल नहीं मिला है। औरतों में मेनोपॉज के बाद दी जानेवाली इस्ट्रोजन रिप्लेसमेंट थेरेपी भी इस कैंसर से कुछ हद तक बचाव करती है यद्यपि उस थेरेपी की अपनी ही समस्याएँ होती हैं।

विटामिनों की अनोखी दुनिया

मल्टीविटामिन की गोलियाँ, और ऐसे ही अन्य 'ट्रेस एलिमेंट' मिलाकर बनाई 'ताकत की गोलियों' का एक मायावी बाजार है। छोटी-मोटी कम्पनियों से लेकर बड़ी-बड़ी दवाई कम्पनियाँ भी इस तरह की गोलियाँ बेचने के धन्धे में हैं। लोग भी अकारण, बिना किसी कारण, इन्हें यूँ ही लेते रहते हैं और भ्रम में रहते हैं कि हम ताकत की गोलियाँ खा रहे हैं।

वैसे यह सही है कि विटामिनों की जरूरत शरीर के लगभग हर कार्य-व्यापार में है—एंजाइम्स की एक्टिविटी में, को-फैक्टर्स की एक्टिविटी में, शरीर के सेल्स के हर पल सक्रिय रहने के लिए, रक्त जमने के लिए—बहुत सारी शारीरिक गतिविधियों में इनका बड़ा ही महत्त्वपूर्ण रोल है। परन्तु जब तक हमें डॉक्टरी जाँच से यह न पता चले कि शरीर में कौन-सा विटामिन कम होने से क्या खराबी हो रही है, तब तक यूँ ही बेमतलब इन गोलियों को अन्दाज से खाने से कोई लाभ नहीं होनेवाला।

वास्तव में विटामिंस होते क्या हैं, और इनकी कमियों से हमें क्या-क्या हो सकता है?

विटामिंस और ट्रेस एलिमेंट्स आम तौर पर वे चीजें हैं जो शरीर के लिए हैं तो बेहद आवश्यक, परन्तु प्राय: वे या तो शरीर में बनती ही नहीं या बहुत कम मात्रा में बनती हैं। इनका आपके भोजन में होना अत्यन्त आवश्यक है। बहुत-से विटामिन अलग-अलग भोज्य पदार्थों में अलग-अलग मात्रा में होते हैं। कई स्थितियाँ बड़ी रोचक हैं। जैसे विटामिन बी$_{12}$ का उदाहरण लें। यह विटामिन हमारे नर्व्स सिस्टम के लिए, हमारी चमड़ी के लिए, हमारे मुँह तथा आँतों की झिल्ली के लिए बहुत आवश्यक है परन्तु यह प्राय: मीट, मछली, दूध, दही, पनीर में ही होता है। इसका मतलब शाकाहारी लोगों के लिए, खास कर जिन्होंने दूध इत्यादि भी छोड़ दिया हो, उनको तो विटामिन बी$_{12}$ मिलने का कोई तरीका नहीं बचा? हिन्दुस्तान में बहुत परिवार शाकाहारी हैं। हमारी गलतफहमी है कि हरी सब्जियों और फलों में तो सारे

विटामिंस और ट्रेस एलिमेंट्स आम तौर पर वे चीजें हैं जो शरीर के लिए हैं तो बेहद आवश्यक, परन्तु प्राय: वे या तो शरीर में बनती ही नहीं या बहुत कम मात्रा में बनती हैं। इनका आपके भोजन में होना अत्यन्त आवश्यक हैं।

तरह के विटामिन भरपूर होते हैं। पर इनमें कोई विटामिन बी$_{12}$ नहीं होता। इसीलिए शाकाहारियों में, जो किसी कारण से दूध भी नहीं लेते, उनमें धीरे-धीरे विटामिन बी$_{12}$ की कमी पैदा हो सकती है।

विटामिनों में एक बात और खास है। कुछ विटामिन तो शरीर में पर्याप्त मात्रा में स्टोर रहते हैं और रोज की उनकी आवश्यकता भी इतनी मामूली होती है कि यदि वह विटामिन खाने में नहीं भी हो तो भी सालों बाद उनकी कमी महसूस होती है। विटामिन-बी का उदाहरण ही लें। अगर खाने में इसकी पर्याप्त मात्रा नहीं भी मिल रही हो तब भी इस विटामिन की कमी के कारण बीमारी पैदा होने में सालों लग जाते हैं। परन्तु यदि फोलिक एसिड का उदाहरण लें तो उसका स्टोर मात्र चन्द सप्ताह का ही होता है। अगर खाने में फोलिक एसिड न हो तो कुछ ही समय बाद शरीर में उसकी कमी हो जाती है।

विटामिनों की दुनिया ही अनोखी है

विटामिनों की कमी हमारे शरीर में कई तरह से हो सकती है। एक तो यह कि हम जो खा रहे हैं, उस खाद्य पदार्थ में वह विटामिन कम हो या न हो; या फिर बहुत गरीबी, भुखमरी, अकाल से पीड़ित लोग या शरणार्थी शिविरों में रह रहे लोगों में सभी तरह के विटामिन कम हो सकते हैं। परन्तु वे लोग भी, जो अपनी समझ से बहुत अच्छा भोजन कर रहे हैं, उनमें भी कई अन्य तरह से विटामिनों की कमी हो सकती है। जैसे नियासिन नाम का विटामिन है, जिसकी कमी से पेलेगरा नाम की भयंकर बीमारी हो सकती है, वह उन लोगों में होता है जो बस मक्की की रोटी ही खाते हैं। नियासिन की कमी से पेलेगरा की बीमारी में दस्त लगना, चमड़ी का रोग (डर्मेटाइटिस), याददाश्त खराब (डेमेंशिया) हो सकता है। ऐसा भी होता है कि भोजन में पर्याप्त विटामिन हों परन्तु अन्य किसी कारण से वह विटामिन या तो आँतों में पचता ही न हो, या फिर शरीर में जाकर वह किसी कारण नष्ट हो जाता हो, या फिर शरीर में उस विटामिन की आवश्यकता अचानक बहुत ज्यादा बढ़ गई हो (गर्भवती होने पर स्त्री में फोलिक एसिड की आवश्यकता ज्यादा होती है या वे

लोग जो निरन्तर डायलेसिस पर हैं), तब भी वह पर्याप्त खाने के बाद भी कम पड़ जाता है। कई दवाइयाँ भी किसी विटामिन की कमी पैदा कर सकती हैं (गठिया रोग में दी जानेवाली एक बहुत कॉमन दवाई मिथिट्रेक्सेट है जिसमें फोलिक एसिड की कमी हो जाती है, या जब टीबी की आइसोनेक्स नाम की दवाई लेते हैं तब भी विटामिन बी$_6$ की कमी हो जाती है)। डॉक्टर वैसे तो टीबी के मरीजों को हमेशा इस विटामिन की गोली भी देते हैं पर कई बार मरीज दवा नहीं लेते जिससे उनको न्यूरोपैथी नाम की बीमारी हो सकती है।

विटामिनों की कमी किस-किस को हो सकती है?

एक तो मैंने बताया ही कि गरीबी, भुखमरी, अकाल में जहाँ खाना पर्याप्त न हो या फिर ऐसे दुर्भाग्यशाली बच्चों में जो बहुत कमजोर माँओं से पैदा हों, बूढ़ों में, या जिसकी भूख बहुत कम हो गई हो, या कोई ऐसी दवाई ले रहे हों जो उस विटामिन विशेष को कम कर दे, और एल्कोहलिक में तो खास तौर पर। नियमित छक के शराब लेते रहनेवाले लोगों के शरीर में कई तरह के विटामिन कम हो जाते हैं। इन लोगों में विटामिन-सी, डी, बी$_{12}$, और फोलिक एसिड की बेहद कमी तो हो ही सकती है पर सबसे महत्त्वपूर्ण है, विटामिन बी$_1$ की कमी। बी$_1$ की कमी अल्कोहलिक में बहुत कॉमन है, खास कर तब, जब इस शख्स को किसी कारण से ग्लूकोज की ड्रिप चढ़ा दी जाए और साथ में बी$_1$ का इंजेक्शन देना डॉक्टर भूल जाए। ऐसे में बी$_1$ की और कमी हो जाने के कारण दिमाग पर जानलेवा असर हो सकता है (कार्सोकौफ साइकोसिस)। आज हमारे देश में सब तरफ पर्याप्त मात्रा में धूप उपलब्ध है फिर भी (विटामिन धूप से बनता है), विटामिन-डी की कमी बहुत अधिक है। हम धूप से बचने के लिए सनस्क्रीन लोशन लगाते हैं, धूप में नहीं निकलते—नतीजा? विटामिन-डी की कमी। कमजोर हड्डियाँ। दर्द।

कैसे पहचानें कि हमारे शरीर में किसी विटामिन की कमी हो रही है?

जब तकलीफें बहुत हों और बीमारी पकड़ में नहीं आ रही हो तो इसकी आशंका अधिक है। विटामिनों की कमी से तमाम तरह की तकलीफें हो सकती हैं। आप समझेंगे भी नहीं कि एक छोटे-से विटामिन की कमी से आदमी लगभग पंगु की स्थिति में भी पहुँच सकता है। अतः, यदि किसी शख्स को बाहर सब कुछ ठीक

दिखाई देते हुए भी बहुत कमजोरी लगती है, या हाथ-पाँव में झुनझुनी रहती है, या वह लड़खड़ाता है या बैठ जाए तो उठ नहीं पाता या दाँतों से खून रिसता है, या जोड़ों में खून आ जाता हो, या चमड़ी के नीचे बड़े-बड़े नीले चकत्ते पड़ जाते हों, या बिना किसी कारण के ही याददाश्त जा रही हो, मुँह में बार-बार छाले होते हों, होंठों के किनारों पर कट जाता हो, हड्डियों में दर्द होता हो, तो यह सब विभिन्न विटामिनों की कमी से हो सकता है। विटामिनों की दुनिया इस तरह बहुत अनोखी है।

विटामिन-सी, डी तथा ई

विटामिन-सी, डी तथा ई—इन तीन विटामिनों को लेकर जनता में एक किस्म की अनोखी जागरूकता है, और वैसी ही गलतफहमियाँ भी।

विटामिन-सी के बारे में हमारे मामाजी समझाते थे कि हरी मिर्च में सबसे ज्यादा विटामिन-सी होता है क्योंकि इसे खाकर आदमी सीसी-सीसी करने लगता है। मजाक में कही उनकी बात को हम बचपन में कई वर्षों तक सही मानते रहे। कई लोगों का ऐसा बचपना बड़ी उम्र तक चलता है जैसे कि यह सोच, कि नियमित विटामिन-सी की गोलियाँ खाने से गले और पेट के कैंसर की सम्भावना कम हो जाती है। हाँ, यदि नित्य 1 से 2 ग्राम तक विटामिन-सी लिया जाए तो गले का इन्फेक्शन जल्दी ठीक हो सकता है पर यह काफी हाई डोज है। 2 ग्राम से ज्यादा विटामिन-सी अगर एक साथ ले लिया जाए तो पेट में दर्द, दस्त और मितली हो सकती है। लम्बे समय तक विटामिन-सी लेने पर किडनी में पथरी भी हो सकती है। जिनको पहले ही किडनी स्टोन हो चुका हो, उन्हें कभी हाई डोज में विटामिन-सी नहीं दिया जाता।

नारंगी, मौसमी, संतरा तथा हरी सब्जियों में (खास कर ब्रोकली), टमाटर और आलू में पर्याप्त मात्रा में विटामिन-सी होता है। बुढ़ापे में, बहुत छोटी उम्र के बच्चों में, गरीबी और भुखमरी में, और नियमित मद्यपान के शौकीनों में विटामिन-सी की कमी अक्सर देखी जा सकती है।

विटामिन-सी की कमी से क्या होगा?

बहुत थकान लग सकती है। चमड़ी के नीचे खून के नीले धब्बे आ सकते हैं। मसूड़ों में सूजन और रक्तस्राव हो सकता है। कहीं से भी ब्लीडिंग हो सकती है। बच्चों में इसकी कमी हो तो हड्डियों के विकास पर भी इसका असर होता है। विटामिन-सी शरीर में एंटी-ऑक्सीडेंट का रोल करता है। यह आँतों में आयरन के पाचन में मदद

करता है। यह हमारे शरीर के पैकिंग मैटेरियल को भी बनाता है। लेकिन इसे यूँ ही नियमित न लें। आपके खाने में पर्याप्त विटामिन-सी होता है।

विटामिन-ई

हमारे भोजन में विटामिन-ई भी पर्याप्त होता है। खास तौर पर सूरजमुखी के तेल में, सोयाबीन में, कॉर्न आयल में, फलों, सब्जियों में, मांस-मछली, नट्स में, और अनाज में भी पर्याप्त विटामिन-ई होता है। पर एक भ्रम है कि नियमित विटामिन-ई के कैप्सूल लेने से हमारी त्वचा में सौम्यता बढ़ेगी, उम्र लम्बी हो जाएगी और सेक्स की ताकत बढ़ जाएगी। यह सब मात्र भ्रम है।

विटामिन-ई की कमी केवल तब होती है जब आँतों की बीमारी के कारण यह पच न सके, या किसी ऑपरेशन में छोटी आँत का कोई लम्बा-सा टुकड़ा निकालना पड़ा हो। कभी-कभी बच्चों में एक पैदाइशी बीमारी (एबीटा-लाइपोपप्रोटीनीमिया) हो सकती है, उसमें भी विटामिन-ई की कमी हो जाती है।

विटामिन-ई कम हो जाए तो क्या होता है?

तो हमारी नर्व और मांसपेशियाँ कमजोर हो सकती हैं। शरीर को बैलेंस करनेवाली नसें बिगड़ सकती हैं। हम चलने में लड़खड़ाने लग सकते हैं। हमारी आँखों की मांसपेशियों में लकवा हो सकता है। आँख के पर्दे (रेटिना) में बीमारी हो सकती है। आँख के डॉक्टर, न्यूरोलॉजिस्ट और फिजिशियन ऐसी स्थिति में आपको विटामिन-ई देते ही हैं। तब कभी-कभी इसका बहुत हाई डोज भी देना पड़ता है।

यह गलतफहमी ही है कि विटामिन-ई लेने से कैंसर या दिल की बीमारी की रोकथाम होती है। किसी भी रिसर्च स्टडी से यह सिद्ध नहीं हो पाया है।

विटामिन-डी

जितनी चर्चा मीडिया और आपसी बातचीत में विटामिन-डी की होती रहती है, उससे इस विषय में जागृति न बढ़कर, एक किस्म का कुहासा बन गया है।

विटामिन-डी वास्तव में एक विटामिन न होकर हार्मोन है। विटामिन वे पदार्थ हैं जो शरीर में लगभग नहीं बनते जबकि विटामिन-डी, सूर्य की अल्ट्रावायलेट किरणों

के द्वारा, चमड़ी के नीचे खूब बनता है। वैसे यह हमारे कई भोज्य पदार्थों में भी पर्याप्त मात्रा में होता है। दूध, दही, पनीर, फिश, ऑयल और अंडे की पीली जर्दी में काफी मात्रा में विटामिन-डी होता है।

बुढ़ापे में, बहुत छोटी उम्र के बच्चों में, गरीबी और भुखमरी में, और नियमित मद्यपान के शौकीनों में विटामिन-सी की कमी अक्सर देखी जा सकती है।

एक महत्त्वपूर्ण तथ्य यह है कि विटामिन-डी आपकी चमड़ी के नीचे बने, या फिर भोजन से प्राप्त विटामिन-डी हो, वह सक्रिय विटामिन-डी नहीं होता है। जब तक यह विटामिन-डी अपनी सक्रिय अवस्था में परिवर्तित नहीं होता, तब तक यह शरीर में काम नहीं करता। यह सक्रिय कैसे होता है? पहले यह रक्त में प्रवेश करके लिवर में, और बाद में किडनी। फाइनली सक्रिय विटामिन-डी बनता है किडनी में पहुँचकर, जिसे 1, 25(OH) 2D3 कहते हैं। यही फिर शरीर में यहाँ-वहाँ अपना कार्य करता है।

इसीलिए लिवर या किडनी के रोग में विटामिन-डी की कमी हो सकती है। ऐसी दवाइयाँ जो लिवर में जाकर विटामिन-डी का सक्रिय होना रोकती हैं (मिर्गी के दौरे में इस्तेमाल होनेवाली बार्बीचुरेट और एप्टोइन नाम की दवाई), विटामिन-डी की कमी कर देंगी।

यही सक्रिय विटामिन-डी आँतों पर, हड्डियों में, पैराथायराइड ग्लैंड पर, चमड़ी और बालों के सेल्स पर, प्रोस्टेट कैंसर और ब्रेस्ट कैंसर के सेल्स पर भी असर करता है। इन सेल्स में विटामिन-डी रिसेप्टर होते हैं। विटामिन-डी इनमें चिपक जाता है और फिर जाकर अंग के अनुसार काम करता है। आँतों से भोजन के कैल्शियम को पचाने में मदद करता है। हड्डी में इसका काम हड्डी को मजबूत बनाना है। दरअसल, हड्डी के स्ट्रक्चर के बनने में ऑस्टियोब्लास्ट नाम के सेल्स काम करते हैं। विटामिन-डी इन सेल्स को सक्रिय करता है। विटामिन-डी पैराथायराइड के सेल्स को बढ़ने से रोकता है। विटामिन-डी की कमी से बाल तो नहीं झड़ते परन्तु यह कहीं न कहीं चमड़ी और बालों के स्वास्थ्य में भी जरूर मदद करता है।

अब एक बेहद जायज-सा प्रश्न।

हिन्दुस्तान में जब इतनी धूप है, तो फिर यहाँ विटामिन-डी की कमी वाले इतने मरीज क्यों हैं?

वास्तव में भारतीयों की चमड़ी में मेलेनिन सेल्स बहुत ज्यादा होते हैं। तभी हम लोग

गहरे रंग के हैं। तभी अल्ट्रावायलेट किरणें भी इतनी आसानी से हमारी चमड़ी में प्रवेश नहीं कर पातीं। फिर आजकल हमारी लाइफ स्टाइल ऐसी बन चुकी है कि हम धूप से बचे रहते हैं। हम धूप से बचने के पचासों उपाय करते हैं। सनस्क्रीन लोशन क्रीम भी अल्ट्रावायलेट किरणों को त्वचा में प्रवेश नहीं होने देते। जैसे-जैसे उम्र बढ़ती है, वैसे-वैसे विटामिन-डी का बनना और उसका पचना, दोनों कम हो जाते हैं। फिर कुछ दवाइयाँ भी लिवर में विटामिन-डी को सक्रिय होने से रोकती हैं। गुर्दे की बीमारियों (जैसे कि नेफ्रोटिक सिंड्रोम इत्यादि) में भी शरीर में विटामिन-डी की कमी हो जाती है। यदि लिवर या आँतों की किसी बीमारी के कारण भोजन का फैट पच न पाए तो विटामिन-डी भी नहीं पचता क्योंकि विटामिन-डी एक फैट सोल्यूशन विटामिन कहलाता है।

विटामिन-डी कम होने पर क्या-क्या बीमारियाँ हो जाती हैं?

यदि कमी थोड़ी ही हो तो प्राय: कोई तकलीफ नहीं होती। ऐसे में यदि टेस्ट में विटामिन-डी कम निकल आए तो आपको स्वयं आश्चर्य होता है। जब यह कमी और बढ़ जाती है तब हड्डियों में दर्द, हड्डियों का कमजोर होना, पैरों और हाथों की मांसपेशियों का कमजोर होना, खास कर जाँघ और बाँहों की मसल्स में ताकत कम हो जाती है। हड्डियाँ इतनी कमजोर हो जाती हैं कि मामूली-सी चोट में भी फ्रैक्चर हो सकता है। पता भी नहीं चलता और रीढ़ की हड्डियों में कई जगह फ्रैक्चर हो जाते हैं।

विटामिन-डी की कमी से बच्चों में *रिकेट्स* नाम की बीमारी पैदा हो जाती है। बड़ों में इसकी कमी से *ऑस्टियोमेलेसिया* और *ऑस्टियोपोरोसिस* की बीमारी हो जाती है।

विटामिन-डी की कमी हो जाए तो क्या करें?
और विटामिन-डी की कमी से बचें कैसे?

- सप्ताह में कम-से-कम तीन दिन धूप में, 10 से 15 मिनट—हो सके तो दोपहर की 2:00 से 3:00 बजे की धूप में—पीठ, बाँहें, गर्दन तथा चेहरा उघाड़कर धूप में बैठें या लेटें।
- सनस्क्रीन लोशन के रूटीन इस्तेमाल से बचें।

- दूध, दही, पनीर इत्यादि का सेवन जरूर करें।
- थकान बहुत लगती है। जमीन पर बैठ जाएँ तो खड़े होने में कमर के पास कमजोरी लगती है। हड्डियों और मांसपेशियों में बहुत दर्द होता है तो विटामिन-डी जरूर चेक कराएँ। यदि विटामिन-डी कम निकले तो किसी अच्छे डॉक्टर की सलाह से नियमित विटामिन-डी, कैल्शियम तथा अन्य दवाइयाँ लें।

विदेश-भ्रमण पर निकलने से पहले

कुछ वर्ष पहले तक हमारे देश में आलम यह था कि परिवार के किसी सदस्य की विदेश-यात्रा, एक बड़ी घटना की तरह परिवार के इतिहास में दर्ज होती थी। शहर में कई दिनों तक इसकी चर्चा रहती थी। कस्बा इस बात पर, बात-बात में, बेबात ही गर्व का अनुभव कर लिया करता था। उस शख्स का जिक्र कुछ यूँ होता था कि 'फलाने साहब फॉरेन रिटर्न हैं।' कई बार तो विदेश-यात्रा से लौटने पर आदमी का अपने ही शहर में बाकायदा यहाँ-वहाँ औपचारिक सम्मान तक होता था और उससे आग्रह किया जाता था कि वह अपनी विदेश-यात्रा का अनुभव सबको सुनाए। वह रस ले-लेकर सुनाता भी था।

पर वे दिन हवा हुए।

अब विदेश-यात्राओं पर जाना एक आम-सी बात हो गई है। कितने ही लोग काम-धन्धे के लिए विदेश जाते रहते हैं। बहुत-से लोगों के बच्चे विदेश में काम कर रहे हैं। अपने बच्चों के पास बीच-बीच में जाकर मिलते रहने के लिए उनकी विदेश-यात्राओं के सिलसिले बनते रहते हैं। ऐसे लोग ज्यादातर वरिष्ठ या कुछ ज्यादा ही वरिष्ठ होते हैं। इनकी यात्राओं की अपनी हेल्थ रिस्क रहती है।

दिनोदिन ऐसे लोगों की संख्या भी बढ़ी जो बस, पर्यटन के लिए विदेश-यात्रा पर जा रहे हैं। इनमें भी बहुत बड़ी संख्या पचास, पचपन, साठ और सत्तर की उम्र के लोगों की है। ये लोग अपनी बड़ी उम्र की परवाह किए बिना, एकदम नई-नई जगहों पर, लम्बी-लम्बी हवाई, समुद्री और सड़क-यात्राओं पर जा रहे हैं। ये उत्साहित होकर खतरनाक ऊँचाइयों पर, अतल गहराइयों में और ऐसी ठंडी जगहों पर जाने को तैयार हैं जहाँ 'बस मजा आ जाए।' ये जिस उम्र में हैं, वहाँ तक पहुँचते-पहुँचते, कई लोग हाई बीपी, मधुमेह या हार्ट अटैक से गुजर चुके होते हैं। कुछ की एंजियोप्लास्टी या बाइपास सर्जरी भी हो चुकी होती है। ये कई तरह की दवाइयों पर भी हो सकते हैं। पर इनके पास एक जज्बा है जो यूँ तो काबिलेतारीफ

है परन्तु एक अलग ही मेडिकल चुनौती भी पेश कर रहा है। यह चुनौती कई सवालों के रूप में सामने आती है।

हम इन सवालों को समझने की कोशिश करेंगे और इनके जो उत्तर फिलवक्त मेडिकल विज्ञान के पास हैं उनकी भी चर्चा करेंगे।

ये सवाल केवल वरिष्ठ नागरिक पर्यटकों के लिए ही नहीं हैं। कुछ सवाल हर उम्र के पर्यटक पर लागू होते हैं।

जिनको दिल की बीमारी, हाई ब्लड प्रेशर, एंजियोप्लास्टी, बाइपास सर्जरी या लकवे का कोई अटैक कभी हुआ हो या श्वास की कोई बीमारी हो। क्या ऐसे लोग अन्तरराष्ट्रीय हवाई यात्रा के लिए फिट हैं? या कोई रिस्क है?

आप पूरी तरह से स्वस्थ नौजवान हों या साठ-सत्तर साल के, विदेश-यात्रा पर आपके बीमार होने का खतरा तो हमेशा रहता ही है। विदेश जाकर अचानक ही बीमार पड़ जाना डरावनी घटना है क्योंकि तब आप एक नितान्त अपरिचित माहौल और समाज में होते हैं। वहाँ आपके परिवार के लोग होते नहीं। वहाँ के सिस्टम से आपका कोई परिचय नहीं। आप केवल अंग्रेजी जानते हैं या अपनी भाषा। केवल वहाँ की स्थानीय भाषा समझनेवाले नागरिक आपकी सहायता करना भी चाहें तो मजबूर हैं। आप कुछ बताना चाहते हैं, सामनेवाला समझता नहीं। आप वहाँ अपनी जानकारी की कोई दवा खरीदने भी जाते हैं तो वहाँ पर किसी और ही भाषा में लिखी हुई दवाई की बोतलें सामने रहती हैं जो आपके डॉक्टर द्वारा लिखे नाम से अलग होती हैं। दवाई बेचनेवाला आपकी बात समझ ही नहीं रहा। आप समझा नहीं पा रहे। वह आपके पेश किए गए भारतीय डॉक्टर के प्रिस्क्रिप्शन को समझ नहीं पाता। विदेश में बीमार पड़ने के बारे में सोचकर भी भय लगता है।

आँकड़े बताते हैं कि विदेश-यात्रा पर जानेवाले पर्यटकों में से लगभग 5 प्रतिशत तो इतने बीमार हो जाते हैं कि उन्हें किसी डॉक्टर को दिखाना पड़ ही जाता है। मात्र 1 प्रतिशत ऐसे बीमार होते हैं जिनको अस्पताल में भर्ती होना पड़ जाता है। आँकड़े यह भी बताते हैं कि इन भर्ती वालों में से लगभग 1 प्रतिशत ऐसे बीमार हो सकते हैं कि उनकी मृत्यु तक हो जाए। विदेश-यात्रा में मौत के कारणों में मात्र 1 प्रतिशत तो किसी बड़े इन्फेक्शन का नतीजा होते हैं वरना लगभग 44 प्रतिशत मौतें हार्ट अटैक या लकवे (स्ट्रोक) से, और लगभग 22 प्रतिशत मौतें वहाँ किसी-न-किसी दुर्घटना के कारण होती हैं।

इनमें से कई बीमारियाँ रोकी जा सकती हैं या उनका इन्तजाम करके जाया

जाए तो यात्रा में स्वस्थ रहा जा सकता है।

तो जब भी विदेश-यात्रा पर जाना हो तो कुछ प्रश्न खुद से जरूर पूछें। इन प्रश्नों का उत्तर जाने या समझे बिना विदेश-यात्रा पर निकलना ठीक नहीं।

- क्या मैं इस यात्रा के लिए मेडिकल फिट हूँ?
- अभी फिट होने के बावजूद, विदेश-यात्रा पर मुझे किन-किन बीमारियों या मेडिकल प्रॉब्लम्स की आशंका हो सकती है?
- मुझे अपने साथ किन दवाओं का किट बनाकर ले जाना चाहिए?
- क्या मुझे कुछ महत्त्वपूर्ण टीके लगवाकर यात्रा पर जाना चाहिए?
- यात्रा से लौटने के बाद मुझे कोई ऐसी स्वास्थ्य-समस्या हो सकती है क्या जिसका सीधा सम्बन्ध इस विदेश-यात्रा से हो?

क्या मैं इस विदेश-यात्रा के लिए फिट हूँ?

यह प्रश्न उन लोगों के केस में महत्त्वपूर्ण है जिनको दिल की बीमारी, हाई ब्लड प्रेशर, एंजियोप्लास्टी, बाइपास सर्जरी या लकवे का कोई अटैक कभी हुआ हो या श्वास की कोई बीमारी हो। क्या ऐसे लोग अन्तरराष्ट्रीय हवाई यात्रा के लिए फिट हैं? या कोई रिस्क है?

याद रहे कि हवाई जहाज के अन्दर केबिन में जो दबाव बनाकर रखा जाता है, वह लगभग वही होता है जो समुद्र तट से आठ हजार फीट की ऊँचाई पर होता है। इसे यूँ समझें कि इस दबाव पर हमें ऑक्सीजन करीब पचपन से साठ प्रतिशत के बीच मिलती है जो सामान्यतः पर्याप्त है। परन्तु जिन लोगों का हृदय पहले ही कमजोर हो (हार्ट अटैक, बाइपास सर्जरी या एंजियोप्लास्टी के बाद), अथवा श्वास की बीमारी रही हो या कभी कोई थोम्बो इम्बोलिज्म हुआ हो, तो उनको ऑक्सीजन की कमी महसूस हो सकती है।

जब तक समुचित जाँचों द्वारा डॉक्टर आपके हृदय को ठीक-ठाक न पा ले, रिस्क तो रहेगा। अपनी ईसीजी, इकोकार्डियोग्राफी आदि जाँचें करवा के ही यात्रा पर निकलें।

यदि उपरोक्त कोई भी बीमारी आपको हो तो बंजी डाइविंग, स्कूवा डाइविंग, सी वाकिंग, पैरासेलिंग आदि में काफी रिस्क रहेगा। इससे बेहतर होगा कि इनसे बचें या डॉक्टर की सलाह पर करें।

विदेश-यात्रा से पहले यह तैयारी भी करें

विदेश-यात्रा पर निकलने से पहले कुछ बुनियादी बातें पता करके जाएँगे तो भ्रमण के दौरान स्वस्थ रहेंगे। सर्वप्रथम कुछ सूचनाएँ एकत्रित कर लें। इनके आधार पर तैयारी करें कि—

- वहाँ का मौसम के बदलाव के पैटर्न क्या हैं?
- वहाँ आप कितने दिनों तक रहेंगे? कहाँ-कहाँ जाएँगे? क्या ग्रामीण क्षेत्रों में भी जाएँगे?
- टूर में बीमार हुए या भर्ती होने की नौबत बनी तो क्या आपका टूर ऑपरेटर मात्र हेल्थ इंश्योरेंस पॉलिसी के पेपर आपको पकड़ाकर नमस्ते बोल देगा या वह और भी मदद कर पाएगा?
- जहाँ जा रहे हैं, वह किसी विशेष बीमारी के लिए जाना जानेवाला इलाका तो नहीं है?
- वहाँ आप सामान्य घूमने-फिरने के अलावा किन अन्य गतिविधियों में भाग लेंगे? एडवेंचर गतिविधियों के बारे में पहले ही विस्तार से जानकारी प्राप्त कर लें।

इस जानकारी से आपको वहाँ किसी विशेष स्वास्थ्य-समस्या के लिए पहले से ही तैयार रहने का समय मिलेगा।

विदेश-यात्रा से पहले की तैयारियाँ

हम विदेश-यात्रा पर निकलने से पहले क्या तैयारी करें कि वहाँ बीमार न पड़ें?और जो बीमार पड़ भी गया, तो प्राथमिक इलाज का कौन-सा सामान साथ ले जाया जाए कि वहाँ तुरन्त डॉक्टर खोजने की जरूरत न पड़े?

तैयारी—

- क्या कुछ बीमारियों से लड़नेवाले टीके लेना ठीक रहेगा?

हाँ, यह ठीक रहेगा। कुछ जरूरी टीके हैं—

निमोनिया और इन्फ्लुएंजा का टीका

यदि आप साठ साल या उससे ज्यादा उम्र के हैं तब न्यूमोकोकस निमोनिया का टीका तथा इन्फ्लुएंजा वैक्सीन जरूर लगवाकर जाएँ। आजकल तो वैसे भी हम इस उम्र के सभी लोगों को ये टीके लगवाने की सलाह देते हैं—पर विदेश-यात्रा पर जाना हो तब तो ये टीके अवश्य लगवाएँ। यदि आप कमजोर हैं, हृदय या बोंकाइटिस के मरीज हैं या आपको दमे जैसी कोई बीमारी रही है तो इन दोनों टीकों को लगवाना बहुत आवश्यक है।

हेपेटाइटिस-ए तथा बी के टीके

वैसे तो ये टीके आजकल लोग यूँ भी लगवा ही लेते हैं परन्तु विदेश-यात्रा पर निकलने से पहले तो इनको लगवा ही लें। वहाँ के खानपान आदि की हाइजीन पर सौ प्रतिशत भरोसा न करें। ये टीके आपको दो कॉमन हेपेटाइटिस से बचाएँगे।

मेनिंजाइटिस का टीका

जहाँ भी बहुत भीड़-भड़क्का हो, वहाँ मेनिंजाइटिस अर्थात मस्तिष्क के ऊपर लगे आवरण की झिल्ली के इन्फेक्शन की आशंका बढ़ जाती है। इसीलिए हज के लिए जानेवाले लाखों लोगों को, उस जबरदस्त भीड़ में लम्बे समय तक घूमने के दौरान, मेनिंजाइटिस पकड़ने का डर बना रहता है। हज पर जाएँ तो मेनिंजाइटिस का टीका लगवाकर ही जाएँ। अफ्रीका तथा साउथ ईस्ट एशिया की यात्रा करें तो भी इस टीके को लगवा लेना ठीक रहेगा।

> हम विदेश-यात्रा पर निकलने से पहले क्या तैयारी करें कि वहाँ बीमार न पड़ें?और जो बीमार पड़ भी गया, तो प्राथमिक इलाज का कौन-सा सामान साथ ले जाया जाए कि वहाँ तुरन्त डॉक्टर खोजने की जरूरत न पड़े?

टाइफायड और हैजा (कालरा) के टीके

टाइफायड हमारे देश में भी खूब होता है। इसका इंजेक्शन और मुँह से खानेवाली वैक्सीन भी मिलती है। पर यह मात्र साठ-सत्तर प्रतिशत बचाव ही करता है। फिर भी यदि कभी किसी विकासशील देश के लम्बे भ्रमण का अवसर बने तो टाइफायड का टीका लगवाकर जा सकते हैं। चूँकि हैजा अब बहुत ही कम होने लगा है सो इसके टीके की आवश्यकता नहीं।

यलो फीवर का टीका

सहारा रेगिस्तान से लगे अफ्रीका और भूमध्य रेखा से लगे साउथ अमेरिका में यलो फीवर की खतरनाक बीमारी बहुत कॉमन है, अतः वहाँ जानेवालों को यह टीका लगवाना जरूरी है। यह टीका केवल अधिकृत केन्द्रों पर ही लगता है। सरकारी अस्पताल का टीका-प्रमाणपत्र प्रस्तुत करने पर ही वहाँ जाने की अनुमति मिलती है। वैसे, इन सारे नियम-कायदों के बावजूद आँकड़े बताते हैं कि मात्र पचास प्रतिशत यात्री ही वास्तव में यह वैक्सीन लगवाकर वहाँ जाते हैं।

डिफ्थीरिया तथा टिटनेस के टीके

ये दोनों बीमारियाँ अभी भी पूरी दुनिया में एक समस्या बनी हुई हैं। सो आप यात्रा पर कहीं भी जा रहे हों, आपको वहाँ ये बीमारियाँ पकड़ सकती हैं। इन दोनों बीमारियों का एक मिला-जुला टीका होता है। यदि पिछले दस सालों में आपने इसे कभी न लगवाया हो तो यह टीका लगवाकर जरूर जाएँ। इस बहाने आपको इन टीकों का बूस्टर लग जाएगा जो आगे भी लम्बे समय तक आपका इन बीमारियों से बचाव करेगा।

रेबीज का टीका

आजकल बहुत-से भारतीय श्रीलंका और थाईलैंड भ्रमण पर जाते हैं। बहुत-से लोग काम के सिलसिले में वियतनाम भी जाते हैं। इन देशों में भी भारत की भाँति आवारा कुत्तों का बड़ा आतंक है। यदि आप ऐसे किसी देश में जा रहे हों, खास कर यदि आप वहाँ के ग्रामीण इलाकों में भी जाएँगे तो एंटी रेबीज वैक्सीन लगवाकर ही जाएँ। क्या यात्रा में मेडिकल किट साथ रखें?

जरूर, अपने किट की सारी दवाइयाँ लेकर एक सुव्यवस्थित मेडिकल किट साथ ले जाएँ।

कैसे बनाएँ? कौन-सी दवाएँ उसमें रखें?

- यदि आपकी नियमित दवाएँ चलती हैं तो सबसे पहले उन्हें रख लें। कम-से-कम दस दिनों की अतिरिक्त डोज ले जाएँ क्योंकि भाषा तथा कानूनी पचड़ों के चलते दवा खरीदना बेहद कठिन काम हो सकता है।
- अपने डॉक्टर से सलाह-मशविरा करके दर्द, बुखार और दस्त-उल्टी की दवाइयों के अलावा इलेक्ट्रॉल या ORS के दो-तीन पैकेट जरूर रखें।
- किसी ब्रॉडस्पेक्ट्रम एंटीबायटिक का पूरा कोर्स रख लें। सबसे सामान्य दवा जो आप ले सकते हैं, वह है किसी क्यूनोलोन ग्रुप (लिवो फ्लेक्स या ओफ्लोक्स आदि) या एजिथ्रोमाइसिन की गोलियाँ। पेट खराब हो या पेशाब में जलन हो, तो तीन दिन तक और गला खराब हो या जुकाम-खाँसी हो जाए तो पाँच-छह दिन पूरा ले लें।

पर डॉक्टर से हर दवा के बारे में समझकर जाएँ।

- एलर्जी के लिए दवाएँ, आँखों में डालने के लिए कोई एंटीबायटिक ड्रॉप, स्किन की आयंटमेंट भी डॉक्टर से पूछकर रख लें।
- एंटीफंगल क्रीम जरूर साथ रखें क्योंकि लम्बी यात्रा में पसीने से नम वस्त्रों के कारण चमड़ी में हुआ फंगल इन्फेक्शन आपकी यात्रा में लगातार परेशान कर सकता है।
- फर्स्ट एड का सामान (पट्टी, रुई, स्टिकिंग प्लास्टर, कैंची आदि) भी साथ

ले जाएँ। कभी छोटी-मोटी चोट लग जाए तो यह जरा-सी व्यवस्था बड़े काम की सिद्ध होगी।

- यदि मलेरिया वाले किसी इलाके में घूमने जा रहे हैं तो एक मच्छरदानी, मच्छर भगानेवाली कोई क्रीम, मच्छरों को दूर रखने के लिए कपड़ों पर चिपक जानेवाले वाली दवाओं के स्टिकर साथ ले जाएँ। मलेरिया से बचाव की दवाएँ भी ले जाएँ और वहाँ नियमित लेते रहें ताकि मलेरिया आपके भ्रमण में बाधा न डाल सके।

ये सारी दवाएँ अपने निजी डॉक्टर से पूछ-समझकर ही ले जाएँ।

विदेश-यात्रा में अचानक कौन-सी बीमारियाँ पकड़ सकती हैं?

विदेश-यात्रा की हेल्थ रिस्क समझाओ तो कुछ प्रतिक्रियाएँ आम होती हैं—आपने तो हमें विदेश-यात्रा से एकदम डरा ही दिया डॉक्टर साहब, मानो विदेश-यात्रा पर न जाना हो, किसी युद्ध पर निकलना हो!...हमें तो वहाँ बस एक-दो सप्ताह के लिए ही जाना है, उसके लिए ऐसी तैयारी क्यों?...यार, वहाँ हमारे साथ ऐसा क्या हो जानेवाला है कि उसके लिए इतनी प्लानिंग करके जाने की कह रहे हो?...अपना तो सब कुछ पॉलिसी में कवर है। फिर किस बात का डर?

तो आपको बता दें कि विदेश-यात्रा में अचानक ही क्या-क्या स्वास्थ्य-समस्याएँ हैं जो आपका टूर बर्बाद कर सकते हैं। अगर ऐसा हो ही जाए तो आप क्या करें?

प्रवास के दौरान आपको जो समस्याएँ आ सकती हैं वो हैं—

पेट का खराब होना

विदेशी धरती पर पैर रखने के दो-तीन दिन बाद ज्यादातर यात्रियों का पेट थोड़ा-बहुत खराब हो ही जाता है। प्राय: उन्हें दस्त लग जाते हैं।

विकसित देशों की यात्रा में तो ऐसा कम होता है परन्तु विकासशील देशों की यात्रा में यह बड़ी आम-सी परेशानी है।...और ऐसा भी जरूरी नहीं है कि वहाँ हमारे भोजन में कुछ गड़बड़ हो जाए, तभी हमें दस्त लगे। सारी सावधानियों के बावजूद भी दस्त लग सकते हैं। इसे हम *ट्रैवलर्स डायरिया* कहते हैं।

इनमें से लगभग 20 प्रतिशत यात्रियों को तो इतने ज्यादा दस्त लग सकते हैं कि उन्हें शेष टूर के दौरान बिस्तर से ही लग जाना पड़ सकता है। ऐसे में आपका पूरा टूर ही खराब हो जाता है। अत: यह बहुत आवश्यक है कि हम पेट खराब होने से बचें। कैसे बचें?

अपने खानपान में उचित एहतियात बरत के, और कुछ वे दवाइयाँ लेकर जिन्हें आप अपने मेडिकल किट में साथ लाए हैं।

एहतियात कौन-से? और दवा कौन-सी?

पहले एहतियात के बारे में।

...वहाँ गर्म भोजन ही खाएँ। फ्रिज के ठंडे भोजन को भी गर्म करके ही खाएँ क्योंकि गर्म करने से बैक्टीरिया मर जाते हैं।...स्ट्रीट फूड न खाएँ।...कच्ची सब्जी और खुले कटे हुए फल कतई न खाएँ।...आइस क्यूब इस्तेमाल न करें। अधपके भोजन से बचें। ऐसा करेंगे तो दस्त से बच सकेंगे।

और अगर आपको दस्त लग ही जाए तो फिर अपनी मेडिकल किट से लिवोफ्लोक्सोसिलीन या उसी तरह की कोई दवाई जो ले गए हों, उसकी प्रतिदिन एक गोली, दो-तीन दिन तक ले लें।...याद रहे कि थाईलैंड की यात्रा में अगर दस्त लगे तो वहाँ लिवोफ्लोक्सोसिलीन काम नहीं देगी। उस देश में अब यह दवा काम करनी बन्द कर चुकी है। वहाँ आपको नित्य एक गोली एजिथ्रोमाइसिन की लेनी होगी। तीन दिन का कोर्स पर्याप्त है।

यदि पेट खराब होने की प्रतीक्षा नहीं करना चाहते तो पूरे प्रवास के दौरान प्रतिदिन एक लिवोफ्लोक्सोसिलीन ले सकते हैं। पेट गड़बड़ होने की समस्या तो यहाँ तक है कि यात्रा से लौटने के बाद भी महीनों तक पेट गड़बड़ रह सकता है। इसे चिकित्सा की भाषा में इरिटेबल बॉवेल सिंड्रोम कहते हैं। कभी वैसा कुछ हुआ तो आपको विशिष्ट दवाइयों और विशेषज्ञ की सलाह की आवश्यकता पड़ सकती है।

बुखार का आना

विदेश-यात्रा में अचानक बुखार आ जाए तो उसके कई कारण हो सकते हैं।

यदि आप ऐसी जगह की यात्रा पर हैं जहाँ मलेरिया होना एक कॉमन-सी बात हो तो यात्रा के पहले दिन से ही सारे एहतियात बरतें, मच्छरदानी इस्तेमाल करें। मच्छरों को भगाने की क्रीम लगाएँ। अपने डॉक्टर से मलेरिया की जो दवाइयाँ लेकर गए हैं, उन्हें भी वहाँ रहने के दौरान लगातार लेते रहें तो मलेरिया होगा ही नहीं।

फिर भी यदि मलेरिया जैसा बुखार हो ही जाए तो मलेरिया की दवाई का जो

विदेश-यात्रा में अचानक ही क्या-क्या स्वास्थ्य-समस्याएँ हैं जो आपका टूर बर्बाद कर सकते हैं। अगर ऐसा हो ही जाए तो आप क्या करें?

कोर्स आप अपने डॉक्टर से सलाह करके साथ लाए हों, उसे तुरन्त सलाह अनुसार ले लें...।

आप यदि अफ्रीका, बांग्लादेश, पाकिस्तान या साउथ-ईस्ट एशिया के किसी देश में गए हैं तो बेहतर है कि मलेरिया को रोकने की जो भी दवाइयाँ (मलेरिया कीमोप्रोफाइलेक्सिस) होती हैं, वे यहीं से साथ लेकर जाएँ। वहाँ प्रवास के दौरान नियमित रूप से ये दवाइयाँ लेते रहें।

गला खराब होने, और जुकाम इत्यादि के कारण भी आपको बुखार आ सकता है। तब लिवोफ्लोक्सोसिलीन या एजिथ्रोमाइसिन पूरे छह दिन तक लें।

पेट के इन्फेक्शन के कारण भी दस्त और बुखार हो सकता है। दस्त की दवा लेने से बुखार भी अपने-आप ठीक हो जाएगा। इनके अलावा टाइफायड, इन्फ्लुएंजा, वायरल बुखार आदि भी साथ-साथ हो सकते हैं। बचाव ही उपाय है।

हेपेटाइटिस-ए तथा बी

यदि आप इन दोनों की वैक्सीन लेकर यात्रा पर निकले हैं तब तो कोई डर नहीं।

दुर्घटना तथा चोट

वहाँ जाकर हम अपनी बड़ी उम्र और जीवन भर खटिया पर प्रायः आराम में मुब्तिला रहने की बुनियादी आदत को विस्मृत करके, उत्साह में आकर वे सारे खेल, जंप, चढ़ाइयाँ, वोटिंग, तैराकी, अंडर वाटर गतिविधियाँ आदि करना चाहते हैं जो हमने जीवन भर की ही नहीं हैं तो चोट का डर तो रहेगा। इसीलिए यात्रा में मांसपेशियों के खिंचने, या टखने या घुटने का स्प्रेन आम-सी बात है। फिर बाकी का टूर लँगड़ाते-कूदते निकालना पड़ सकता है। इसीलिए ऐसी सारी गतिविधियों को करने के दौरान हमेशा उचित सावधानी बरतें और अति उत्साहित न हों।

रेबीज होने की आशंका

श्रीलंका, फिलीपींस, थाईलैंड, वियतनाम, मेक्सिको आदि में कुत्तों के काटने से

सकते हैं। तब कारण एकदम अलग होता है।

पहले हम उस कॉमन स्थिति की बात कर लें जब इओसिनोफिल्स थोड़े ही बढ़े हों जैसे कि दस-पन्द्रह प्रतिशत तक।

- किसी एलर्जी से (अस्थमा, एक्जिमा, एलर्जिक राइनाइटिस)।
- हमारे पेट या शरीर में कहीं कीट (कीड़े) हों।
- गठिया या अन्य कोई कोलेजन (र्‍यूमेटिक) बीमारी हो।
- कई बेहद कॉमन, रोजमर्रा इस्तेमाल होनेवाली दवाइयाँ भी इनकी संख्या बढ़ा देती हैं—सल्फोनामाइड्स, पेंसिलीन्स, पेशाब के इन्फेक्शन में बहुत इस्तेमाल होनेवाली नाइट्रोफ्यूरेंटिन, सिप्रोफ्लोक्सिलीन वाले ग्रुप की दवाएँ, एस्प्रिन, आदि।

इन चारों स्थितियों में इओसिनोफिलिया के लिए अलग से किसी दवा की आवश्यकता नहीं होती। यहाँ इओसिनोफिलिया मात्र किसी अन्य बुनियादी कारण से पैदा हुआ है। उस बुनियादी कारण को समझना होगा। और उसी का इलाज करना होगा। अस्थमा है तो उसका इलाज लें। कोई दवा ले रहे हैं तो उसे जब भी बन्द करेंगे, इओसिनोफिलिया भी ठीक हो जाएगा।

इन स्थितियों में इओसिनोफिल्स की रिपोर्ट को लेकर हाय-हाय न करें क्योंकि इन स्थितियों में इओसिनोफिलिया अलग से कोई बीमारी नहीं है।

परन्तु कुछ स्थितियों में इओसिनोफिलिया की मात्रा बहुत ही अधिक हो सकती है (पचास हजार से लेकर एक लाख तक एब्सोल्यूट काउंट)। तब यह स्वयं में एक सीरियस बीमारी भी हो सकती है।

दरअसल दो ऐसी ही बीमारियाँ हो सकती हैं—

- इडियोपैथिक इओसिनोफिलिया
- इओसिनोफिहिक मायेल्जिक सिंड्रोम।

इन दोनों बीमारियों में इओसिनोफिल्स की मात्रा बहुत ही ज्यादा हो जाना ही एक बीमारी है।

इन बीमारियों में, ये हजारों इओसिनोफिल्स जाकर विभिन्न अंगों में जमा हो जाते हैं। फिर ये उन अंगों को धीरे-धीरे नष्ट करने लगते हैं। दिल, दिमाग, किडनी आदि काम करना बन्द कर देते हैं। यदि बीमारी न पकड़ी गई और समय पर इलाज न हुआ तो मरीज की मृत्यु भी हो सकती है।

होनेवाली बीमारी रेबीज बड़ी आम बात है। वहाँ जाना हो तो रेबीज वैक्सीन के तीन टीके लगवाकर ही जाएँ। इसके बाद भी, यदि कोई आवारा कुत्ता काट ही ले तो वहीं के वहीं तुरन्त दो और टीके लगवा लें। यह आपको रेबीज जैसी जानलेवा बीमारी से बचाएगा।

एचआईवी तथा असुरक्षित सेक्स द्वारा होनेवाली अन्य बीमारियों का खतरा

आजकल कुछ देशों के भ्रमण का एक बड़ा उद्देश्य वहाँ उपलब्ध सहज सेक्स है। वहाँ लोग मूलत: सेक्स के लिए ही जाते हैं। वे यह भ्रम पालते हैं कि यहाँ जब सेक्स यूँ आसानी से उपलब्ध है तो यहाँ उपलब्ध लड़कियाँ यौन रोगों से सुरक्षित होंगी। तभी कई लोग इनके साथ बिना कंडोम आदि के ही असुरक्षित सेक्स करने की रिस्क उठाते हैं। बेहद खतरनाक है। बचकर रहें।

यदि आप दिल के मरीज हैं

तो अपना लेटेस्ट ईसीजी तथा डॉक्टरी प्रिस्क्रिप्शन साथ रखें। यह आपके बहुत काम आएगी। यदि आपके दिल में पेसमेकर लगा हुआ है तो डरिए मत। एयरपोर्ट पर लगे सिक्योरिटी सिस्टम से आपके पेसमेकर पर कोई दुष्प्रभाव नहीं पड़ेगा। हाँ, यदि आपके दिल में ऑटोमेटिक डीफिब्रिलेटर लगा हुआ है तो आप एयरपोर्ट सिक्योरिटी वालों को जरूर बता दें, कहें कि वे आपकी हैंड स्क्रीनिंग ही करें क्योंकि नॉर्मल एयरपोर्ट सिक्योरिटी सिस्टम से आपके डीफिब्रिलेटर को नुकसान पहुँच सकता है।

दिल के मरीजों के लिए बेहतर होगा कि वे हवाई जहाज में आईल सीट माँगें। इससे उनको बीच-बीच में उठकर विमान में घूमना आसान होगा। विमान में बार-बार उठकर चक्कर मारते रहें। बैठे-बैठे भी अपने पाँवों को हिलाते-डुलाते रहें। इससे पाँवों में खून जमने और पल्मोनरी इम्बोलिज्म का खतरा कम हो जाता है।

स्किन (चमड़ी) की बीमारियाँ

अपने साथ एक छाता जरूर ले जाएँ। वहाँ धूप में घूमने से आपको सन बर्न हो सकता है। एक अच्छी किस्म की सन प्रोटेक्शन क्रीम भी ऐसी धूप में हमेशा अपने चेहरे तथा शरीर के खुले हिस्सों पर लगाकर रखें।...चमड़ी में अन्य समस्याएँ भी

आ सकती हैं। कीड़े काट सकते हैं।...पसीने और नमी के कारण फंगल इन्फेक्शन हो सकता है। फोड़े-फुंसी हो सकते हैं। अपनी मेडिकल किट में, डॉक्टर से पूछकर, कोई एंटीबायोटिक तथा एंटीफंगल क्रीम जरूर रखें। ये बहुत काम आएँगे।

यदि आप गर्भवती हैं तो

सलाह दी जाती है कि गर्भवती महिलाओं को यदि कहीं यात्रा करनी ही है तो उसका सबसे सुरक्षित समय गर्भ के अठारह से चौबीस सप्ताह के बीच का है।
वैसे एक विचार यह भी है कि यदि आपको पहले कभी अबॉर्शन नहीं हुआ है या पहले के गर्भ के दौरान सब ठीक रहा है, और अभी के गर्भ में भी डॉक्टर सब ठीक बता रहे हैं तो ऐसी पूरी तरह स्वस्थ गर्भवती महिला कभी भी यात्रा कर सकती है। परन्तु बेहतर होगा कि आपका डॉक्टर जो कहे, वही मानें।

यदि आप डायबिटीज के रोगी हैं तो

अपनी सारी दवाएँ साथ लेकर चलें। हो सकता है कि वे दवाएँ आपको बाहर न मिलें। इंसुलिन रूम टेम्परेचर पर भी तीन महीने तक इस्तेमाल की जा सकती है सो उसकी चिन्ता नहीं करें। इंसुलिन अपने सामान में रखें। खराब नहीं होगी।

अपनी डायबिटीज के बारे में एक छोटा-सा कार्ड बनाकर अपने पर्स में रखें। इस कार्ड में यह दर्ज करें कि आपको डायबिटीज कब से है? कौन-सी दवाएँ किस डोज में ले रहे हैं? आपके नियमित डॉक्टर का फोन नम्बर क्या है?

ग्लूकोज का एक डिब्बा तथा कोई मीठा भी साथ रखें। दौड़-भाग में रक्त में शुगर की मात्रा अचानक कम होने पर यह काम आएँगे।

विषय बहुत बड़ा है। फिर हर शख्स का शरीर और स्वास्थ्य-समस्याओं का पैटर्न भी एकदम अलग हो सकता है। बेहतर होगा कि इन सलाहों और सूचनाओं को पहले अपने नियमित डॉक्टर से साझा करें, तभी विदेश-यात्रा पर निकलें।